우 리 아 이 미 래 교 육

K-하브루타가
답이다

우리 아이 미래 교육

K-하브루타가 답이다
Havruta

김금선 외 22인 지음

혜윰터

23인의 하브루타 전문가

김윤순

강진하

대표저자

김금선

김지영

남장현

민예은

박미숙

박송이

박효정

박희영

서봉금

오혜승

우예지

윤소진

이경아

이정숙

이덕선

임성실

전미령

조세희

정영숙

최정영

최정화

하브루타 교육이
절실히 필요하다

　치열한 입시 경쟁, 만연한 사교육, 아이의 창의성을 해치는 정형화된 우리나라 교육에 대한 우려의 목소리는 늘 한결같이 터져 나온다. 그렇지만 그 누구도 어떻게 바꾸어야 하는지 구체적인 대안을 내놓기는 쉽지 않다.

　2011년 우리 교육이 어떻게 바뀌어야 하고 가정에서 무엇을 어떻게 실천해야 하는지 구체적인 명제가 제시된 하브루타가 등장했다. '하브루타로 교육하라'라는 말은 공교육에는 토론 교육이, 가정에서는 대화가, 사회에서는 소통이 필요하다는 것을 의미한다. 짝과 함께 대화하고 토론하는 과정에서 서로에게 배우며 성장하는 하브루타 교육은 미래 교육의 대안으로 자리 잡았다. 나는 우리 아이들의 성장을 위해 하브루타의 필요성을 확신하고 10여 년이 넘는 동안 전국 공교육과 학부모 교육, 사회교육에 열정을 쏟아오고 있다.

그러는 동안 학교 교과서의 변화도 실감했다. 공교육에서도 질문의 중요성을 이해하고 함께 대화하는 과정을 중요하게 다루기 시작했고, 수많은 학부모가 하브루타 교육에 관심을 가진 덕분에 가정에도 변화가 일어나고 있다. 이 같은 발전에 하브루타가 큰 역할을 했다는 것이 감사하고 뿌듯하다. 처음 네 명으로 시작한 하브루타 교육 운동은 현재 많은 전문가를 배출했다. 각자 자신의 전문 분야를 접목한 하브루타를 교육하며 전국에서 활발히 활동 중이다. 세상에 혼자 할 수 있는 일은 없다. 백년지대계인 교육의 변화를 위해 다 같이 손잡고 멀리 그리고 오랫동안 교육 운동을 해야 한다.

이 책을 함께 집필한 23인의 전문가가 하브루타 교육 운동을 지속하는 이유는 하브루타를 통해 자신이 성장했고 계속 성장하고 있기 때문이다. 부모인 자신의 성장이 자녀들에게 긍정적인 영향을 미치고 있고 또 그 놀라운 결과를 지켜보고 있는 당사자로서 많은 분에게 알리고자 하는 마음으로 최선을 다하는 것이다. 내 아이만 잘 키운다고 세상이 행복해지는 것이 아니라는 걸 잘 알기에 모든 아이가 행복하게 성장하기를 바라는 마음으로 학부모 교육에 열정을 다하고 있다.

미래 인공지능 챗 GPT 시대에는 질문하는 능력이 중요한 개인의 역량이 될 것이다. 따라서 현재 인공지능 전문가들은 하브루타 교육이 절실히 필요하다고 말하고 있다. 질문하는 능력은 개인 성장의 밑거름이 된다. 또한 리더의 자질을 키워 조직을 이끄는 원동력이 된다. 인간이 만들어낸 세상의 모든 것은 질문에서 탄생한 것이다. 질문이 없다면 새로운 탄생은 없다.

질문 없이 발견과 발명은 존재하지 않는다.

　23인의 전문가가 어떻게 성장했고 어떻게 실천하고 있는지 구체적인 사례와 방법을 알려드리고자 이 책을 쓰게 되었다. 하브루타 교육으로 개인의 성장과 자녀의 성장 그리고 사회교육으로 열정을 쏟고 싶은 이들에게 도움이 되길 바란다.

한국하브루타교육연구협회 협회장

김금선

하브루타 교육을 알리고자 하는 사명감 하나로 10년 넘게 불철주야 애써왔습니다. 그 보람을 교육 현장의 변화와 많은 부모님의 실천 사례를 들으면서 느끼고 있습니다. 하브루타 교육 전문가들과 같은 방향의 가치를 품고 함께해왔으며 앞으로도 함께할 것입니다. 한국하브루타교육연구협회 소속 전문가들과 공저를 낼 수 있음에 감사드립니다. 아직도 갈 길이 멀지만, 열정을 다하는 분들이 계셔서 한지에 물 스며들 듯 조금씩 바뀌어갈 것이라 확신합니다. 토론하는 공교육, 대화가 넘치는 가정 그리고 사회의 원활한 소통 문화를 만들기 위해 앞으로도 최선을 다할 것입니다. '함께 가면 멀리 간다'라는 말처럼 교육의 백년지대계를 위해 한 걸음씩 뚜벅뚜벅 다 함께 손잡고 걸어가겠습니다.

대한민국은 지금 K-하브루타가 절실하다 - 김금선

우리는 아이를 낳고 키우는 경험이 부족한 서툰 부모입니다. 서투른 엄마와 아이가 함께 성장하면서 이제야 진정한 어른이 되어가는 중입니다. 우리 아이의 내면을 통해 어린 시절 나의 모습을 봅니다. 몸은 어른이지만 자주 깜빡하고, 실수투성이인 제게서 부족했던 어린 나를 발견합니다. 아이가 문제를 일으킬 때마다 괜히 짜증 내거나 화부터 내기도 하고, 아이들이 속마음을 표현하지 않아 답답한 마음이 들 때도 있습니다.

아이들의 감정을 있는 그대로 인정해주는 건 어린 나를 인정해주는 것과 같습니다. 육아는 어린 나를 공감해주는 과정입니다. 그러면 아이들에게 감정을 솔직하게 표현하는 힘이 생기기도 합니다. 이 책을 통해 아이들이 자신의 감정을 있는 그대로 인정받고 솔직하게 마음을 표현할 수 있는 아이로 성장할 수 있기를 소망합니다.

자존감이 낮은 엄마는 아이를 어떻게 키워야 할까 - 강진하

하브루타는 내 인생을 바꿔준 고마운 교육법입니다. 2014년 전성수 교수님을 통해 처음 하브루타 교육을 만나 "아, 이거다!" 하고 유레카를 외쳤던 기억이 엊그제 같은데 벌써 10년이 되었습니다. 하브루타 교육 강사 과정을 마치고 학교 현장에 바로 적용해보니 아이들의 반응 역시 나와 비슷했습니다. "이렇게 수업하니 시간 가는 줄 모르고 너무 재미있어요." "이런 수업이 있다니 신선한 충격입니다." "내 생각을 마음껏 펼칠 수 있어서 좋아요." 등 다양한 소감을 듣고 수업을 혁신하기로 마음먹게 되었습니다. 계속 도전하고 실천하면서 지금까지도 교육 발전을 위해 노력하고 있습니다. 그 결과 2015년부터 하

브루타 교육사 과정 학교 교육 부문 강의를 전국으로 다니기도 했고, 초중 교사들 대상으로 하브루타 질문 교육 강의와 컨설팅을 하고 있습니다. 올해부터 교육부 주관으로 '질문이 넘치는 교실' 공개수업을 하면서 강의와 컨설팅을 병행하고 있습니다. 하브루타 교육은 우리나라 전체 교육 패러다임을 바꾼 아주 훌륭한 교육법입니다. 이 책을 통해 독자 여러분들도 자녀와 가정, 학교, 일터가 바뀌는 계기가 되었으면 좋겠습니다.

하브루타로 독서 수업에 날개를 달아요- 김윤순

이 책은 섬세한 풍미가 있는 와인 같은 책입니다. 여러 선생님의 다양한 경험이 진하게 농축되고 발효되어 있어 한 장 한 장 책장을 넘기는 맛에 푹 빠지게 될 것입니다. 종이 위에 살아 숨 쉬는 듯한 사람 이야기를 만나 유대감과 전율을 느끼게 될 것입니다. 하브루타란 정확한 방향에서 올바른 질문을 던지기 때문에 가장 먼저 자기 내면을 읽어낼 시야를 갖게 되는 훌륭한 도구이며 성스러운 즐거움이라 소개하고 싶습니다. 짝과의 대화 속에서 틀린 것이 아닌 다름을 인정하게 되는 끊임없는 기회 속에 놓이게 될 것이며 자신이 어떤 사람이며 어떤 가치를 추구하는 사람인지 알게 될 겁니다. 마침내 지혜로우면서 행복한 삶을 선택할 수 있는 범위가 확장되는 것을 경험하게 됩니다. 책 속에 하브루타를 실천하는 구체적인 방법들을 안내하고 있습니다. 그것은 당신 삶 속에 바로 스며들어 "브라보!"를 외치게 될 것입니다.

걱정과 두려움을 극복하게 해준 독서 -김지영

공동 저자로서 함께 참여하게 되어 김금선 회장님과 협회 관계자분들께 감사 인사를 드립니다. 또한, 한국에 하브루타가 뿌리내리도록 초석을 만들어준 분들에게도 이 책을 통해 감사 인사를 전합니다. 현재 하브루타는 유대인 자녀 교육법·질문 공부법·생각 공부법·말하는 공부법에 멈추지 않고 학술 논문의 인기 주제가 되고 있습니다. 이 순간에도 공교육 현장에서 질문과 토론으로 응용되어 확산되고 있습니다. 공교육과 사회교육에 더 큰 활력을 불어넣었으면 좋겠습니다. 현재 하브루타를 실천하고 가르치고 계시는 한국하브루타교육연구협회 강사님들의 다양한 사례와 경험들이 하브루타 입문자분들에게 큰 울림이 되었으면 좋겠습니다.

창작 동화로 배우는 하브루타 - 남장현

여러분은 꿈이 있으신가요? 아이를 낳고 나면 나의 꿈은 사라지고 아이의 꿈이 나의 꿈이 되어버리는 경우가 많습니다. 저도 그랬습니다. 아이를 '잘' 키우는 것이 제 꿈이라 생각했습니다. 나의 삶에 나는 없이 아이 또는 가족만 있었습니다. 하지만 하브루타를 만나고 저는 '나'를 돌아보기 시작했고 아이를 잘 키우는 것과 동시에 나 스스로 '잘' 자라야겠다는 생각이 들었습니다. 우선 엄마가 꿈을 키우고 행복하면 아이도 자신의 꿈을 찾고 행복할 수 있다는 깨달음을 얻은 것입니다. 지금 저는 하브루타 강사로, 독서 모임 진행자로, 작가로, 꿈을 찾아 살고 있습니다. 그런 제 모습에 우리 가족들도 자극받아 자신의 꿈과 원하는 바를 고민하고 함께 이야기 나누며 성장하고 있습니다. 이 책을 통해 '나의 꿈'에 대해 고민하고 계신 분들도 힘을 얻어 하브루타로 가족이 함께 성장하시길 기원합니다.

독불장군이었던 내가 사회에 융화될 수 있었던 이유 - 민예은

'아이들은 놀아야 한다'라는 사실은 누구나 알고 있습니다. 하지만 현실은 책상과 지내는 시간이 훨씬 많습니다. 이러한 아이들에게 어떻게 공부를 놀이처럼 받아들이게 할 수 있을까, 어떻게 놀이처럼 책을 읽으며 쉽게 접근할 수 있을까, 하는 것을 고민하며 찾아보았습니다. 그때 만난 교육법이 하브루타입니다. 하브루타는 놀이를 할 때도, 책을 읽을 때도 공부를 할 때도 적용이 가능한 교육입니다. 유치원을 운영하는 동안 아이들과 교사, 부모가 변해가는 것을 지켜보며 하브루타의 긍정적에너지를 느낄 수 있었습니다. 이 책의 공동 저자님들의 글을 읽고 우리 아이들과 하브루타의 달콤함을 함께 경험하는 시간이 되시기를 바랍니다.

성장하는 여행, 하브루타의 시작 - 박미숙

한 권의 책을 내는 데 일조할 수 있도록 인도하신 하나님께 감사를 드립니다. 저를 포함해서 여러 선생님이 이렇게 마음을 모아 한목소리를 내게 된 이유는 각자 하브루타를 직접 경험하며 느낀 것을 많은 분이 함께하셨으면 좋겠다는 바람 때문일 것입니다. 대화와 소통에 어려움을 겪는 가정이 많아지고 있는 시대에 이 책이 한 줄기 빛이 되면 좋겠습니다. 다양한 하브루타 교육 방법을 배우고 실천하며 건강한 가정이 많아지고 사회도 더욱 성숙해지기를 기대합니다.

하브루타로 만드는 가정의 행복한 문화 - 박송이

13

나의 삶은 하브루타를 알기 전과 후로 나뉩니다. 물론 이전의 삶을 부정하는 것은 절대 아니지만, 하브루타를 만나고 나서 삶의 질 자체가 달라졌습니다. 그렇게 하브루타는 내 마음의 힐링 포인트가 되었고 생각의 전환과 마음의 풍요를 주었습니다. 우리 가족은 하브루타를 사랑합니다. 그래서 모두에게 하브루타를 전하고 싶습니다. 이 책을 만나는 독자들도 내가 느낀 그 짜릿함이 전해지기를 바라는 마음입니다.

엄마도 처음, 할머니도 처음 - 박효정

하브루타는 단순한 티칭이 아니라 깊이 있는 코칭입니다. 삶과 교육의 변화는 단순히 가르친다고 이루어지지 않습니다. 스스로 질문하고, 생각하고, 깨닫는 과정을 통해 자기 성장을 이루는 시간이 필요합니다. 하브루타는 이러한 과정을 돕는 강력한 도구입니다. 여러분은 이 책을 통해 다양한 하브루타 방법을 경험하게 될 겁니다. 하브루타는 자신을 발전시키고, 주변을 변화시키며, 나아가 삶 전체에 긍정적인 변화를 가져다줍니다. 질문을 통해 생각의 깊이를 더하고, 토론을 통해 다양한 관점을 받아들이는 과정은 여러분의 사고력을 크게 향상시킬 것입니다. 또한, 하브루타를 통해 얻은 깨달음은 일상에서 문제해결 능력을 키우고, 더 나아가 삶의 방향성을 명확히 하는 데 큰 도움이 될 것이라 믿어 의심치 않습니다. 하브루타를 통해 나와 타인, 그리고 세상을 보는 시각이 확장되고, 새로운 가능성을 발견하는 즐거움을 만끽하시길 바랍니다.

하브루타 예술교육으로 미래인재를 키워라 -박희영

'질문의 힘'에 대해 이야기하고 싶습니다. 우리의 일상은 늘 물음표에 대한 답에 의해 선택되고 결정된다고 생각합니다. 오늘 아침 나는 어떤 질문으로 시작했는지요? 또한, 지금 이 순간 떠오르는 질문은 무엇인지요? 그리고 그 대답은 무엇이었는지요? 자신에게 일어나고 있는 모든 질문에 집중해보셨으면 합니다. 그리고 그 질문의 깊이를 더했으면 합니다. 나의 내면을 향해 던지는 질문은 무엇인가요? 가족들에게 던지는 질문은 무엇인가요? 나와 가족들을 제외한 다른 사람들에게 던지는 질문은 무엇인가요? 그리고 그 대답은요? 내가 던지는 질문과 대답의 깊이를 발전시켜 나가고 있는지요? 다시 한번 더 강조하고 싶습니다. 내가 던지는 질문에 의해 모두가 성장해간다는 것을 말입니다. 내가 하는 질문이 나의 세상을 창조하고 만들어가고 완성합니다. 항상 질문의 힘으로 가득한 하브루타와 함께하는 시간이 되었으면 합니다.

챗GPT 시대에 수학, 과학의 원리를 하브루타 하면서 배워요 - 서봉금

하브루타는 제 삶을 변화시키는 최고의 방법이었습니다. 평범하지 못해 부족함투성이었던 엄마를 도전하고 성장하게 만들었고, 인생에서 최악의 상태가 되었을 때 딛고 다시 일어날 수 있는 큰 힘이 되어주었습니다. 그래서 아무에게나 쉽게 나눠주지 않고, 가장 귀하고 소중하게 생각하는 사람에게만 몰래 전해주고 싶은 마음을 담아 글을 적어봅니다.

삶을 변화시키는 하브루타 - 오혜승

제 인생에도 몇 번의 전환점이 있었습니다. 단연 두 아이의 엄마가 된 것이 가장 큰 변화였지요. 초등학교 5학년 때 아빠의 손을 잡고 타본 첫 청룡 열차처럼, 올 것 같은 마음으로 빙글빙글 정신없는 삶을 살았습니다. 청룡 열차는 두 번 다시 타지 않으면 그뿐이었지만, 엄마의 일은 표를 끊지 않아도 자꾸만 차례가 돌아왔습니다. 아이들에게 좋은 환경을 만들어주지 못할까 봐 불안하고, 내 인생을 찾을 수 없어 외로웠습니다. 하브루타를 알면서 나 자신에게 많이 질문했습니다. 아이에게 가르쳐 주고 싶은 게 무엇인지, 어떤 엄마가 되고 싶은지, 나는 어떤 사람인지. 그렇게 나만의 기준을 세우자 열차를 타는 일이 두렵지 않았습니다. 제 열차는 구불거리는 청룡 열차가 아니라 풍경 좋은 길을 달리는 기차가 되었으니까요. 여러분들께서도 질문을 통해 인생을 즐기는 법을 찾으시길 바랍니다. 해답은 우리 마음에 있으니까요.

유대인에게 배운 첫 경제 교육 - 우예지

존중을 바탕으로 하는 소통은 삶 자체를 뒤흔들 만큼 중요한 가치라는 것을 알았습니다. 그 소통의 시작은 상대의 존재 자체를 인정하는 질문에서 시작한다는 것도 뒤늦게 깨달았어요. 저의 세 아들, 그리고 교육 현장에서 만나는 수많은 학생과의 소통을 경험하면서 좋은 어른이 되는 길을 안내하고 있습니다. 하브루타는 감정과 생각을 존중하며 성장할 수 있는 교육의 중요성을 다룹니다. 각자의 경험을 통해 얻은 소중한 통찰과 실천법을 나누며, 아이들과 함께 성장하는 과정에 큰 도움이 되지요. 좋은 질문을 던지고, 아이들의 꿈을 응원하는 어른이 되고자 하는 모든 분을 응원하며, 이 책이 값진 변화의 시작이 되고, 모든 아이의 꿈이 마땅히 존중받는 세상으로 바뀌기를 희망합니다.

좋은 질문을 던지는 좋은 어른이 필요하다 - 윤소진

일상 속에서 물음표가 많은 사람이었던 저는 하브루타를 만나고 삶이 변화했습니다. 일상 속 수많은 물음표는 삶의 고민을 추가하는 문제 덩어리가 아니라 새로운 세계로 나아가는 문과 같아졌습니다. 그 문을 열 때마다 흥미롭고 재미있는 세상으로 이어졌습니다. 그렇게 얻은 앎은 삶을 변화시켰습니다. 많은 사람과 하브루타의 가치를 나누는 삶은 좀 더 유쾌하고 좀 더 의미 있으며, 매일의 꿈을 이루는 일입니다. 세상에는 나눌 수 있는 것이 참 많지만, 그중에서도 질문으로 이야기를 나눈다는 것은 삶을 더하고 행복을 더하는 일이라고 생각합니다. 이 책을 통해 '한국하브루타교육연구협회' 강사님들의 다양한 이야기를 나눌 수 있게 되어 더없이 기쁘고 보람을 느낍니다. 일상 속 많은 물음표가 느낌표로 변화하는 경험으로 삶의 풍요로움이 여러분에게 안기길 기대합니다.

아이의 잦은 질문이 귀찮고 힘들다면 - 이경아

저는 '마음이 열리는 행복한 대화 하브루타!'를 슬로건으로 내세워 하브루타를 삶 속에서 실천하며 교육하는 스마일 강사입니다. 한국식 교육의 변화를 갈망하던 가운데 10여 년 전 하브루타를 만나 학교 교육뿐만 아니라 상담 분야, 더 나아가 학습코칭, 진로코칭, 교회사역까지 하브루타를 접목시키고 있습니다. 우리 일상과 모든 삶에 꼭 필요하고 적용해야 할 중요한 교육이 하브루타임을 강조하고 싶습니다. 이번에 공동작업으로 함께하면서 만든 이 책을 통해 삶의 질이 높아지고 자녀와의 소통, 부부와의 소통, 타인과의 소통이 더 넓어지면서 행복한 삶의 관계로 나아가길 소망하며 기대합니다. 특히 자기 내면과 만남을 이루시기 바랍니다. 이로써 자신에 대한 이해와 공감으로 타인과의 만남이 풍요로워지고 좋은 부모, 좋은 스승, 좋은 제자로 성장하길 소망해봅니다. 이 책은 하브루타가 우리의 삶 속에 자연스럽게 녹아들어 성장하도록 도와주는 필독서임이 될 것이라고 확신하며 독자 여러분께 적극적으로 추천합니다.

영상으로 만난 자기 탐색 하브루타 - 이덕선

어느 날, 한 어머님이 아이를 등원시키고는 평상시와 다른 눈빛으로 돌아서기에 "어머님, 괜찮으세요?" 하고 말 한마디를 건네자 "아, 아니오, 안 괜찮아요."라고 대답하며 눈물을 주르륵 흘립니다. 사는 게 힘들고 육아에 지친 모습이 영락없이 우리 엄마들의 모습이었고 제 모습이었기에 그날 유난히 제 눈에 들어왔는지도 모릅니다. 눈빛이 평상시와 달라 괜찮냐고 물었을 뿐인데 정말 안 괜찮았던 어머님. 장장 3시간 동안 이야기를 들어드렸습니다. 다시 힘내서 잘 살아가고 있는 어머님을 보면서 부모가 행복해야 아이가 행복하다는 말을 다시 한번 실감하게 되었습니다. 그 뒤로 학부모와 소통을 더 자주 하고 있고 어머님들의 감정에 공감하는 데 중점을 두었더니 어머니들 표정이 훨씬 밝아졌습니다. 아이들 표정 또한 더 밝아져서 감사할 따름입니다. 아이들은 넘어진 만큼이나 격려가 필요하다고 하는데 우리 어른들도 넘어진 만큼이나 격려와 위로가 필요하다는 것을 세 아이 엄마로, 워킹 맘으로, 또 이정숙이라는 이름 석 자로 살아보니 알게 되었습니다. 그 격려와 위로가 하브루타와 함께 변화하면서 성장하고 있습니다. 정신과 육체가 건강한 개개인이 되어 서로가 서로에게 행복을 전달하면서 지역사회에 선한 영향력을 펼쳐지기를 기대합니다. 우리의 모든 삶을 축복하고 모든 부모님을 응원합니다.

세계로 뻗어 나가는 선한 영향력 - 이정숙

독자 여러분, 하브루타는 단순히 교육 방법론이 아니라, 삶의 방식이기도 합니다. 저는 하브루타를 통해 학생들과 함께 성장하고, 자신을 돌아보며 변화할 수 있었습니다. 이 책이 여러분에게도 그런 변화를 가져다주기를 바랍니다. 삶은 끊임없는 배움의 연속입니다. 하브루타를 통해 질문하고, 경청하고, 토론하는 과정에서 우리는 더욱 성숙해지고, 자기 주도적인 삶을 살아갈 수 있습니다. 또한, 하브루타는 단순히 지식을 쌓는 것을 넘어, 서로의 다름을 인정하고 존중하는 인성교육의 중요한 도구가 됩니다. 이 책을 통해 여러분도 하브루타의 가치를 느끼고, 실천하며, 자신과 주변 사람들의 삶을 더욱 풍요롭게 만들어가길 기대합니다. 모든 사람은 나의 스승이 될 수 있습니다. 열린 마음으로 사람들을 대하고, 하브루타와 함께 행복한 성장 하셨으면 좋겠습니다.

자기 방식만을 고수하던 교사의 변화 - 임성실

하브루타를 만난 지 10년이 훌쩍 지났습니다. 아이들을 잘 키워보고자 하브루타 교육을 지속해서 실천해오다 보니 저를 변화 성장시키는 하브루타가 되었습니다. 하브루타는 하나의 방법론이 아니 실천론이라고 말할 수 있습니다. 10년 동안 포기하지 않고 지속할 수 있었던 것은 하브루타가 어렵지 않기 때문이었고, 토론 과정에서 아이들의 기발한 생각과 다른 사람들의 다양한 생각을 접하면서 내가 성장하는 것을 체험했기 때문입니다. 이 책을 통해 독자 여러분도 다양한 방법으로 하브루타를 접해보면서 하브루타의 진정한 가치를 발견하고 우리의 삶을 더욱더 풍요롭고 가치 있게 만들 수 있는 시간을 가지길 바랍니다.

그림책으로 웃고 웃는 행복한 사람들 - 전미령

처음 하브루타 부모 교육을 했을 때 한 수강생의 소감이 생각납니다. "제가 부모 교육은 온, 오프라인 막론하고 많이 들었는데, 이상하게 실천이 잘 안 되더라고요. 이번 하브루타 교육은 달랐습니다. 실천이 잘되는 거예요. 무엇이 다른지 생각해보니까 그전에는 좋다고 하는 방법을 떠먹여 주는 대로 받아먹었더라고요. 그런데 이번 교육은 부모 역할, 부모 됨의 의미, 부모의 자세가 어떠해야 하는지 어떤 상황에서 자녀는 어떻게 느낄 것인지 내가 질문하고 내가 답을 찾아가는 수업이다 보니 더 잘 실천되었다는 생각이 들었어요." 부모 교육을 20년 넘게 한 지금 하브루타 교육이 나무도 숲도 보면서 아이는 아이대로, 부모는 부모대로 각자가 성장해가는 탁월한 방법이라는 것이 증명되는 시간이었습니다. 이 책을 통해 하브루타 방법이 일상에 녹아들어 가정에서 삶의 현장에서 행복감을 맛보는 씨앗 같은 역할이 되어 훨씬 더 풍요로운 인생길의 동반이 되기를 바랍니다.

나를 닮지 않기를 바랐던 엄마의 변화 - 정영숙

저는 10년 전 출산과 양육으로 고민하던 중 우리 아이들을 위해 처음으로 하브루타를 접했습니다. 하지만 내 자식만 잘 키워서는 안 되고, 아이들 친구들이 함께 잘 자라야지만 내 아이도 잘될 수 있다는 것을 알게 되었습니다. 하브루타를 들고 학교, 마을, 도서관 등으로 찾아가기 시작했습니다. 그리고 지금 저의 두 아이들은 몸도 마음도 생각도 그 누구보다 건강한 리더로 잘 자라고 있습니다. 하브루타는 아이뿐 아니라 저의 삶도 변화시켰습니다. 하브루타를 통해 끊임없이 질문하고 나를 돌아보던 중 제 안에 오랫동안 숨겨진 꿈을 찾았습니다. 그 꿈을 이루기 위해 현재 연세대학교 사회복지대학원에서 박사 과정을 공부하고 있습니다. 그리고 인구소멸지역 농촌에서 지역사회를 위해 끊임없이 프로그램을 만들고 건강한 공동체를 만들어 가는 데 앞장서고 있습니다. 좋은 게 좋다는 농촌에서 자신의 목소리를 내고 더 나은 공동체를 만들어가는 건 결코 쉬운 일이 아닙니다. 옳은 것을 옳다고 말할 수 있고, 아닌 것을 아니라고 말할 수 있는 용기가 하브루타를 통해 단단한 자존감과 자신감을 만들어주었기에 가능한 일입니다. 하브루타가 저에게 좋은 마중물이 되어 가정에서, 지역에서, 제 안에서 시원한 생수를 뿜어내듯, 이 책을 만나는 독자 여러분에게도 목마른 오늘에 단비 같은 마중물이 되기를 바랍니다.

일보다 공부가 좋은 엄마 - 조세희

하브루타를 통해 나 자신이 먼저 변화, 성장하였습니다. 나를 새롭게 발견하는 시간이었습니다. 제가 변하니 가정이 더 행복해졌습니다. 질문을 통해 다양한 관점으로 생각하며 '나'에게 갇혀 있지 않고 사고력이 확장되었습니다. 아이들을 존중하고 배려하는 질문으로 더 깊은 대화를 할 수 있었습니다. 만나는 이들에게는 정답을 가르치는 것이 아니라 스스로 생각하고 답을 찾도록 질문하여 주도적 삶을 살아가도록 도울 수 있었습니다. 이와 같은 경험을 많은 분께 나눌 수 있어 감사하고 행복합니다. 이 책을 통해 다 같이 성장하고 행복해지기를 진심으로 바랍니다.

하브루타로 홈스쿨링 하기 - 최정영

엄마가 되어보니 엄마도 '공부'가 필요하다는 걸 알았습니다. 끊임없이 배우고 아이와 성장하면서 어느새 엄마가 됨은 희생이 아니라 나를 또다시 키우는 일임을 알게 되었습니다. 이제는 나를 키우는 기쁨으로 육아를 합니다. 하브루타는 육아의 방법뿐 아니라 나를 지키는 방법이 되었기 때문입니다. 아이를 키우면서 우리는 많은 어려움에 직면하게 됩니다. 이 상황에서 어떻게 해야 할까? 그 질문에 대한 해답을 찾기 위해 하브루타를 시작했습니다. 이제는 더 이상 방법을 찾기 위해 이리 뛰고 저리 뛰지 않습니다. 해답은 이미 하브루타 속에서 충분히 찾을 수 있기 때문이죠. 육아에 대한 부담감으로 힘든 부모들에게 하브루타는 좋은 길잡이가 되어 줄 것이라고 확신합니다. 또한, 하브루타는 '나에 대한 공부'를 하기에도 최고의 선생님이라고 생각합니다. 끊임없이 질문하고 해답을 찾아가는 과정에서 과거의 나를 발견하고 현재의 내 모습을 인정하며 미래로 나아갈 수 있을 테니깐요. 독자 여러분 또한 하브루타를 만나 행복하게 육아하며 성장하시길 응원합니다.

어휘 하브루타로 문해력 점핑 - 최정화

◆◆◆

1장　　대한민국은 지금 K-하브루타가 절실하다

6장   궁금해요, 하브루타

1장

대한민국은 지금
K-하브루타가
절실하다

김금선

성공을 위한 생애주기별 K-하브루타

메타인지 상승

K-하브루타가 불러온 기적

『탈무드』를 기반으로 수천 년간 이어져 온 유대인 교육법 하브루타는 우리나라에 처음 도입된 이래 한국형 교육법으로 정착했다. 우리나라에 맞는 다양한 방법론이 제시되었고, 종교 분야 외에 가정과 공교육 그리고 사회교육에 맞춘 'K-하브루타'로 적용되어 넓게 확대되었다. 이후 지금까지 하브루타는 끊임없이 서로 연구하고 대화하며 토론하는 것에 대한 중요성을 일깨우고 있다. 일상 속에 스며들어 실천하는 하브루타는 성공적인 삶을 위해 반드시 필요한 활동이다. 나는 K-하브루타 교육의 필요성과 중요성을 12년 넘게 앞장서서 알리는 일에 매진했다. 그 결과 수많은 부모와 아이들을 만나며 긍정적인 변화와 성과를 지켜보고 있다.

첫 번째, 가정의 변화를 들여다보자. 하브루타 교육은 부부 사이의 대화를 이끌어내고 일상을 한층 더 즐겁게 만든다. 소통하고 대화하며 나날이 성장하는 부모의 모습을 보여주는 것이야말로 '교육은 부모의 모습을 통해 배우는 것이다'라는 사실을 증명하는 것이다. 아빠와 엄마의 긍정적인 대화는 부부 관계를 보다 원만하고 만족스럽게 만들어간다. 그리고 부부의 행복은 자연스럽게 자녀의 정서적 안정에 좋은 영향을 미친다.

심리적으로 안정된 부모와 자녀 간의 대화와 토론은 갈등을 최소화하고 서로를 이해하는 데 크게 도움된다. 점차 가족 간에는 깊은 신뢰가 형성되어 이상적인 가족관계가 이루어지게 되는 것이다. 충분한 대화로 가족 구성원 사이에 신뢰가 형성되고 나면 아이는 부모의 요구나 조언을 잘 받아들이게 되고, 모든 긍정적 에너지를 자신의 성장에 몰입하며 삶을 주도적으로 이끌어가는 힘을 가진다. 행복한 삶이 우리의 궁극적인 목표라고 한다면 K-하브루타가 크게 기여할 것이라 확신한다.

두 번째, 사회교육의 변화를 들여다보자. 사회교육에는 다양한 교육기관이 존재하고 그에 따른 여러 교육 방법이 있는데 최근에 그 비중이 점점 커지고 있다. 공공기관들은 평생교육 개념으로 국민 복지 차원에서 개인의 성장에 기여하고자 사회교육을 추진한다. 그러한 평생교육의 일환으로 K-하브루타는 여러 교육기관으로부터 강연, 교육, 상담 요청이 쇄도하고 있다. 사회교육 학습 분야는 물론이고 365일 하루도 빠짐없이 부모님 세대와 청소년 세대 그리고 초등교육으로 확대하고 하브루타를 실천하도록 안내하고 있으며, 전문가들은 공교육, 사교육 할 것 없이 하브루타 교육의 필요성을 역설하고 있다.

지금은 AI 인공지능 챗 GPT 시대다. 사용자의 질문에 맞추어 세상의 모든 해답을 내놓는 챗 GPT를 얼마나 잘 다루고 활용하는지가 중요해졌다. 따라서 이 시대에 필요한 인재상으로 '질문하는 능력이 탁월해야 한다'라는 말은 당연하다. 좋은 질문으로 좋은 해답을 끌어내는 것은 인공지능 시대 최고의 능력이기 때문이다. 사회가 건강하게 성장하려면 소통 능력을 기반으로 개인 역량을 대화와 토론으로 끊임없이 체화하는 문화가 형성되어야 한다. 그 중심에 K-하브루타가 있다. 하브루타는 짝(상대)과 함께 질문하고 답하고 토론하며 올바르게 논쟁하는 과정을 배운다. 아이와 어른이 모두 성장하는 최고의 대화법, 소통법, 독서법, 학습법이다. 조직이든 인터넷이든 상관없이 어디서든 질문하고 대화하는 토론 문화가 형성되면 개인과 사회, 나아가 세상을 바꿔나갈 수 있는 최고의 교육법이 될 것이다.

세 번째, 공교육의 변화를 들여다보자. K-하브루타를 시작하면서 가장 열심히 공을 들인 일이 학교 현장에 있는 교사들에게 알리는 것이었다. 실제로 많은 교사와 교육지원청 산하 공공기관에 우선 알리기 시작했다. 덕분에 배움의 현장인 학교 교실에서 질문하고 토론하는 시간이 늘었다. K-하브루타를 통해 생각하는 아이, 창의적인 아이, 친구의 생각을 수용하고 배우는 아이로 성장하는 시간이 많아지고 있다. 실제로 교사연구회에서 발행하는 하브루타 적용 사례가 논문이나 책으로 출간되어(김윤순 『생각 뇌를 키우는 하브루타』, 임성실 『내 인생을 바꾼 하브루타』) 동료

교사에게 도움을 주고 있으며, '교실이 바뀌면 아이들의 미래도 바뀐다'라는 희망으로 K-하브루타는 계속해서 확산 중이다.

미래 교육을 내다보는 학자들은 AI 인공지능 시대에 가장 절실한 교육이 '질문하는 능력'이라고 강조한다. 챗 GPT 시대에 필요한 학습 능력은 결국 질문하는 아이로 키워야 한다는 것이다. 미래 인공지능 시대를 대비하는 K-하브루타 교육은 미래 AI 인공지능 시대와 나와의 관계를 성공적으로 안내하고 있다고 확신한다.

관계 형성의 중요성

K-하브루타를 적용하는 분야 중 가정교육과 부모교육에 대해 말하고 싶다. 나는 가장 중요한 교육이 부모교육이자 가정교육이라고 생각한다. 여기서는 가정에서 어떻게 하브루타를 이해하고 적용해야 하는지와 관계의 중요성, 가족 간 대화의 중요성 그리고 어떻게 해야 성공적인 삶을 살 수 있는지에 대해 이야기하고자 한다.

관계에는 두 가지 종류가 있다. 우리가 선택할 수 없는 관계와 선택할 수 있는 관계다. 선택할 수 없는 관계는 부모다. 아무런 선택권 없이 태어나보니 내 부모이고 당신의 자녀가 된 것이다. "너는 좋은 부모 밑에 태어났구나"라는 말을 듣기도 하고, "너는 어쩌다 그런 부모 밑에서 태어났니?"라는 말을 듣기도 한다. 그저 운으로 치부하기에는 인생은 너무나 중요하고 돌이킬 수 없기에 감사와 원망이 엇갈린다.

관계는 나를 중심으로 크게 네 부분으로 나뉜다. 태어나서 부모와의 관계, 성장해서 사회적 네트워크 안에서의 관계, 결혼해서 부부 사이의 관계, 그리고 부모로서 자녀와의 관계가 있다. 시기마다 어떤 관계를 형성하느냐에 따라 성공적인 삶인지 아쉬움이 남는 삶인지 판단할 수 있다. 어느 한 시기라도 실패를 경험하거나 분노나 좌절감을 겪게 되면 부정적 에너지가 쌓여 행복한 삶을 유지하기가 어려워진다. 인생을 큰 그림으로 바라볼 때 그 어느 것도 중요하지 않은 시기가 없다. 그래서 우리가 섣불리 성공한 삶 또는 만족한 삶이라고 말하기가 어려운 이유이기도 하다.

태담 하브루타로
잠재적 교육이 시작된다

태아기

엄마와 태아의 파이프라인

세상에서 가장 신비한 일 중 하나가 소중한 아이가 나에게 선물처럼 오는 것이다. 아이를 가졌다고 알게 되는 순간부터 엄마의 세상은 모든 것이 아이를 중심으로 돌아간다. 먹는 것부터 생각하는 것까지 아이에게 도움되는 것만 하고 싶은 것이 엄마 마음이다. 아이가 건강하게 잘 자라길 바라는 마음으로 몸에 좋은 것을 찾아 먹고, 평정심을 위해 좋은 음악을 들으며 책을 읽거나 명상 등으로 심리적 안정을 취하려 최선을 다한다. 이처럼 마음과 행동을 아이를 위한 맞춤형 교육으로 시작하는 것이 바로 태교다.

오래전부터 유대인들은 태담(태아와의 대화)을 중요하게 생각했다. 엄마의 배 속에 있는 아이에게 『모세오경』이나 『탈무드』를 읽어주고 동화를 들려주면서 부모와 정서적으로 소통한다. 이 때 태아는 일방적으로 듣는 상황이지만, 부모의 따뜻한 음성과 느낌은 성장하는 아이의 정서적 환경에 지대한 영향을 준다는 사실이 많은 과학적 실험을 통해 밝혀졌다. 우리 조상들의 태교 역시 산모의 정서적 안정을 최우선으로 했고, 실제 섭취하는 음식도 구분하는 등(조선 시대 태교 지침서 『태교신기』) 태교에 최선을 다했다. 태아 때부터 태어난 아이 이상의 보살핌이 있었다는 것이다.

부모와 연결된 파이프라인pipeline(신체적 정서적 연결고리)이 건강해야 건강한 아이가 태어난다. 파이프라인이 불안정하거나 막히면 아이가 태어나기 전부터 불안정한 환경에 노출된 것이기 때문에 성장 과정에 심리적으로 좋지 않은 영향을 끼칠 수 있다. 국적이나 인종을 떠나서 태아에게 좋은 환경을 제공해주고 싶은 부모의 마음은 한결같을 것이다. 매일 나누는 태담 하브루타로 아이와 소통하는 부모가 되기를 바란다. 태담의 소중함을 반드시 알았으면 한다. 태아는 엄마의 탯줄 파이프라인으로 연결되어 있다. 그러므로 꼭 건강한 파이프라인을 만들도록 노력해야 한다.

엄마의 정서적 안정이 최우선

관계는 무엇으로 시작되고 형성되는 것일까? 아이가 태어나서 부모와의 대화를 시작하는 시기는 어쩌면 옹알이부터가 아닐까 생각한다. 엄마가 웃어주고 어루만져 주며 무언가를 표현할 때 아이도 자신만의 기분이나 생각을 옹알이로 표현하기 시작한다. 엄마는 아이의 옹알이를 거의 이해하고 행복한 마음으로 옹알이 대화를 즐긴다. 이때부터 아이와의 진정한 대화가 시작되는 것이다. 아이는 엄마와의 대화에 행복함을 느끼며 엄마가 어떤 마음으로 자신을 대하는지 정서적으로 알게 된다.

그런데 생각보다 출산 후 우울증을 겪는 산모들이 많다. 그로 인해 아이가 방치되거나 정서적으로 보살핌을 받지 못하는 경우가 생긴다. 엄마의 정서적 불안은 고스란히 아이에게 전달되므로 시간이 지나면서 아이에게 우려스러운 불안 정서가 발견되거나 치료까지 가야 하는 경우가 발생한다. 따라서 엄마의 정신적, 신체적 건강은 아이의 영유아 시기부터 절대적으로 필요하다. 성인이 되어서까지 오랫동안 영향을 미친다고 생각하면 엄마의 정서적 안정이 결국은 아이의 정서적 안정으로 이어진다고 볼 수 있다.

교육 전문가들은 모두 0세부터 3세의 영유아 시기 애착 형성이 가장 중요하다고 한결같이 말한다. 애착 형성이 유년기를 거쳐 청소년 시기까지 이루어지면 부모와의 안정적인 관계를 확립하게 되는데 이 같은 아이의 정서적 안정은 학습에도 지대한 영향을 준다. 학습이 성실함과 지능만으로 결정된다고 생각하면 잘못된 생각이다. 환경에 지대한 영향을 받는 것이 청소년기이며 부모와의 갈등의 정도가 학습에 대한 동기와 흥미 유발에 영향을 끼친다. 애착 형성은 삶에 대한 목표와 긍정적인 삶을 유지하는 데 지대한 영향을 준다.

정서적 교육환경을 위해
하브루타가 필요하다

유년기

생애 첫 교육기관

유년기의 잠재적 교육기관은 바로 가정이다. 다양한 모습의 가정환경은 한 사람의 삶에 커다란 영향을 준다. 특히 유년기는 습득력이 가장 높은 시기이며 환경에 대항하여 물리적 저항을 할 수 없는 연령대이기 때문에 무엇보다 중요하다. 유년기에 부모와 애착 형성이 제대로 이루어지면 건강한 대인관계 형성에 긍정적인 영향을 주지만, 애착 형성에 어려움을 겪었거나 애착 형성에 실패했다면 삶의 고비가 닥칠 때마다 잠재된 부정적인 정서가 발동한다. 부모의 심리적 영향 아래에 있는 상황은 보이지 않은 정서적 파이프라인이 어떤 상태인지 수시로 점검할 필요가 있다.

유아기에 모든 것이 결정된다고 말하는 교육학자들이 있다. 로버트 풀검Robert Fulghum이 쓴 『내가 정말 알아야 할 모든 것을 유치원에서 배웠다』라는 책이 출간되어 화제가 되기도 했다. 잠재적 교육기관인 가정에서 유아기에 배울 수 있는 모든 것을 습득한다고 해도 과언이 아니다. 언어적 표현, 정서적 안정, 성격 형성, 관계 형성, 학습에 대한 태도 등 삶에 필요한 기본 교육 대부분을 부모와 함께 다지고 쌓아가는 기초 체력을 준비하는 것이다. 특히 유아기에 인성교육을 중요하게 생각해야 하는 이유는 한 인간으로서의 개인 삶에도 영향을 주지만 사회 공동체의 건강한 일원으로 살아가기 위해서도 필요하다. 인성교육은 따로 있는 것이 아니라, 가정환경 자체가 인성교육을 자연스럽게 실시하는 것이다. 가정에서, 부모의 삶에서 배우는 인성교육이 절대적인 영향을 끼치며 가족 간 매일 나누는 대화가 큰 영향을 준다고 봐야 한다.

사춘기를 이기는 대화

유대인이 아이와 매일 저녁 자기 전에 침대맡에서 나누는 대화를 중요하게 여기는 이유가 무엇일까. 신체가 급격하게 성장하는 시기이자 생각의 확장이 가장 활발한 시기가 유년기다. 그러니 무슨 얘기를 어떻게 나누면서 유년기를 보내는가에 따라 삶의 방향과 질이 달라진다. 대화는 인생의 시작이고 완성이라고 생각한다. 유아기에 긍정적이고 풍성한 대화가 이루어지는 환경을 만들어주는 것이 부모의 역할에서 가장 중요한 일이다.

부모들이 당연히 맞닥뜨려야 하는 순간처럼 여기는 사춘기는 반드시 겪어야 할 일이 아니다. 유년기부터 자기 생각과 감정을 표현하는 시간과 환경이 조성되지 않아서 표현하는 능력이 부족하다 보니 사춘기가 되어 자신의 감정을 잘 들여다볼 수 없고 감정 통제를 하기 힘들어진 탓에 부모와 갈등 관계로 이어지는 것이다. 부모와 대화가 잘된다는 것은 갈등이나 문제를 대화로 풀어갈 수 있는 능력을 키웠다는 것이다. 유아기의 대화와 표현 훈련은 사춘기를 유연하게 넘어갈 수 있는 최고의 방법이다.

유년기에 적기교육이 필요한 이유는 0세부터 만 5세 때 뇌의 시냅스가 가장 발달하는 시기기 때문이다. 또한 세상에 대한 긍정적인 정보가 입력되는 시기이며, 전두엽이 빠르게 발달하는 과정이기도 하다. 더구나 이때는 사고하고 판단하는 능력과 사회규범이나 도덕성을 배워야 하는 시기다. 적기교육은 모두가 같을 수는 없다. 개인의 능력이나 이해도에 따라 차별화해서 진행해야 하며, 선행학습과는 다른 교육이라는 것을 알아야 한다.

아직 의무교육에 들어가지 않은 유아기의 잠재적 교육기관은 가정이라는 점을 이해하고, 보이지 않지만 자녀와 정서적 파이프라인으로 연결되었다는 것을 인식해야 한다. 교육적 관점에서 하브루타를 실천해야 하는 중요한 시기가 유년기라고 생각한다.

정서적 독립을 위한 하브루타는
미래를 성공한 삶으로 안내한다

청소년기

진정한 대화의 의미

유대인이 13세에 성인식을 한다는 말을 처음 들었을 때 이해할 수가 없었다. 13세라면 초등학교 6학년 또는 중학교 1학년 정도의 아이인데, 벌써 성인이라고 인정한다는 것에 놀라움과 무책임한 것이 아닌가 하는 의구심을 갖게 했다. 13세면 아직도 부모에게 어리광을 부리고 부모의 판단과 지시에 무조건 따라야 하는 시기라고 생각하는 우리 문화 정서상 충격적일 수 있다. 하지만 유대인들이 3천 년 이상 지켜온 전통이고 그들이 세상에 배출해낸 인재들이 어느 민족보다 앞서고 있다면 의구심보다는 배워야 할 문화가 아닌가 고민해봐야 한다. 유대인들이 13세에 성인식이 가능한 이유는 앞서 언급한 것처럼 끊임없는 대화와 토론을 통해 생각하는 힘을 키운 덕분일 것이다. 무엇보다 이 세상에서 일어날 수 있는 일들을 비판적 사고로 삶에 적용하는 훈련을 어려서부터 해왔다. 유대인들은 그렇게 지혜롭게 살아가는 방법을 스스로 찾아가도록 부모와 자녀가 함께해오고 있다.

우리는 유아기부터 조기학습과 선행학습 특히 대학이라는 대명제를 앞두고 오로지 학습에 치우친 나머지 가족과 대화하고 토론하는 문화가 정착하지 못했다. 대학에 들어간 다음 그때 가서 가족이 모여 대화하는 시간을 만들면 된다고 생각하는 부모가 있을지 모르겠다. 그동안 방문 닫고 공부만 하던 아이가 대학에 들어간다고 해서 부모와의 대화 자리가 편하고 행복할 거라 생각하는가. 대화라는 것은 몸에 체화되어 있지 않으면 매우 어렵다. 서로의 감정을 들여다보면서 공감하고 이해하며 격려하는 것이 진정한 대화다. 지시하고 명령하는 일방적인 대화는 결코 대화가 아니다.

미래를 위한 가정의 대화 문화

우리는 진정한 대화를 얼마나 하고 있는지 점검해볼 필요가 있다. 대화가 잘되는 집 아이들이 미래에 행복한 인재가 된다고 한다. 왜 그럴까? 가정 안에서 대화가 잘되면 갈등이나 사건이 일어났을 때 자연스럽게 대화로 풀어갈 능력이 갖추어지기 때문이다. 분노나 갈등으로 쓸데없는 정신적 에너지를 낭비하지 않게 된다. 정서적 안정은 학습에 집중할 수 있는 긍정적 에너지로 나타나 학습하는 데 도움을 준다. 청소년기에 형성된 가족과의 대화 문화는 청소년기 이후의 삶에 지대한 영향을 끼친다. 이 시기에 갈등과 분노를 대화로 해결하는 능력은 사회에 나갔을 때, 성장하는 개인으로서 또는 사회인으로 인정받고 행복한 삶을 살 수 있는 바탕이 된다.

성공과 가족의 성장을 위한
하브루타는 삶을 풍요롭게 한다

성인 시기

건강한 사회인으로서의 삶

생애주기 중 중요하지 않은 시기는 없다. 사회생활을 하는 시기에는 사회적 네트워크 안에서 어려움이 없이 생활해야 한다. 영유아 시기를 탈 없이 행복하게 보냈더라도 가족 울타리 밖의 사람들과 관계가 원활하지 않아서 우울하고 힘들어 결국 삶을 내려놓는 비극도 일어난다. 사회 적응력이 얼마만큼 좋으냐에 따라 삶의 성공 여부가 달라질 수 있으며 인간이 삶에 만족하는 척도가 될 것이다. 그런데 태어나서 영유아 시기부터 청소년 시기의 환경적 요인에 따라 많은 영향을 받을 수도 있지만, 개인의 노력이나 극복을 통해 건강한 사회인으로 성공적인 삶을 살아갈 수 있다. 성인 시기의 삶의 태도에 따라 결혼생활과 그 이후의 삶에도 지대한 영향을 줄 수밖에 없다. 성인으로서 사회적 네트워크 안에 머물러 있는 시기가 생애주기에서 가장 긴 시간이며 삶의 만족도에 큰 영향을 주는 시기다.

인생에서 가장 활발한 시기는 청소년기를 지나 성인으로서, 사회인으로 활동하는 시기다. 사회적 네트워크 안에서의 삶도 성공적이어야 한다. 가정을 꾸렸다면 부모로서 역할과 행복한 가정을 만들어가는 것이 가장 유의미한 일이라고 생각한다. 사회에 나가서 적응하지 못하고 힘들어하는 성인들도 생각보다 많다. 관계 형성에 어려움을 갖는 사람들이 많다는 것은 근원적인 부분을 들여다보면 유년기부터 청소년기에 걸쳐 긍정적인 관계 형성을 배우지 못했거나 부정적인 환경에 노출된 시간이 많았을 수 있다.

사회적 관계에서 어려움을 겪다가 극단적인 선택을 하는 청년이나 성인들을 뉴스를 통해서 자주 접한다. 성향이 내성적이었고 대인관계에 힘들었다는 얘기를 들을 때마다 내향적인 성향이라도 어려서부터 대화와 토론이 활발한 가정 문화 속에서 성장했다면 결과가 달라질 수도 있었을 텐데 하는 아쉬움이 남는다. 타고난 성향은 바뀌지 않지만, 환경과 교육 방법으로 부족한 점은 충분히 보완이 가능하다.

유대인들의 안식일

유대인은 가정을 학교라고 생각한다. 부모가 선생님이 되어 첫 번째 제자인 자녀교육을 위해 최선을 다한다. 큰 사회로 나가기 전 가정이라는 작은 학교에서 많은 것을 배우고 몸에 체화하도록 가정학교를 통해 건강한 사회인으로서 성공한 삶을 살아가도록 도왔다. 개인적 역량을 가정에서 키우고 대화의 시간을 충분히 갖도록 하는 것이 부모가 해야 할 역할이며 가정학교의 책무이자 의무라고 생각한다. 가정에서 부모와 대화하며 사회를 알아가고 사람들에 대한 이해와 적응을 위해 실천하는 시간을 제공해야 한다. 언젠가 그 아이가 부모가 되었을 때 자녀와 대화하는 가정 문화를 또다시 만들어갈 수 있는 것이다. 유대인이 중요하게 생각하는 것 중의 하나가 가족 간의 대화다. 유대인은 3천 년 동안 안식일을 지키고 있는데, 매주 금요일 저녁부터 토요일 저녁까지가 가족이 모여 『모세오경』으로 생각을 나누고 『탈무드』로 살아가는 지혜를 배우는 시간이다. 특별한 노동을 하지 않고 가족이 모여 앉아 대화하는 시간을 지금까지 지속하고 있다는 것은 대단한 일이다. 대화가 풍성한 가정은 많은 것을 해결할 수 있는 도구를 갖춘 것이며 행복한 삶을 유지하는 최고의 방법을 삶에서 실천하고 있다.

윤택한 삶을 만드는 선택

하브루타를 교육받는 성인들이 늘어나는 추세다. 부모 세대들이 그림책으로 하브루타를 하면서 힐링하기도 하고 삶에 대한 동기를 찾는 모습을 많이 보고 있다. 아이들 수준의 그림책으로 어른들끼리 함께 대화하고 토론한다는 것을 불과 10여 년 전에는 생각하지 못했던 일이다. 대화의 주제나 소제가 궁핍했고 무엇으로 어떻게 대화해야 하는지에 대한 방법도 알지 못했다. 지금은 그림책이 광풍처럼 어른들의 독서에 한 부분을 차지하고 있다. 그림책을 매개로 대화할 수 있다는 것에 행복해하고 마음속 깊은 상처를 서로 치유할 수 있도록 돕고 있다. 한 가지 바람직한 것은 하브루타 모임들이 확장되고 있고, 그 하나가 독서 모임이라는 것이다. 혼자 읽지 않고 지인들과 또는 모임에서 생각을 나누고 서로의 성장을 위해 격려하고 힐링하며 더 나아가 성장하는 모임으로 우리 사회를 건강하게 유지해 주는 역할을 하고 있다.

부모 세대의 대화와 소통 능력은 가정에서 빛을 발휘한다. 대화의 어려움을 사회적 네트워크 안에서 체화하는 과정을 통하면 가정의 행복에 긍정적인 영향을 준다. 실제로 부모 교육과 다양한 하브루타 교육을 통해 가정에서 대화가 꽃피우고 막혔던 소통이 해결되었다는 것을 많은 교육 후기를 통해 확인할 수 있다.

부모 한 사람의 생각이 바뀌면 가정의 변화는 자연적인 현상처럼 일어난다. 그래서 사회적 교육의 역할이 크다고 본다. 사회교육 또는 평생교육이 어느 때보다 영향력이 커지고 있고 부모 세대가 다시 성장하는 교육기관을 통해 일어서고 있다. 부모가 성장하면 자녀의 성장은 당연한 일이며 사회가 성장하는 밑거름이 된다. 이것은 결국은 국가도 함께 발전한다는 것을 예측 가능케 한다.

부모의 삶이 중요한 이유

부부가 대화하는 모습, 갈등을 해결하는 모습, 어려움에 대처하는 모습은 자녀들이 보고 배우는 좋은 교육법이다. 어린 자녀들에게 가정이란 삶 속에서 일어나는 수많은 사례나 사건을 직접 경험하는 교육 장소다. 가족이라는 공동체 안에서 매일 일어나는 일들을 어떻게 해결하고 협력하면서 긍정적으로 또는 부정적으로 접근하는지 구체적인 삶의 스토리가 진정한 공부의 장이 되는 것이다. 자녀들의 삶에 지대한 영향을 주는 부모의 삶이 중요한 이유다.

결혼은 전혀 다른 환경과 문화에서 살아온 타인과 만나 한 가정을 이루며 살아가는 것이므로 당연히 어려움이 따른다. 행복하다고 느끼며 사는 사람도 있을 것이며 불행하다고 생각하며 살아가는 사람도 있을 것이다. 행복한 삶과 불행한 삶의 중간에 다양한 감정으로 하루하루를 살아가는 부부의 삶도 있다. 결혼생활이 행복하기를 바라지만 현실은 녹록지 않다는 것을 가정을 꾸리고 사는 사람은 잘 안다. 누구 한 사람의 양보만으로 행복할 수 있는 것도 아니고, 무조건 참고 살아가는 것도 행복한 삶이 아니다. 서로가 생각을 존중하고 이해하고 다름을 인정했을 때 갈등이 줄어들고 원망이나 상대방만 탓하는 생각도 줄어들게 된다.

자신의 결혼생활은 불행해도 내 자녀만은 잘 키우겠다고 말하는 경우를 종종 본다. 부모가 갈등하고 원망하고 행복하지 않은데 자녀가 행복감을 느끼며 안정적으로 성장할 것이라 생각하는 건 옳지 않다. 부부가 서로에게 집중하고 최선을 다하는 삶 속에 행복이 있다는 것을 항상 기억해야 한다.

내 아이와 행복해지는 최고의 방법

어쩌면 가장 어려운 관계가 자녀와의 관계일 수 있다. 부모가 주도적으로 만들어가야 하며 중심 역할을 해야 하기 때문이다. 자녀는 부모에게 의존적이다. 부모가 만들어준 환경에서 수동적일 수밖에 없고 부모의 능동적인 역할만이 관계 형성에 영향을 주기 때문이다. 인생을 살아가는 데 정신적으로 어려움을 갖고 있거나 깊은 상처로 힘든 삶을 살아가고 있는 사람들이 가족에게 또는 부모에게 부정적 영향을 받았다고 말한다. 부모 세대가 가장 바라는 소망이 자녀들과 행복하게 살고 싶다는 것이다. 자녀와 좋은 관계를 만들어가는 것이 쉽지 않다는 것을 모든 부모는 알고 있다. 자녀들과 행복한 삶을 살 수 있는 최고의 방법은 자녀와의 대화에 집중하는 것이다. 행복한 삶은 대화로 시작하고, 성공한 인생은 대화로 완성된다.

배려와 나눔의 정서적
하브루타는 인생을 완성시킨다

노년기

아이들의 성공을 위한 조력자

많은 사람이 노년이 행복하면 가장 행복한 삶이라고 말한다. 그만큼 노년에 행복한 삶을 영위하기가 쉽지 않다는 뜻이기도 하다. 노욕과 자기 생각에 대한 집착이 가족과 주변 사람들과 갈등을 만들기도 하고 그러다가 소외되기도 한다. 오히려 젊은 세대와 소통을 게을리하지 않고 이해하려는 태도가 삶의 질을 높인다. 사회교육에 적극적으로 참여해서 경험을 통해 배운 지혜와 재능을 기부하고 나누는 배려하는 삶을 살 때 행복한 노년의 삶이 될 것이다.

성인이 된 자녀들을 독립적인 존재로 인정하고 자녀들과의 진정한 소통을 위해 노력해야 한다. 부모의 생각을 강요하거나 자녀의 삶에 지나친 간섭과 강요는 자녀들과의 갈등의 원인이 된다. 결국 노년을 외롭게 살 수밖에 없는 현실에 부딪힌다. 자녀들에게 바라지 말고 오히려 적극적으로 배려하고 독립적인 존재로 받아들일 때 관계는 깨지지 않는다. 특히 손자 손녀에게 긍정적 영향을 줄 수 있다면 바람직하다. 손자 손녀에게 교육적인 영향을 주는 것을 '격대교육'이라고 한다. 미국 프린스턴대학교에서 청소년기까지 조부모와 관계가 좋은 아이들과 좋지 않았던 아이들의 삶을 추적했는데 관계가 좋았던 아이들이 좋지 않았던 아이들보다 사회적 성공률이 40퍼센트가 높았다는 통계가 있다.

미국의 빌 게이츠, 빌 클린턴, 버락 오바마, 오프라 윈프리 등 세계적인 리더들이 조부모에게 긍정적인 영향을 받았다고 말하고 있다. 노년의 삶이 풍성해지기 위해서는 자녀와의 관계에서 성공해야 하고, 더 나아가 손자 손녀 세대와 잘 소통하고 적응하며 긍정적 대물림을 이루어내야 한다. 이 세상은 최소한 3세대가 잘 어우러졌을 때 행복한 사회가 되는 것이다. 노년 세대가 아랫세대를 잘 이끌어주는 사회가 건강한 사회이며, 그러기 위해서 사회적 관계의 통로로 중심 역할을 해야 한다.

우리가 바라는 노년의 역량을 키우기 위해서는 가족과 이웃이라는 사회적 네트워크 안에서 끊임없이 대화하고 토론하는 소통하는 구조가 필요하다. 그렇기에 열린 사고와 수평적 배움의 자세인 K-하브루타로 메타인지를 높여야 한다.

생애주기별 하브루타는 자신을 좀 더 이해하고 알아갈 기회가 많아지며 결국 메타인지(자기 이해)를 높여 삶을 성공적으로 살아갈 수 있는 가장 큰 원동력이 된다는 것을 12년 교육의 결과로 확신하고 있다. 메타인지는 자신을 객관적으로 바라보는 능력을 말한다. 생애 시기마다 체화하는 충분한 대화와 토론 문화는 자신의 삶에 대해 깊이 성찰하는 높은 메타인지를 가져다준다. 이를 통해 남들보다 월등한 문제해결 능력을 키우게 된다는 것을 K-하브루타 교육의 다양한 분야에서 증명하고 있다. 이제 K-하브루타는 가정, 사회교육, 공교육 등 다양한 분야에 적용되어 긍정적인 성장과 변화의 문화로 더욱 확산되기를 희망한다.

김금선 Kim geumseun

한국하브루타교육연구협회 회장
메타인지 교육협회 회장
하브루타 부모교육연구소 소장
한양대 미래인재교육원 겸임교수
경남정보대 평생교육원 겸임교수
하브루타 클래스 플랫폼 대표

강의 및 사회활동
연우심리연구소 U&I 학습 진로 상담전문가
하브루타 부모교육사 민간자격증 발급 기관장-3급, 2급, 1급
하브루타 독서토론지도사 민간자격증 발급 기관장-2급, 1급
메타인지 하브루타교육사 민간자격증 발급 기관장-2급, 1급
그림책 하브루타 코칭지도사 민간자격증 발급 기관장-2급, 1급
2023년 JTBC 상암동 클래스 방송 출연(생각의 근육 하브루타)
2021년 교육부, 과학창의재단 교육기부 우수기관 선정
2019년 방송 출연: MBC TV 특강 방송 출연 (하브루타로 10공 100행) 등 다수
2012~2024년 전국 교육청 산하 공공기관 및 민간기관 하브루타 교육
약 3천 회

2장

하브루타가
바꾼 엄마들

강진하
민예은
윤소진
이경아
임성실
김지영
우예지
정영숙

자존감이 낮은 엄마는
아이를 어떻게 키워야 할까

강진하

아이의 미래를 위해 내가 성장한다

엄마가 되면서 아이들의 존재가 아주 고귀하다는 것을 깨닫는다. 나는 내 자식을 통해 고귀한 옆집 아이들까지 품어줄 수 있는 오지랖 넓은 엄마다. 그런 고귀한 아이들이 '두려움 앞에서도 당당하게 맞설 수 있는 용기를 갖고 성장하길 바라는 마음'이 든다. 성장은, 실패는, 실수는 비난의 말이 두려워 멈추는 것이 아니라 많은 지적과 많은 욕을 통해 성장하는 것이다. 그래서 아이들의 실수, 실패는 어제보다 오늘 한 걸음 더 성장했다는 의미이자 곧 성공과도 연결된다고 생각한다. 아이들이 두려움 앞에 무릎을 꿇지 않길 바라며 오늘도 용기로 한걸음 성장하길 바란다. 이것이 내가 하브루타를 만나고 변화한 마음가

짐이다. 이 시대에 태어난 아이들은 급변화하는 사회에서 바이러스와 공존해야 하고, 사라지는 직업과 새로 생겨나는 직업 사이에서 잘 살아남기 위해 삶을 주도적으로 끌어가야 한다.

아이들을 만나는 이유

어릴 적 나는 주도적으로 삶을 살아내지 못하는 아이였다. 발표하거나 어른들과 대화할 때 머릿속이 하얀 백지가 되었다. 두려운 마음을 유일하게 회피할 수 있었던 방법은 '웃는 얼굴에 침 못 뱉는다'라는 속담처럼 미소 띤 가면을 쓰고 다니는 거였다. 성인이 되어서도 겉으론 여유 있어 보이는 척 웃으며 두려운 마음을 숨겼다. 그런데 하브루타를 통해 진정한 나를 알게 되었다. 아이들이 성장하는 과정을 보며 어린 내면의 나는 어려움을 회피하고 함구하려 했다는 사실을 알게 되었다. 지금도 아이들을 키우면서 나의 어린 내면을 세 번째 되돌아보고 있다.

나에겐 아이들을 만나야 하는 아픈 이유가 있다. 둘째 아이는 대근육 발달이 느려 36개월에 이제 막 한 걸음을 떼었을 무렵 첫 수술을 하게 되었다. 아이는 어릴 때부터 어떤 놀이를 해도 "싫어", "못해", "안 해"라는 말로 문제를 자주 회피했다. 자주 회피하는 아이의 모습에서 어느 날 순간 어린 시절 내 모습이 보였다. 그날 아이의 슬픈 표정과 체감 온도가 생생하게 사진 한 장처럼 멈춰 있다.

아이 입에서 "한 번 해볼게요."라는 말을 간절히 듣고 싶었다. 그래서 우리 부부는 아이에게 앵무새처럼 "못하는 게 아니라 다른 친구들보다 노력이 더 필요한 것뿐이야."라는 말을 자주 해주었다. 놀이를 통해 작은 성취감을 쌓는 도전은 즐거움이라는 것을 알게 해주었다. 그림책을 통해 아이가 스스로 속마음을 관찰할 수 있도록 기다렸고, 하브루타를 통해 아이가 어떤 고민이 있는지 알고자 했다. 원인을 알게 되니 스스로 문제를 해결할 수 있도록 반복적으로 연습하며 함께 성장했다. 아이가 문제를 직면했을 때 '나는 노력이 필요하구나'라는 것을 스스로 알아간다면 잘 해내지 못하더라도 노력하는 아이로 성장시킬 수 있다. 놀이로 실전을 상황별 역할극을 통해 표현력을 키우고며 그림책으로 마음을 회복시키고 있다.

매 순간 어린 나를 되돌아본다

생각을 말로 표현하지 못해 참거나, 화가 나 문제를 원만하게 해결해본 적이 없는 친구들을 만나면 어릴 적 나에게 "넌 무엇이 필요하니?"라고 질문해본다. 그리고 아이들에게 부족한 빈 곳을 '어떻게 채워줘야 할까?'를 고민한다.

그림책을 통해 아이들과 대화하면 의기소침한 말과 행동에서 나의 작은 내면이 숨어 있다. 아이들이 가진 본래 밝은 모습, 자신감 넘치는 모습을 찾아주는 일은 어린 나에게도 응원을 보내며 성장하는 일이다. 아이들을 만나며 진정한 어른으로 성장하고 있다. 아파할 때, 잘했을 때, 실수했을 때 격려, 칭찬, 응원으로 용기를 낼 수 있었고 이 세 가지 요소의 큰 힘을 알게 되었다. 우리 아이가 온전하게 성장할 수 있는 길은 옳고 그름을 분명하게 알려줄 수 있는 단호함과 칭찬, 격려, 응원 이것뿐이었다. 아이들은 잘하지 못한 일에 잔소리를 듣는 것보다 잘했을 때 칭찬받기 위해 기다린다. 아이들과 긍정적으로 소통하는 방법은 아이가 불편했을 때 느꼈던 감정을 찾아 있는 그대로 인정해주면 원활하게 소통할 수 있다.

삼 남매의 엄마로서 그림책 하브루타를 통해 내 아이가 문제를 스스로 해결할 수 있도록 성장시키기 위해 노력하고 있다. 사회의 한 구성원으로, 온전한 어른으로 성장하는 것은 행복한 미래 곧 우리 노년의 행복을 만들어가는 것이다.

그림책 하브루타로 내면의 나와 마주하는 법

도서 『내면 소통』의 저자 이주한 박사는 몸에는 근육, 마음에는 근력이 있다고 말한다. 마음 근력은 세 종류로 나뉘는데 나를 중심으로 한 나 자신과의 소통 능력인 '자기 조절력'은 자기 성찰이며, 타인과의 소통 능력인 '대인관계 능력'은 통합과 연결이고, 세상과의 소통 능력인 '자기 동기력'은 열정과 변화를 다루는 능력이라고 한다.

'아이의 강점을 키워서 세상 사람들과 잘 소통하고, 하고 싶은 일을 하며 지낸다면 얼마나 좋을까?' 하고 상상해본 적이 있다. 자기 조절력이 높으면 타인과의 관계가 좋고, 타인과 관계가 좋으면 내가 하고자 하는 일에 능동적으로 열정을 갖고 행동할 수 있다. 나의 어린 시절로 돌아가 그 시절이 행복, 기쁨, 외로움, 힘듦, 고통, 시련 같은 감정들이 떠오르는 사건 사고를 하나씩 꺼내 왜 행복했었는지, 왜 고통스러웠는지 내면의 나와 마주한다. 시간이 지날수록 사건의 상황은 자세하게 기억하지 못하지만, 그때 느꼈던 감정은 기억하고 있음을 느꼈다. 그때의 불안, 분노, 화, 외로움이 어떤 감정이었는지 성인이 된 지금 깨달은 것이다.

어린 시절 나는 마음으로는 공감받고 싶었던 것인데 그저 고집을 부렸다. 내 생각을 들어주는 사람이 없어 외로움을 느꼈다. 그런 기억들을 토대로 아이들과 그림책 하브루타를 하기 전 내가 어떤 아이였는지 돌아보는 것이 중요하다. 잠시 과거로 돌아가 그때의 감정을 마주하며 아이들과 함께 성장하길 응원한다.

친구들과 어울리지 못하는 아이에게
필요한 그림책 하브루타

부모가 도와주고 싶지만, 도와줄 수 없는 부분이 아이들의 친구 관계다. 내가 낳았는데도 세 명의 자식 모두 다른 성향을 보인다. 친구와 잘 어울려 노는 아이가 있는 반면에 또 어떤 아이는 혼자 탐구하고 책을 읽고 생각하는 것을 좋아하는 아이가 있다. 이렇게 성향이 다른 아이를 엄마는 똑같이 정해놓은 틀 안에 가둬놓으려고 했다. 엄마의 목소리가 커질수록 의욕 없는 아이로 성장하는 모습을 발견하게 되었다. 틀 밖에서 생각하며 스스로 문제를 해결할 수 있도록 내가 겪었던 상황에서 불편한 감정을 찾고 표현하는 법을 찾는다. 그림책 하브루타를 통해 상황에 맞게 마음을 표현하는 방법, 화내지 않고 불편한 마음을 분명하게 이야기하는 방법으로 친구들과 어울려 놀 수 있도록 돕고 있다.

상대가 불편하게 했을 때
스스로 문제를 해결하는 방법

> 기분이 나빴던 상황 — "네가 내 물건을 함부로 만져서."
> 그때 느꼈던 감정 — "화가 났어!", "기분이 좋지 않아."
> 앞으로 어떻게 했으면 하는 바람 — "다음부터 만지기 전 물어볼래?", "다음부터는 함부로 만지지 말아줄래?"

아이의 불편한 감정을 표현할 수 있도록 부모와 함께 실천하며 연습할 수 있도록 권장한다. 실제로 아이들이 현장에서 당황하지 않고 문제를 용기로 대처했다는 사례를 들었을 때 이루 말할 수 없는 행복을 느낀다.

입학하기 전 꼭 알려주고 싶은 한 가지

초등학교에 입학하기 전 아이들보다 부모가 걱정과 긴장이 앞서는 건 사실이다. 나 또한 첫째 아이가 입학할 때 당사자보다 훨씬 초조해하던 엄마였다. 지금은 세 명의 아이가 모두 초등학생이 된 학부모다.

학교 가기 전 꼭 알려주고 싶은 한 가지가 있다. 무엇이든 재미있게 배우려고 하는 태도다. 배움은 즐거움으로 연결되어야 한다. 그런데 배움의 속도는 아이마다 다 다르다는 걸 아는데도 옆집 아이가 공부를 잘한다는 이야기를 들으면 괜히 조바심이 난다. 이젠 조바심도 잔소리도 내려놓길 바란다. 공부를 어려워하는 아이가 있다면 속도에 맞게 공부를 즐거움으로 여기도록 하는 태도에 집중하길 바란다. 나는 대학 때까지 운동선수로 지냈던 사람이다. 남들 공부할 때 나는 운동만 했다. 늦깎이로 배움에 눈을 떠 삼 남매 아이들과 함께 서로 다른 관심 분야에 맞게 독서하며 지식을 나누고 있다.

세상엔 아는 것보다 모르는 지식이 훨씬 더 많다. 모르는 것을 알아가는 즐거움을 알게 해주려면 초등학교 가기 전 재미를 찾는 '태도'에 집중하길 바란다. 그리고 아이들이 작은 성취가 쌓일 수 있도록 아이의 고민을 들어줘야 한다. 첫 번째, 아이가 공부를 어떻게 생각하고 있는지, 느꼈던 감정에 대해 공감해준다. 두 번째, 아이가 마음을 이야기했으면 꼬리 질문을 통해 원인을 살펴본다. 하고 싶지 않아서, 왜 배워야 하는지 몰라서, 지겨워, 힘들어, 어려워서 등 아이들의 감정을 공감해야 한다. 아

이의 말에 따라 ~했구나 하는 소통으로 아이의 마음에 다가가
길 바란다.

"왜 배워야 하는지 몰랐구나"→"그럴 수 있어"→"그런데 왜 배워
야 하는지 모르겠어?"→"그럼 어떻게 하면 좋을까?"

"지겨웠구나"→"그럴 수 있어"→"그런데, 어떤 점이 지겹다고 생
각해?"→"그럼 어떻게 하면 좋을까?"

"힘들었구나"→"그럴 수 있어"→"그런데, 어떤 점이 힘들어?"→"그
럼 어떻게 하면 좋을까?"

의사가 환자의 상태에 따라 처방전을 주면, 약국에서는 약을
준다. 처방전을 받고 약국에서 약을 받듯 초등학교 들어가기
전 '태도'라는 처방전은 아이들이 스스로 생각을 신뢰하며 즐
거운 마음으로 학습할 수 있는 의사의 처방전이 된다.

아이 속도에 맞추는 그림책 하브루타

기분 나빴던 일들을 이야기했을 때 그에 공감해주면 해결이
쉽다. 과거에 내가 받고 싶었던 욕구는 정서적 공감이었다. 돌
이켜보면 갖고 싶은 물건 앞에서 떼쓴 기억들은 사주지 않는다
는 원망보다 어린아이 욕구에 공감해주지 않아 생긴 결핍이라

는 것을 알게 되었다. 물질적 욕구는 정서적 공감을 통해 잠재울 수 있다. 서양 철학자 르네 데카르트는 '나는 생각한다, 고로 존재한다'라고 말했다. 아이들이 자기 생각을 이야기하면 무엇이든 공감해주는 것이 정서적 욕구를 채워줄 수 있는 출발점이라 생각한다.

사춘기가 되기 전 그림책 하브루타를 통해 양육자와 아이가 튼튼한 신뢰감을 형성하길 바란다. 아이의 이야기를 들어주고 고민을 들어주는 부모 밑에 자란 아이들은 어떤 어려움이 닥쳐도 문제를 해결하기 위해 찾아간다. 그림책 하브루타는 아이의 속도에 맞추어 재밌고 즐겁게 소통하는 법을 배운다. 이때 그림책 하브루타를 하기 전 알아두어야 할 네 가지가 있다.

첫 번째, 평소 다른 사람의 말에 귀 기울일 수 있는 듣기 능력을
키워주자.
두 번째, 아이의 생각을 말할 기회를 주어 부모와의 신뢰 관계를
쌓게 하자.
세 번째, 아이의 생각이 가치 있었다고 생각하게 하자.
네 번째, 아이의 경험을 책과 함께 더 즐거운 기억이 되도록 도움
을 주자.

내면의 힘을 갖춘다면 자신이 느리더라도 열등감이 생기지 않는다. 오히려 '내가 여기서 무엇을 할 수 있을까?'라고 생각

하며 스스로 문제를 해결할 수 있는 아이로 성장한다.

그림책 하브루타로 자존감을 높이는 방법

자존감을 높이는 방법을 제시하기까지 많은 어려움과 시행착오가 있었다. 이론으론 쉽지만 직접 해결하기란 어려운 일이다. 한때 우리 아이는 자존감 낮은 엄마의 모습을 닮아가고 있었다. 어딜 가나 조용한 아이들을 보며 아이들만큼은 어려움 없이 크길 바랐다. 내가 잘하는 일은 아이들을 즐겁게 해주는 일, 그림책으로 아이들의 속마음을 알아보는 일이다. 아이와 함께 그림책으로 이야기를 풀어가자 좀처럼 열기 어려웠던 아이들의 입이 마법처럼 술술 열리기 시작했다. 점차 변해가는 아이를 보며 마음속으로 '감사합니다'라고 외친다. 이 아이는 말을 하기 위해 많은 고뇌가 있었음을 알았다. 자신을 넘어 한 걸음 나아간 용기와 도전에 격려와 응원을 보낸다.

그림책 하브루타로 만나는 아이들은 생각을 말로 표현하는 연습을 위해 발표하는 기회를 주려고 노력한다. 때론 동문서답하는 친구들도 있다. 이런 경험이 많았던 나는 긴장한 탓에 위축된 마음이 컸다는 것을 알 수 있다. 생각하는 시간을 단축하기 위해 기록을 활용한다. 당장 발표하고 싶은데 잘되지 않을 때는 생각을 꺼내기까지 충분히 기다려준다. 그래도 생각나지 않는다면 "생각이 나지 않습니다"라고 당당하게 이야기하는 것도 용기라고 말해준다. 발표하려고 했는데 무엇을 말해야 할

지 몰라서 할 말을 잊어버린 경우는 손을 든 용기에 격려의 박
수를 보낸다. 할 말을 잊어버려도 손을 들고 계속 도전하는 아
이의 모습에 응원을 보낸다. 결국 시간이 걸릴 뿐이지 그 순간
을 기다려주면 다시 곰곰이 생각해보고 말할 수 있다.

아이는 스스로 발표를 더 잘하려고 노력한다. 처음 해보는 일
이어도 용기 내어 도전하는 아이, 어려움이 있지만 도전하는
아이는 긍정적으로 피드백을 준다. 아이들은 다양한 시도를 하
며 실수와 실패를 하지만 격려와 응원으로 성장하고 있다.

발표 잘하는 아이가 되는 방법

발표를 못 하는 친구들을 보면 과거의 내가 떠오른다. 발표를
잘하는 친구들은 부러움의 대상이었다. 나도 잘할 수 있을 것
같은데 손을 들고 말하려는 순간 뇌는 지우개로 지운 것처럼
고요해진다. 할 말은 많지만, 생각이 엉망진창이 되어 무엇을
먼저 이야기해야 할지 목적을 잊어버린다. 발표에 대한 경험은
별로 좋지가 않다. 그래서 발표를 피하게 되었고 '공포'로 남고
말았다.

내가 발표를 왜 못했었는지 원인을 알게 되었다. 첫 번째는
사람과의 관계에서 생긴 트라우마로 위축된 마음이 컸다. 두
번째는 발표를 못한다는 생각에 회피하며 지내왔다. 현재 하브
루타를 만나 발표 공포감을 이겨내고 있다.

발표하는 친구들의 어려움을 알기에 용기를 낼 수 있도록 도

움을 주고 있다. 우선 아이들의 감정 상태가 어떤지 말하는 분위기를 조성한다. 그런 후 첫 번째는 아이들이 느끼는 감정을 공유하는 능력을 키워준다. 감정을 표현하고 공유하는 일을 통해 마음에서 안정을 되찾는 방법이다. 두 번째로는 아이들이 느끼는 감정을 그대로 공감해준다. 아이들의 모든 감정은 옳은 감정이다. "무섭다"라고 표현한 친구에게 "맞아요", "무서울 수 있어요", "그래도 용기를 내 발표해줘서 고마워요"라고 말해주거나 용기를 내 발표해준 친구에게 응원의 박수를 보내면 안정된 표정을 보여주기도 한다.

아이들에게 보내주는 격려, 칭찬, 응원은 어린 나에게 보내주는 마음과 같다. 자신의 어릴 적 내면을 바라보길 바란다. 아이를 통해 어린 나의 어리숙한 구석을 발견한다면, 그 아이를 도와주길 바란다. 양육자와 자녀가 함께 성장할 것이고 발표 못하는 아이도 진정으로 용기를 찾을 수 있다.

강진하 Kang jinha

한국하브루타교육연구협회 선임연구원
하브루타 부모교육연구소 강사
하브루타 클래스 그림책 강사
협력놀이연구소 소장
한국행동교육훈련단 부대표
이재화 대체의학 연구소 자문위원
바른길 자연치유 힐링센터 교육 매니저

강의 및 사회활동
그림책 하브루타, 놀이 하브루타
초중고, 가족, 소통인성 협력놀이, 자존감 감성 서비스
기업체 조직활성화, 팀빌딩, 지역축제 및 행사 활동
가족캠프, 청소년힐링캠프 심화 과정

독불장군이었던 내가
사회에 융화될 수 있었던 이유

민예은

사랑하는 법을 몰랐던 사람

스무 살 때부터 아르바이트를 포함, 지금까지 열두 가지 직업을 거쳤다. 어느 것 하나 진득하게 하지 못하고 금방 싫증을 내는 것은 어렸을 때부터 항상 지적받던 내 성향 중 하나였다. 그래서 때론 이런 나의 성향에 열등감을 느끼고 괴로워하던 때도 있었다. 특히 30대 초반은 사회에서 어느 정도 자리 잡은 친구들에게 열등감을 느끼고 도무지 통과되지 않는 취업의 관문에 괴로워하며 낮술을 들이붓는 사람이었다. 자발적으로 택한 경력 단절이었지만, 아이만 키우느라 두 번 다시 사회로 복귀하지 못할까 봐 문득문득 몸서리쳐지는 두려움을 느끼는 40대 초반의 나도 있었다. 그런데 그런 나의 많은 경험이 지금은 하브루타를 만나 엄청난 시너지 효과를 내고 있다. 그리고 하브루타를 햇수로 6년째 실천하고 있다.

하브루타를 통해 배워나가는 중인 또 다른 한 가지는 함께하는 법을 익히고 있다는 것이다. 20, 30대의 나는 '쌈닭'이었고 '독불장군'이었다. 무작정 돌진만 하다 뒤늦은 후회를 하거나 사람들과 융화될 줄 모르고 내 고집만 부리던 내가, 남에게 준 상처는 생각지 못하고 내가 받은 상처만 생각하던 내가, 가족과 많은 하베르(하브루타 할 때의 짝)와 함께하는 법을 하브루타를 만나 익혀가고 있다. 어느 단체에 소속되던 큰 다툼의 중심에 서 있던 내가 하브루타를 배우고 속하게 된 단체들에서는 아예 다툼이 없었거나 대화를 통해 다툼을 막았다. 다른 사람의 이야기에 귀 기울이기 시작했고 다른 사람의 마음에 공감할 수 있게 되다니 꿈만 같다.

나는 아이를 싫어하는 사람이었다. 가장 친한 친구가 아이를 낳아도 한 번도 안아줄 줄 몰랐고, 시끄러운 아이들을 신경 쓰기 싫어 노키즈 존을 늘려야 한다고 주변 사람들에게 강력하게 주장하곤 했다. 그런 내가 나의 아이와 하브루타를 만나 내 아이는 물론이고 다른 아이들까지도 사랑하는 법을 배웠고 함께 아이들을 잘 키워보자며 교육법과 관련한 책을 쓰게 되었다.

두 번째 공저를 위해 이 글을 쓰면서 돌아보니 하브루타가 나를 살렸다. 하브루타는 나의 단점들을 장점으로 승화시켜주었고, 내가 함양하지 못했던 능력들을 갖춰나가도록 도와주었다. 인생 2회차를 위한 전환점을 마련해준 것이다. 열등감에 빠져 허우적대는 나는 끌어올려 준 새 동아줄이기도 하다.

모든 게 오답이었던 초보 엄마

결혼 전, 한때 사교육 시장에서 일하며 사교육에 대한 회의 감이 들었다. 모든 사교육이 잘못된 것은 아니지만 부모의 과도한 욕심으로 초등 1학년이 주말까지 12가지 사교육을 받으며 텅 빈 눈동자로 나와의 책 수업에 들어오는 모습을 지켜보아야 했다. 과연 이렇게까지 하는 이유는 무엇일까? 목적은 있는 걸까? 내가 결혼해서 아이를 낳는다면 어떻게 해야 할까?라는 생각을 하게 되었다. 고민 끝에 내 아이는 외부에 과도하게 의탁하기보다 온전히 내 힘으로 가르치겠다고 결심하게 되었다.

결혼하고 나서도 그 결심은 바뀌지 않았다. 아이가 생기자 나는 자발적으로 경력 단절을 선택했다. 아이를 내가 온전히 키워낼 수 있으려면 제대로 된 공부가 필요하다고 생각했다. 아이가 배 속에 있는 동안 내가 할 수 있는 쉬운 공부는 독서였다. 그러면서 육아서라는 영역을 처음 접했고, 내가 모르던 새로운 세계를 맛보게 되면서 잘 해내고 싶은 마음이 커졌다.

하지만 아이가 태어나고 현실로 접한 육아는 책과는 달랐다. 큰아이는 책 속의 수면 교육이 전혀 먹히지 않는 아이였다. 책에 나온 대로 아이를 올려가며 한 달을 버텨보기도 하고 잠자기 전에 잠을 깊이 들 수 있도록 온갖 방법을 적용해보기도 했지만, 아이는 어김없이 한 시간마다 깨서 울었다. 나는 책과 다른 현실 육아에 급기야 아이를 재우다 데리고 나와 못하겠다며 엉엉 울기까지 했다.

그럼에도 책 속에 답이 있을 거라며 육아서를 더 많이 탐독

했다. 꽤 여러 권의 육아 책을 읽어냈을 때 막연하게 아, 아이들은 너무나도 다양해서 책 속의 아이와 내 아이는 다를 수도 있겠구나, 라는 것을 깨닫게 되었다. 나는 내 아이가 '유별나서' 혹은 내가 '틀려서' 그런 것은 아닌가 의심하고 재촉했던 것이다.

인생을 바꾼 하브루타와의 만남

둘째가 태어난 뒤 6개월 뒤부터는 둘째를 안고 부모 교육에 열심히 참여했다. 그중 한 강의에서 이미 우리나라에 도입된 지 10여 년이 되었다는데 생전 처음 듣는 교육법에 관한 이야기가 나왔다. 그때 강연에서 나는 충격적인 이야기를 들었다. "부모님들, 아이가 기관에서 돌아오면 질문하시나요? 하면 뭐라고 하시나요? 오늘 재미있었어?라는 말을 많이 하시죠? 그러면 아이는 어떤 답을 하나요? 네 또는 아니오, 라는 답밖에 할 수 없어요. 그런데 유대인들은 기관에서 돌아온 아이에게 이런 질문을 한답니다. 오늘 학교에서 선생님께 어떤 질문을 했어? 또는 어떤 궁금한 것이 있었어?라고요."

유대인들이 자녀에게 하는 질문 내용을 듣고 뒤통수를 한 대 세게 맞은 듯한 기분이었다. 질문의 중요성은 이미 여러 육아서를 통해 알고 있었다. 그런데 강사의 말을 듣는 순간 '유대인들은 질문이란 것을 삶에서 실천하는구나! 나는 여태껏 아이에게 어떻게 책을 읽어줬지? 나는 내 삶에 제대로 된 질문을 던져본 적은 있나?' 등등의 생각이 떠올랐다. 그리고 내가 그토록 찾아 헤매던 나와 아이에게 맞는 교육법이라는 확신이 들었다.

강의가 끝나고 집에 오자마자 검색에 돌입했다. 이미 시중에 유대인 교육법인 '하브루타'에 대한 책들이 여러 권 발간된 것을 알 수 있었다. 바로 도서관으로 가서 그곳에 있는 모든 '하브루타' 책을 빌려왔다. 그런데 책들을 읽고 덮을 때마다 이걸 어떻게 실천할 수 있지? 아이가 아직 어린데 좀 더 기다려야 하는 건가? 나는 당장 하고 싶은데? 등의 의문이 떠올랐다. 다시 여러 정보를 찾다 보니 마침 근처에서 하브루타 일일 특강이 진행된다는 소식을 찾아냈다. 강사님께 연락해 아이 동반 허락을 받고 수업에 참여할 수 있었다.

일일 특강은 너무 신나고 재밌었다. 질문을 만드는 과정도, 옆 짝꿍과 대화를 나누는 과정도 사소한 신변잡기가 아니었다. 이런 속 깊은 얘기를 처음 만난 사람과 가능하다니! 같은 텍스트에서 나오는 다양한 질문에 놀라기도 했다. 집에 오자마자 남편에게 수업에서 들은 얘기도 하고 함께 질문도 만들어보며 매우 들떴더랬다.

그런데 막상 네 살짜리 아이와 하브루타를 해보려니 여전히 어떻게 해야 할지 감이 잡히질 않았다. 결국 좀 더 전문적으로 배워야겠다는 마음을 먹게 되었다. 부천으로 서초로 자격 과정을 수강하러 다녔다. 그때마다 아직 돌도 안 된 둘째는 내내 엄마에게 얌전히 매달려 있거나 수업을 듣는 다른 선생님들의 품에서 함께 수업에 참여했다. 40이 넘은 나이에 배움의 열정을 불사르는 엄마를 이해하기라도 한다는 듯이 얌전히 있어 준 아이의 도움 덕분에 자격 과정을 마칠 수 있었다. 나의 공부가 아이들과 우리 가족이 행복하게 사는 데 도움이 되었으면 했다. 그렇게 하브루타가 내 삶에 찾아왔다.

세 가지 꿈을 품다

갑자기 전국적으로 코로나19가 확산되기 시작했다. 하브루타 강사 과정까지 수강하고 싶었던 내 바람은 코로나와 함께 무기한 연기되는 듯했다. 하지만 멈출 수는 없었다. 아이들에게 책을 읽어주면서 하나라도 질문을 더 해보려 머리를 싸맸고, 남편에게도 관심을 두고 질문을 던져보려 노력했다. 생각보다 쉽지는 않았다. 아이에게 질문을 하나 해놓고 아이의 대답에 꼬리 질문도 해보고 싶었지만, 머리가 하얗게 되기 일쑤였다. 또 아이가 귀찮아하거나 설렁설렁할 때면 울화가 치밀어 오르는 것을 참느라 고생했다.

대화를 생활화하고 실천하고 싶었지만, 육아와 살림에 정신없다가 어느새 밤이 되어 있는 경우도 많았다. 이런 상황들을 마주할 때마다 밀려오는 자괴감 혹은 실망이 있었지만 그래도 포기하지 않았다. 아이에게 꼬리 질문 하나를 해냈을 때의 뿌듯함, 일상에서 남편과 아이의 행동에 관심을 두고 미세한 감정 변화를 읽어내 문제를 해결했을 때의 성취감에 혼자 하브루타를 해내고 있다는 자부심이 생기기도 했다.

하지만 혼자라는 외로움, 허전함, 잘하고 있는 건지에 대한 의문은 계속되었다. 함께 육아하던 엄마들에게 무작정 하브루타 질문 방을 만들어 하루에 주제 하나 던지고 질문 만들기도 해보고 틈틈이 검색을 통해 '줌ZOOM'이라는 화상회의 앱을 통한 온라인 강의도 접하면서 배움과 실천의 끈을 놓지 않으려고 했다.

마침내 그렇게 기다리던 강사과정이 온라인 과정으로 진행된다는 소식에 바로 수강 신청을 해놓고 간절히 나만의 세 가지 지향을 갖기 시작했다. 하나, 과정이 끝날 즈음엔 나 스스로 하브루타를 마스터한다고 자부할 수 있기를. 둘, 실천할 수 있는 하베르가 생기기를. 셋, 다시 사회로 나갈 수 있게 되기를 간절히 바랐다.

하브루타가 만든 기적의 순간들

여러 지향 중 세 번째 지향의 기회가 먼저 찾아왔다. 수업이 마무리되어갈 즈음 온라인 교육 플랫폼에서 강사를 모집한다는 글을 보게 되었고 되든 안 되든 도전해보자라는 마음으로 역사 하브루타 수업을 하겠다며 이력서를 제출했다. 역사 하브루타로 지원하게 된 계기는 하브루타를 배우면서 나만의 주 종목을 만들어야겠다 생각하고 있었는데, 역사를 초등학교 3학년 때부터 좋아했고 대학 전공 역시 국사였기 때문이다. 학원에서 초등반부터 고등반까지 3년 정도 가르쳐본 경험도 있는지라 자신도 있었다. 온라인 면접과 모의강의 끝에 강사에 선정되었고 나는 '하브루타 강사'라는 타이틀을 얻었다.

큰돈은 아니지만 이제 스스로 돈을 벌어 듣고 싶은 수업을 들을 수 있게 되었다. 게다가 아이들에게 맛있는 것 하나, 선물 하나도 직접 번 돈으로 사줄 수 있었다. 강의도 확장되어 원데이 클래스에서 시작한 수업이 4회차 수업으로 또 1년짜리 긴 호흡의 수업으로 늘었다. 아이와 학부모들은 역사를 통해 다양한 이야기를 나눈다는 점이 흥미롭고 놀랍다고 했다. 역사는 대부분 암기과목이라 생각한다. 나 역시도 '역사 안에서 다양한 생각을 펼치는 것이 가능할까? 일방적인 강의를 할 때도 범위가 워낙 방대해서 진도 빼는 것조차 힘에 부쳤는데?'라고 생각했지만 모두 기우였다. 아이들과 나누고 싶은 이야기를 뽑아 그 안에서 역사적 사건을 어떻게 생각하는지, 나라면 그 순간 어떤 결정을 내렸을지 등을 이야기 나누다 보니 역사를 새롭게 바라보는 눈이 생겼고 나도 생각지도 못한 점에 대해 아이들이 질문을 만들고 대답할 때면 하브루타를 하기에 역사만큼 좋은 분야가 또 있을까 하는 생각도 들었다.

아이를 잘 키워보겠다며 시작한 하브루타는 나를 꿈꾸게 한다. 그리고 그 꿈들이 하나씩 실현 되는 것을 보며 '나는 또 어떤 꿈을 꾸고 그 꿈을 실현시킬 수 있을까? 더 나아가 어떤 예상치도 못한 길이 내 앞에 마련되어 있을까?'하고 기대를 하게 된다. 나는 오늘도 하브루타를 실천하며 하브루타 속에서 또 다른 새로운 꿈을 꾸고 있다.

민예은 Min yeeun

한국하브루타교육연구협회 선임연구원
하브루타부모교육연구소 행세소 팀장
꾸그 역사하브루타 강사

강의 및 사회활동
하브루타 부모교육사 1급
하브루타 독서토론지도사 2급
인증퍼실리테이터(CF 104호)
생각근육 하브루타 역사(초중등) 하브루타 강사
월요 새벽 역사모임 '역사로수다' 진행
단재 연수원, 키즈 스콜레 등 다수 역사 강의 진행
북렌즈, 리드_하다 등 독서모임 진행

좋은 질문을 던지는
좋은 어른이 필요하다

윤소진

좋은 엄마가 되고 싶었다

좋은 엄마가 되려고 노력하면 할수록 좋은 엄마에게서 멀어지는 것만 같았다. 막연하게 '좋은 엄마'가 되려고 하기보다는 스스로 좋은 엄마라고 말할 수 있는 내가 되기로 했다.

15년간 영어 강사로 일했던 나는 언젠가 원장님 직함을 가지는 일이 내 목표라고 생각했다. 하지만 코로나 시기를 지내고 난 후, 그것이 내가 진짜 좋아서 하는 일이 아니라는 것을 깨달았다. 그렇지만 지금의 안전지대를 벗어나 새로운 것에 도전하는 건 그리 쉬운 일이 아니었다.

아이들에게 좀 더 자랑스러운 엄마가 되는 길을 가고 싶었다. 커리어를 유지하는 일을 잠시 멀리하고 좋아하고 잘할 수 있는 일을 찾아 도전하기로 했다. 그러다 우연한 기회에 중고등학교 진로 수업 출강을 나가면서 '영어'라는 교과목이 아닌, '진로'라는 제도권에 어울리는 이름을 걸고 10대 아이들의 '주도적인 삶'을 이야기하기 시작했다.

좋은 어른이 되기로 했다

좋은 어른이 되려고 노력하면 할수록 내 아이들이 그리고 학교 현장에서 만나는 아이들이 나에게 다가왔다. 최소한 나와 눈을 맞추고 이야기하는 학생들이 전체 학생의 2/3는 되니까 말이다. 먼저 다가와 영어 선생님이 돈을 더 잘 벌지 않느냐고 묻는 학생도 있었고, 아들 셋을 키우는 엄마라는 말에 힘드시겠다며 공감해주는 아이들도 있었다. 슬그머니 다가와 같은 팀원들과의 협업이 힘든 이유를 털어놓기도 했다. '아이들은 자신의 이야기를 들어주는 어른이 필요했구나…'라는 생각이 들면서 반성하게 되는 순간들이 많았다.

반면 어른과 소통하려 하지 않는 아이들, 꿈이 없어 무기력해 보이는 아이들도 무척이나 많았다. 이러한 상황은 어른들이 자신들의 책임을 다하지 못했으면서 그 책임을 아이들에게 떠넘기려는 무책임한 행동의 결과는 아닐까 하는 생각이 들었다. 오랜 시간 아이들을 가르치며 내가 아이들에게 던진 질문은 내가 듣고 싶은 말을 생각하고 던졌기 때문에 아이들은 자기 생각을 말하지 않았고, 소통하려 들지 않았다는 사실을 깨달았다.

아이들에게 던지는 질문을 고민하다

강의를 준비할 때 자꾸 지식을 전달하기 위해 양질의 자료를 찾기보다, 아이들에게 어떤 질문을 던져야 적극적인 참여를 끌어낼 수 있을까? 혹은 어떻게 강의를 디자인해야 소외되는 아이들이 없을까?에 대한 고민을 더 많이 했다.

"너라면 어떻게 했을 것 같아?"

"성공한 사람들은 처음부터 특별한 사람이었을까?"

"지금 당장 도전해볼 수 있는 가장 쉬운 것은 무엇이 있을까?"

"너도 할 수 있지 않을까?"

수많은 질문과 기다림 끝에 듣게 된 아이들의 이야기는 30년 전의 나보다 훨씬 자기 자신을 사랑하고, 누구보다 주도적으로 살고 싶어 한다는 것을 알게 했다. 요즘 아이들은 꿈이 없다, 무기력하다, 구제 불능이다, 예의 없다 등으로 평가하는 말들은 어른들의 무관심과 무책임을 덮기 위한 가짜뉴스였다. 아이들은 좋은 질문을 통해 살아 움직이는 꿈을 꾸고 싶어 한다. 다만 답하고 싶은 질문을 받아본 적이 없었고, 있는 그대로 들어주는 어른을 만나지 못했던 것이다.

어른들이 아이들에게 좋은 질문을 던지는 것은 쉬운 일이 아닐지 모른다. 하지만 마음속에 몇 가지 방법만 잘 새겨두면 그렇게 어려운 일이 아니다. 수많은 시행착오 끝에 알게 된 것들을 몇 가지로 정리해본다.

첫째, 심리적 안정감을 줘야 한다

아이들의 이야기를 있는 그대로 들어야겠다는 마음가짐, 평가와 비판은 하지 않겠다는 다짐이 필요하다. AI와 함께하는 세상을 살아가게 될 아이들의 20대와 어른들이 이미 지나온 20대는 너무 달라서 우리의 조언이나 충고는 당연하지 않다. 그들의 이야기를 진심으로 듣고 생각과 감정을 존중해야 한다. 개방적인 태도로 아이들을 받아들이면, 아이들은 '내가 무슨 말을 해도 괜찮구나….'라는 안정감을 느낀다. 안정감을 느끼는 아이들은 존중받고 보호받는 느낌이 들며, 자기 생각과 감정을 자유롭게 표현할 수 있다. 이는 아이들의 정서 발달과 소통 능력 향상에 긍정적인 영향을 미친다.

최근의 뇌과학 연구는 아이들이 안정감을 느끼면 뇌의 발달과 기능에 긍정적인 영향을 미친다는 사실을 말하고 있다. 안정감을 느끼는 상황에서 아이들의 뇌가 더 효율적으로 작동하고, 학습과 기억 형성에도 도움이 된다. 따라서 아이들과의 소통을 위해서는 심리적 안정감을 고려하여 상호작용하고 지원하는 것이 매우 중요하다. 심리적 안정감이 보장되지 않는 상태에서 실패에 대한 두려움 없이 도전하는 것은 불가능하다. 사회적 책임이 많은 어른이라 어렵고, 아이들이라 쉬운 것은 아니다. 아이를 믿고 기다려주는 심리적 안정감이 부모 자신을 위해서도 가성비 좋은 태도가 아닐까? 아이는 그 편안함 속에서 많은 것들을 시도하며 소통하려는 태도를 보이게 될 것이다.

둘째, 개인화된 질문을 고민해야 한다.

아이들의 정체성이 형성되는 시기에는 질문과 관심이 자기 안으로 향하기 시작한다. 아주 사소한 것일지라도 개인적인 관심사와 경험에 직접적으로 연결된 질문이어야 아이들의 진짜 이야기를 들을 수 있다. 개인화된 질문은 관심에서 시작되므로 아이 자신을 더욱 편안하게 표현할 수 있도록 이끈다. "네가 가장 좋아하는 은 뭐야?"라는 질문은 아이의 경험에서 관심을 끌어내고 그때의 감정에 집중해서 꼬리 질문을 던지면 더 많은 이야기를 들을 수 있다.

개인화된 질문은 아이의 개별적인 경험과 관심사에 맞추어 설계된 질문이다. 아이들이 자신을 더욱 솔직하게 표현하고 자기의 생각, 감정 그리고 경험에 대해 고민하게 한다. 이를 통해 아이들과의 대화가 더욱 깊이 있게 이어지고, 아이들 또한 자신을 더 잘 알아볼 기회를 얻는다. 아이와 눈을 맞추고 다음과 같은 질문을 던졌을 때 아이는 자신에게 관심이 집중된 그 순간을 즐긴다. 물론 이런 질문을 던질 때는 전후 맥락에 맞는 상황이 있었을 때 가능한 일이다.

> "언제가 가장 행복해? 이유는?"
>
> "어려운 상황에 부닥쳤을 때, 어떤 것이 너를 힘들게 만들고 어떤 것이 너를 위로해줄까?"
>
> "네가 가장 잘하는 것은 무엇이고, 그것을 잘할 수 있는 이유는 무엇이니?"
>
> "너 스스로 가장 뿌듯했던 순간이 언제야?"

이처럼 개인화된 질문은 자신에 대한 주제를 깊이 생각하게 하고 자신의 감정과 의견을 표현하는 훈련이 된다. 이는 자아 개발과 자기 인식을 촉진하는 데 도움이 되며, 아이들과의 소통과 관계 형성에도 긍정적인 영향을 미친다.

셋째, 개방형 질문을 활용한다

단순한 예/아니오 대답으로 끝나는 질문은 되도록 피한다. 소위 답이 정해져 있는 것처럼 느껴지는 질문이 이에 해당한다. 질문하는 사람의 목소리 톤이나 자세와도 매우 밀접하게 관련이 있다. 개방형 질문은 아이들이 자기 생각과 감정을 더 자세히 표현할 수 있도록 돕는다.

쌍둥이 둘째, 셋째의 시력검사를 하러 안과에 갔을 때의 일이다. 두 아이 모두 양쪽 시력 차이가 커서 조만간 안경을 쓸지도 모른다는 의사 선생님의 소견을 들었다. 차에 타자마자 "너희 휴대전화 많이 해서 눈 나빠진 거 알겠지?"라고 말하고 싶었지만 잠시 말을 아꼈다가 다시 물었다. "병원에서 들은 의사 선생님 소견을 들으니 어때? 앞으로 어떻게 하면 좋을까?" 아이는 이렇게 말했다. "안경을 써야 하면 써야죠. 안경 한번 써보고 싶다" 이렇게 말하는 것이 아닌가. 그래서 다시 질문을 던졌다. "안경 쓰면 불편한 점이 없겠어?" 이 질문을 시작으로 많은 이야기가 오고 갔고 결론적으로 휴대전화 사용을 조절하겠다는 말을 아이들의 입을 통해 들을 수 있었다.

이러한 개방형 질문은 아이들 스스로 생각하게 하는 과정을 거쳐 자아개념과 감정인식을 촉진하며 자기 생각과 감정을 탐구하고 이해하는 데 큰 역할을 한다. 질문에 답하는 과정에 익숙한 아이들은 자기 경험을 되돌아보고, 자신의 감정과 생각을 설명하는 것이 자연스럽다. 그들의 의견을 뒷받침할 수 있는 이유를 스스로 찾아가는 것이다. 아이들은 자기 생각과 감정을 더욱 자세히 이해하고 표현하며 보다 의미 있는 대화와 상호작용을 경험하게 된다. 나는 아이들이 말하고 싶은 질문들을 고민한다. 그러면 훨씬 더 많은 이야기를 들을 수 있다.

넷째, 아무것도 하지 않는 시간이 절대적으로 필요하다

우리 아이들의 하루는 정말 눈코 뜰 새 없이 바쁘게 돌아간다. 자기 생각과 감정을 들여다보며 소화하고 표현하는 데 쓰는 시간도 그럴 수 있는 공간도 허락되지 않는 경우가 많다. 아이들은 급하게 답을 요구받지 않고 자기 생각을 정리하고 표현하는 충분한 시간 그리고 편안한 공간에서 그 시간을 마음껏 누릴 권리가 있다. 어릴 적부터 부모의 생각과 판단으로 제공된 수많은 정보와 자극들에 길들여져 있다. 아이들의 시간은 부모들이 정해놓은 로드맵에 따라 채워진다. 부족하게 키우고 싶지 않은 부모의 욕심이 건강하게 요구되는 결핍을 경험한 적 없는 아이로 자라게 한다.

자기 스스로 성취해보는 기회를 가져본 적이 없는 아이들. 그런데 어느 날 갑자기 왜 넌 스스로 할 줄 모르냐는 핀잔을 듣는다. 아이는 혼란스럽다. 어디에 장단을 맞춰야 할지 몰라 아무것도 하지 않는 선택을 하고 만다. 무기력한 아이들의 전형적인 모습이다. 그런데도 그 원인을 아이의 의지력 문제라고 자신 있게 말할 수 있을까? 빈둥거리며 시간을 낭비하는 것처럼 보이는 그 순간을 나를 발견하는 가치 있는 시간으로 존중해주면 좋겠다.

아이들은 창의적인 활동과 휴식을 통해 자기 생각과 감정을 소화하고 표현할 수 있게 된다. 어른들은 아이를 향한 관심에서 출발한 좋은 질문으로 생각 근육을 단련해주고 휴식 시간을 확보하여 아이들이 자신의 내면세계를 탐구하고 표현할 기회를 주는 것이 중요하다. 따분하게 흘러가는 시간은 아이들과 소통의 밑거름이며, 심리적 안정감을 형성하는 데 도움이 된다.

소통의 기회는 불현듯 찾아온다

앞에 제시한 네 가지는 평범하고 아주 최소한의 기준선에 불과하다. 즉각적이고 빠른 반응을 보이는 방법들도 있겠지만, 보이는 결과에 속지 말기 바란다. 아이에게 어떤 질문을 던지면 좋을지 고민해보는 연습을 의도적으로 반복하다 보면 자연스럽게 소통의 기회는 불현듯 선물처럼 찾아온다. 쉽고 빠르고, 실패하지 않는 것이 최고의 방법이라는 착각에서 벗어나야 한다.

무엇보다 중요한 것은 어른들이 아이들을 진심으로 이해하고 지지하는 태도를 보이는 것이다. 아이들과의 소통은 상호관계와 신뢰를 기반으로 이루어져야 하기 때문이다. 자기를 사랑할 줄 알고, 자기 인생의 주인으로 최선을 다하며 살아갈 수 있는 존재라고 믿고 있을 때 불가능한 일은 없다. 아이와의 소통은 존재 자체를 인정하는 것에서 시작한다.

네 삶의 주인으로 살아라

이 말을 실천하고 싶었다. '티칭이 아니라 코칭이다', '바로 가는 먼 길 돌아가는 지름길'이라는 교육적 가치를 강조하면서도 '입시'라는 키워드와 만나면 불안감이 찾아오곤 한다. 그럴수록 그 불안감을 내려놓기 위해 엄마인 나 자신에게 몰입하려고 노력했다. 엄마인 내가 먼저 내 삶의 주인으로 살기로 마음먹었던 그 순간부터 아이들은 좀 더 자유롭게 자신만의 시간을 보냈다. 사회적 안전망을 지켜주는 일들만 최소한으로 개입했다. 그리고 나니 아이들 스스로 할 수 있는 것들이 하나둘씩 늘어나기 시작했다. 삼 형제가 힘을 합쳐 아침밥을 차려 먹기도 하고, 방학 중 이른 아침에 일어나 그날 해야 할 일을 일찌감치 끝내 놓으면 자유시간이 더 많이 주어진다는 것도 스스로 깨닫고 실천한다. 결과도 중요하지만 스스로 시작하는 모습을 더 크게 칭찬했다.

자기 주도적인 삶이 어떻게 시작되는가에 대한 해답을 하브루타에서 찾았다. 하브루타는 어른과 아이 간의 소통 및 상호 작용을 가능하게 하는 최고의 방법이다. 어른과 아이가 서로 동등한 파트너로 상호작용하는 소중한 기회를 제공한다. 좋은 어른이 될 수 있는 지름길이라고 확신한다. 좋은 어른이 건네는 좋은 질문은 아이들이 스스로 생각하고, 자신의 생각을 표현하는 능력을 개발하도록 돕는다. 좋은 어른과 함께 문제를 해결하고 아이디어를 나누며 서로의 생각을 존중하고 수용하는 방법을 배우기 때문이다.

좋은 질문은 한 아이의 인생을 바꾼다

좋은 어른과의 관계 맺기를 경험한 아이들은 사회적 기술과 대인관계에서도 남다른 힘이 느껴진다. 존중받아본 경험이 존중하는 태도를 길러주는 셈이다. 자신의 감정을 표현하고 이해하는 법을 배우면서 다른 사람의 의견을 존중하고 수용하는 태도를 갖추었기 때문이다. 좋은 태도는 친밀한 관계를 형성하기도 하고, 갈등 상황에서 원활하게 대처할 수 있는 능력을 배우기도 한다.

내가 아는 지식이 절대적이라고 생각하고 그것을 가르치기에 급급해서, 아이들이 느꼈을 감정이나 그 아이들의 생각에 집중하지 않았던 과거의 내가 부끄러웠다. 하브루타를 통해 질문을 배웠고, 어떤 질문을 던져야 하는지 끊임없이 생각한다. 강사로서, 코치로서 내가 하는 일이 세상에 가치 있는 일이 되려면 아이들과의 소통과 상호작용을 통해 변화를 끌어내는 교육자, 즉 좋은 질문을 던지는 좋은 어른이 되어야 한다.

> "선생님 덕분에 제가 하고 싶은 일을 생각해보게 되었어요. 저도 할 수 있을 것 같아요."

자신을 꺼내 보이기 힘들어하는 아이들을 위해 가상의 인물을 설정해서 자기 이야기를 해보도록 이끌었던 수업에서 한 학생이 후기로 보내온 메시지다. 내가 만나는 모든 아이를 만족시킬 수 없을지라도 내가 던진 좋은 질문 하나가 누군가의 인생에 잊지 못할 '인생 질문'으로 기억된다면 그것보다 보람된 일은 없을 것 같다.

이러한 경험을 토대로 좋은 질문이 좋은 어른을 만든다고 확신한다. 우리 아이들은 좋은 어른의 도움과 영감을 필요로 한다. 따라서 우리는 아이들에게 좋은 어른이 되기 위해 관심과 존중에서 시작된 좋은 질문으로 아이들의 있는 그대로의 모습을 응원해주어야 한다. 좋은 어른이 되도록 이끌어준 하브루타는 나와 아이들이 함께 성장하고 배울 수 있는 소중한 경험을 선물했다.

좋은 어른이 많은 세상에서 모든 아이의 꿈이 마땅히 존중받는 날이 오기를 희망한다.

윤소진 Yun sojin

한국하브루타교육연구협회 선임연구원
하브루타 부모교육연구소 팀장

경력 및 사회 활동
하브루타 부모교육 강사
하브루타 독서코칭 지도사
16년 경력의 영어 강사
한국학습코칭 전문가 협회 강사
스포츠 멘탈 전문 코치
한국 코치협회 인증 코치
히어로 스쿨 플랫폼 사업 대표코치
인천 SOS랩 시민연구원
인천광역시 시민퍼실리테이터
서울특별시 교육청 국제 공동수업 지원단

아이의 잦은 질문이
귀찮고 힘들다면

이경아

물음표를 마침표로 만드는 어른들

아이들 안에는 물음표 옹달샘이 있는가 보다. 물을 퍼내고 퍼내도 퐁퐁 솟아나는 옹달샘처럼 아이들은 폭풍 같은 물음표를 쏟아내고 돌아서서 또 물음표를 꺼낸다. "왜 하늘은 파래요?", "왜 밤은 깜깜해요?", "왜 밥을 먹어야 해요?" 등 일상 속 질문들을 들으면 어른들은 아이에게 친절하게 대답한다. "그건 말이지…" 어른의 대답이 끝나기도 전에 아이는 또 질문한다. "왜 그런 거예요?", "왜 그래요?", "왜? 왜?" 어른들은 심호흡을 크게 한 번 하고 다시 대답한다. 이렇게 몇 번을 반복하고 나면 "이제 그만. 다음에 또 대답해줄게."라며 마침표를 안 찍을 수가 없다.

흔한 우리 집 일상을 보는 것 같은 이 느낌은 혼자만의 착각이 아니다. 다른 많은 가정의 부모가 이런 대화를 이어간다고 하소연한다. 그러다 보니 어른들은 뒤돌아서, 또는 잠든 아이의 모습을 바라보면서 미안한 마음에 죄책감이 들기 일쑤고, 아이들은 자라면서 입을 꼭 다물고 마침표만을 찍는 모습으로 변하고 있는 듯하다. 어떻게 하면 우리 아이와 짜증과 귀찮음이 가득한 마침표가 아닌 생동감 넘치는 물음표와 느낌표가 정겹게 오고 가는 즐거운 대화를 풍성히 나눌 수 있을까?

하브루타의 시작은 좋은 관계 형성이 먼저다

평소 직업 특성상 다양한 부모님을 만나고 많은 대화를 나눈다. 그런데 신기하게도 엄마들과 이야기를 나누다 보면 이구동성으로 이런 이야기를 자주 듣는다.

> "우리 아이는 이리저리 물어봐도 대답을 하지 않아요."
> "우리 아이가 유치원에서 어떻게 지내는지 너무 궁금한데 물어보면 모른다고만 해요."
> "그렇게 떠들고 놀다가도 제가 묻기만 하면 어디론가 쏙 사라져요."
> "우리 아이는 질문을 하면 왜 대답을 안 하는 걸까요?"

아이는 대답을 안 하는 걸까? 못하는 걸까? 아이들과 함께 있으면 종알종알 말도 많고, 질문도 많다. 그런데 그런 아이가 엄마만 만나면 입을 다물어버린다. 왜일까?

생각해보면 선생님과 아이도 처음부터 말을 잘하는 사이가 아니었다. 처음엔 서로가 낯설어 선생님이 인사를 해도 우물쭈물하거나 눈을 잘 못 맞추는 아이도 많았다. 그랬던 아이들이 날마다 상냥하게 인사하고 방긋방긋 웃으며 안아주고, 눈 맞추고 이야기를 들어주니 말수가 많아지고 질문도 많아졌다. 그렇다. 좋은 애착 관계가 아이들을 수다쟁이로 만들었다. 비밀은 관계에 있었다.

좋은 관계는 아이의 입과 마음을 연다

바쁜 명절날, 명절 음식을 만드느라 온 가족이 분주한 가운데 아이가 혼자 그림을 그렸다. 잠시 후 그린 그림을 들고 엄마에게 갔다.

"엄마 이거 봐요. 이거 궁금하지요?"

"응, 그런데 지금은 엄마가 너무 바쁘니까 이거 다하고 이따가 볼게."

엄마는 음식을 하느라 너무 바빠서 아이의 이야기를 들어줄 새가 없었다.

"할머니~!"

할머니도 바빴고 아이의 눈에도 몇 안 되는 가족이 모두 각자의 일로 바빠 보였다. 실망스럽게 다시 그림을 그리는 아이에게 내가 다가가서 물었다.

"어디 한번 볼까?"

"네!"

아이의 목소리에서 신바람이 묻어났다. 아이는 종알종알 이야기하고 나는 그림을 보며 설명을 들었다. 그림에는 두 사람과 그 옆에 집처럼 생긴 그림이 있었는데, 나는 그림 속 이야기가 궁금해졌다. 집같이 생긴 오각형 그림은 꼭대기로 보이는 부분만 조금 연두색이 보이고 온통 연파랑으로 칠해져 있었다. 그래서 내가 물었다.

"이건 뭘 그린 거야?"

"산을 그렸어요."

"아하! 산이구나! 멋지게 그렸는걸. 궁금해서 그러는데 산을 이렇게 색칠한 이유가 있을까?"

"네! 지금 비가 많이 와서 산이 젖은 거예요. 이게 다 비예요."

아이의 말을 듣고 나니 너무 그럴듯했다. 곧바로 아이는 또 한 장의 묘한 그림을 자랑스럽게 보여줬다.

"이건 산이구나. 그런데 산 옆에 있는 이건 뭐야?"

"드라이기요."

"드라이기?"

"네! 산이 비에 젖어서 드라이기로 말려주는 거예요."

"어머나, 정말 멋진 생각을 했구나! 그런데 어떻게 그런 생각을 했어?"

"그게 말이죠, 내가 목욕하면 머리가 젖어 있잖아요. 그러면 엄마가 머리를 드라이기로 말려주시거든요. 위이잉!"

"아하, 그렇구나! 엄마가 머리를 말려주던 게 생각이 났구나! 너무 대단한걸! 네가 만약 산이라면 기분이 어떨까?"

"기분이 좋을 거예요. 왜냐하면 엄마가 내 머리를 말려줄 때 기분이 좋았거든요."

둘의 대화를 흘려듣던 가족들이 모두 깜짝 놀라서 아이의 이 야기에 귀를 기울였고 아이는 신바람이 나서 그림을 더 설명 하더니 다시 자리로 돌아가서 한참을 그림 그리기에 몰두했다. 이야기를 들으면서 아이의 부모는 진한 감동을 받았고, 아이가 다시 그림 그리기에 열중하는 동안 가족들도 자기들의 일을 이 어갈 수 있었다.

평소 아이와 어떤 대화를 하시나요?

우리 집에서 아이와 함께 있는 나를 상상해보자. 집안일하는 동안 아이의 이야기를 영혼 없이 듣고 건성으로 대답하고 있진 않은지. 실수를 반복하고 계속 뛰고 움직이는 아이를 감정적으 로 억압하거나 적절하지 않은 행동을 고치려고 지적하고 지시 하는 말을 많이 하지는 않는지. 해당하는 내용이 있다면 평소 에 아이와 나누는 나의 언어습관을 점검해볼 필요가 있다.

아이와 긍정적인 관계를 맺기 위해서는 긍정적인 관심을 보 여주는 것이 매우 중요하다. 아이를 인정해주는 칭찬과 격려의 말을 하며 안아주거나 손을 잡아주는 등의 스킨십을 더하는 것도 아주 좋은 방법이다. 부모와 긍정적인 관계를 잘 맺을수록 아이들의 마음속에 있는 정서 저금통도 두둑해진다. 부모와의 안정적인 애착 관계 형성을 통해 세상에 대한 신뢰감을 배우고, 부모와 함께했던 좋은 경험들은 유아가 유능한 사회적 관계를 형성할 수 있도록 돕는다. 영유아기 때부터 긍정적으로 잘 형성된 애착 관계는 인지발달, 언어발달, 사화정서발달 등 아이의 전인 발달을 돕는다.

작은 질문이 좋은 애착 관계를 만든다

아이의 모든 행동에는 이야기가 숨어 있다. 아이들은 숨은 이야기를 말하고 싶어 하고 들어줄 누군가가 필요하다. 그 누군가가 부모이고 선생님이고 주변 어른들이다. 그런데 어른들은 너무 바쁘다. 아침에 눈을 뜨면서부터 밤에 눈을 감을 때까지 잠시도 쉴 없이 할 일이 기다린다. 아이의 끊임없는 질문을 다 들어주고 답해줄 수 없다. 맞다. 그러면 아이와 좋은 관계 형성은 언제 어떻게 하란 말인가! 너무나 부담스러운 일 아닌가! 하지만 좋은 해결 방법이 있다. 아이의 물음에 다 답해주려고 애쓰지 말자. 그렇다고 아이의 질문을 무시하라는 것이 아니다. 아이가 질문하면 그때 이렇게 말해보자.

"네 생각은 어때?", "너는 어떻게 생각하는데?"

그리고 아이가 자기 생각을 말하면 이어서 이렇게 말해주면 된다.

"아하! 그렇구나. 정말 좋은 생각이야.", "우와~! 그렇게 생각할 수도 있겠는걸!", "왜 그렇게 생각했어?"

이렇게 반응해주면 아이는 더 신이 나서 자기 생각을 종알종알 말할 것이다. 이런 과정을 반복하다 보면 어느새 달변가가 된 아이를 마주하며 깜짝 놀라는 나를 보게 될 것이다.

효과적인 대화를 위해 기억할 것

> 질문에 대한 질문으로 생각할 기회를 만들어준다.
> 사랑스러운 아이와 눈을 맞추고 대화한다.
> 아이의 생각이나 말을 비난하지 않는다.

놀이 속 하브루타로 세상을 리드하는 아이

> "아이들은 본능적으로 놀이하는 존재로 태어났다. 놀이는 그들의
> 삶이자 생존의 권리이다."
> (EBS 다큐프라임, '놀이의 반란' 중)

주변 학원들의 간판을 유심히 보면 아이들과 관련 있는 기관들의 이름 중에 놀이가 붙지 않은 이름을 찾기가 어렵지 않을 것이다. 놀이미술, 놀이수학, 놀이과학 등등. 그만큼 놀이는 아이의 삶에 전부나 다름없다. 그런데 놀이가 진짜 놀이가 되려

면 '자발성', '주도성', '즐거움', '무목적성'이 4가지 구성요소를 포함하고 있는지를 봐야 한다. 누가 시켜서 하는 것은 진짜 놀이가 아니다. 웃음이 없어도 놀이가 아니다. 그래서 그런가? 아이들이 어른과 잘 놀고는 일어서면서 이렇게 말한다.

"이제 놀아도 돼요?" 저런! 그러면 지금까지 논 것은 놀이가 아니고 뭐였단 말인가!

어른이 의도한 모든 놀이는 놀이를 가장한 학습들이고, 그것은 아이들에겐 일이다. 그러니 열심히든 대충이든 일을 마친 아이들은 이제 놀아도 되냐고 묻는 것이다. 아이가 주인이 아닌 어른의 의도가 들어간 모든 놀이는 모두 가짜놀이다. 아이들이 놀고 있을 때도 아이들이 초대해주기 전까지는 함부로 껴들어도 안 된다. 또 아이의 놀이에 초대받았을 때 어른은 꼭 기억 해야 하는 것이 있다. 나는 손님이란 사실과 손님은 주인이 아니라는 것. 그래서 아이가 놀이 세계를 마음껏 탐험하도록 주도권을 아이에게 주어야 한다. 아이의 눈높이에서 상호작용하며 좋은 롤 모델이 되어줄 수는 있다. 하지만 어른이 지시하고 명령해서도 안 되고, 반대로 친절한 어른으로 아이의 문제를 다 해결해주는 것도 피해야 한다.

놀이로 배우는 문제해결 능력

큰 소리로 웃으며 아이들과 신나게 놀다 보면 종종 문제가 생기곤 한다. 그때마다 늘 하는 질문이 있다.

"어떻게 하면 좋을까?"

서로에게 질문하며 함께 머리를 맞대고 고민하고 해결 방법을 의논하는 일이다.

그날도 우리는 신발 멀리 차기 게임을 했다. 우리가 흔히 하는 게임이었기에 주의점도 잘 알고 있었다. 그렇지만 주의점을 안다고 문제가 생기지 않는 것은 아니다. 이날도 열심히 신발을 차던 중 신발이 옆집 담을 넘고 말았다. 우리는 담장을 넘어 옆집으로 날아간 신발을 어떻게 찾아올지 서로 의논하기 시작했다.

한 아이가 말했다.

"어떻게 하면 좋을까?"

질문에 친구들이 저마다 자신의 의견을 말했다.

"옆집에 가서 이야기하고 가지고 오면 되잖아."

"그런데 누가 가지?"

"신발 주인이 가는 건 어때?"

그러자 신발을 찾으러 가야 하는 아이가 살짝 떨며 이야기했다.

"혼자 가긴 너무 무서운데…."

이번에도 친구들은 자기들만의 대안을 열심히 말했다.

"맞아. 찻길도 있잖아."

"그럼 어떻게 하면 좋을까?"

"내가 같이 가줄까?"

"선생님도 같이 가면 좋겠다, 그치?"

"그래. 그래."

어른이 이래라저래라 지시하거나 명령하지 않았지만 진지하

게 서로의 의견을 말하며 좋은 방법을 찾아낸 아이들은 자초지
종을 말한 후 선생님에게 함께 가줄 것을 요청했고 우리는 함
께 신발을 찾으러 나섰다.

그런데 두 번째 문제가 생겼다. 하필 아이들과 함께 간 그때
옆집 문은 열려 있었지만, 집주인이 없었다.

"어쩌지?"

"다시 돌아가자."

다시 원으로 돌아와서 신발을 찾았는지 궁금해하는 친구들
에게 상황을 이야기했더니 아이들은 다시 함께 고민하기 시작
했다.

"어떻게 하면 좋을까?"

"편지를 써서 가면 어떨까?"

"맛있는 사탕도 가지고 가서 편지랑 놓고 오자."

아이들은 종알종알 힘을 모아 편지를 쓰고, 선생님의 사탕 몇
개를 빌려서 포장을 했다. 그리고 어깨에 뿡을 잔뜩 넣고는 의
기양양한 모습으로 그것을 가지고 다시 출발했다.

그런데 그동안 주인분이 돌아와 있었고, 아이들은 편지와 사
탕을 드리고 신발을 찾아왔다. 아이들과 신발을 찾아서 원에
돌아왔을 때 친구들이 함께 함성을 질렀다.

"와! 잘했어! 신발 찾은 것 축하해!"

"그러면 우리 다시 신발 멀리 차기 하자."

우리는 다시 신발 멀리 차기 놀이를 했다. 이번엔 담을 넘지
않도록 더 조심하면서 말이다.

아이는 놀이 밥을 먹고 질문으로 성장한다.

아이는 끊임없이 놀고 또 논다. 누가 그랬던가? '아이가 가만히 있으면 아픈 거라고.' 아이에게 놀이는 삶이고 숨과도 같다. 놀이는 누군가와 짝이 되거나 여럿이서 함께한다. 그리고 놀이를 함께하는 아이들은 모두가 다 놀이의 주인이다. 둘 이상의 아이들이 모여서 이런저런 상상과 몸놀림으로 하는 것이 놀이다. 끊임없이 계속되는 놀이 속에서 아이는 이기기도 하고 져보기도 하고, 때론 죽어도 보고, 살아나기도 한다. 현실 속에서는 쉽게 경험하기 힘든 좌절도 맛보고 다시 일어나고 시도해보는 경험도 가진다. 아이는 놀이를 통해 다양한 상황들을 경험하고 그 과정에서 함께 어울려 사는 법과 내 삶의 주인이 되는 법을 자연스레 배운다.

이렇게 작은 사회를 경험하는 아이는 놀면서 내 감정을 느끼고 다른 사람의 감정도 알게 된다. 또 자신의 감정을 적절하게 조절하는 방법을 배우고, 놀이 속에서 웃고 울며 마음의 상처도 치유받고 나를 나답게 표현하는 방법도 터득해간다. 놀이 속에서 실패와 성공을 반복하면서 회복탄력성이 발달하게 된다. 또 다양한 사회적 관계기술과 의사소통능력, 창의적 문제해결 능력이 커지며, 그 과정에서 아이들은 스스로 기쁨을 맛보고 행복함을 느끼며 매일 조금씩 성장해나간다.

이경아 Lee kyoung-a

한국하브루타교육연구협회 선임연구원
하브루타부모교육연구소 팀장
(현)남부선교원 원감

강의 및 사회활동
(전)일신유치원 원장
하브루타 부모교육 강사
하브루타 독서토론 2급 자격과정 강사
하브루타 그림책 코칭지도사 2급 자격과정 강사
유아교육기관 부모교육 워크숍 강사
총신대학교 학부 및 대학원 현장 전문인 특강
한국강사코칭센터 연구 강사
서울시교육청 부모행복교실 강사

자기 방식만을
고수하던 교사의 변화

임성실

원칙만 강요했던 교사 생활

고등학교 3년 내내 생활기록부 진로 희망 사항에 나의 희망 '대학교수', 부모님 희망 '교사'라고 적었다. 하지만 꿈은 쉽게 이루어지지 않았다. 결국 취업을 위해 여기저기 이력서를 내고 시험을 보고 면접을 보는 과정을 거쳐 모 중견 기업에 입사했다. 신입사원 연수를 받고 회사원 생활을 하면서 과연 이 길이 나의 길인가, 하는 회의감이 들었다. 한편으로 학생들을 가르치는 일을 하고 싶다는 생각이 끊이지 않고 일어났다. 고민을 거듭하다가 80대 1의 경쟁률을 뚫고 입사한 회사에 과감히 사표를 제출하고 퇴사했다. 미련은 남았지만, 나의 길이 아니라고 생각했다. 그 후 나는 고등학교 교사가 되었다.

교사는 남을 가르치는 직업이다. 아이들과 상호작용이 절대적으로 중요하다. 그런데 나는 규범에 대한 신념이 강한 사람이었다. 아이들을 가르치면서 제시되는 형식과 틀을 벗어나면 용납하지 않았다. 아이들에게 제시하는 틀과 형식에 맞게 수업했고, 그에 따른 과제를 제출하게 했다. 그리고 시험도 봤다. 그 과정에서 크고 작은 일들이 발생했지만 받아들이지 않았다.

생활지도를 하면서도 학교 규칙을 어겼는지 어기지 않았는지 중요했다. 결과에만 초점을 두니 아이들의 크고 작은 반발이 일어났다. 원인에 대한 것은 중요하게 생각하지 않았다. 집이 멀어서 늦게 온 아이는 늦었다는 결과로만 혼을 냈다. 왜 늦을 수밖에 없었는지 묻지 않았다. 물어봐도 형식적으로 물어봤다. 고등학교 아이들은 대학 입시가 중요했다. 모든 것이 입시와 수능이었다. 오로지 입시에 초점을 맞춰서 가르쳐야 한다는 것이 사명이라고 생각했다.

후회와 성찰, 새로운 시작

그러다가 입시와 수능에 매달려서 아이들을 가르치는 것이 옳은 것인가 회의가 들었다. 그럴 즈음 고등학교에서 중학교로 옮겨 아이들을 가르쳤다. 중학교 아이들은 고등학교 아이들보다 유연하고 활기찬 아이들이다. 내가 아이들 눈높이에 맞춰야 했다. 고등학교 아이들처럼 말하면 척척 알아서 하지 못하기 때문이다. 학생과 눈높이 맞춰 상담하면서 비로소 아이들 마음을 이해하기 시작했다. 마음속 깊이 아이가 중심이 되는 수업을 해보고 싶다는 마음이 일어났다. 교육 당국에서 제시하는 틀을 크게 벗어나지 않으면서 아이들이 자발적으로 하고 싶어 하는 행복한 수업을 하고 싶었다.

어느 날 <EBS 다큐프라임, 선생님이 달라졌어요>라는 프로그램을 보게 되었다. 화면 속에서 교사들이 울고 웃는 모습을 보며 나도 함께 울고 웃었다. 나 역시 화면 속에 있는 선생들과 다를 바 없었다. 출연한 선생님들은 용기 내어 자신들의 고충과 민낯을 가감 없이 드러냈다. 반면에 나는 나의 내면을 들키지 않으려고 상처투성이 마음을 꽁꽁 싸매고 들키지 않으려고 마음속 저 깊은 곳에 숨겨놨었다. 그런데 그런 마음의 보따리가 서서히 올라오는 것을 느꼈다. 그래 변해보자. 달라져 보자. 그렇게 마음을 먹고 수업을 즐겁고 행복하게 해보려 했다. 그러나 뜻대로 수업은 되지 않았다. 늘 하던 수업 그대로였다. 마음만 바뀐다고 수업이 행복해지진 않았다.

하브루타와의 첫 만남과 첫 실패

수업에 대한 고민이 커가던 무렵, 교육청 공문에 하브루타 연수가 있다고 공람이 올라왔다. 하브루타를 막연하게 들어보았을 뿐, 잘은 몰랐지만 무조건 신청했다. 연수장에 가보니 많은 교사가 와 있었다. 고 전성수 교수님이 강연자로 나와서 하브루타에 대해 열정적으로 강의했다. 그때 강연을 들으면서 무릎을 탁하고 쳤다.

"그래, 바로 이거야. 내가 찾고자 했던 수업 방식이 바로 하브루타야."

가슴이 뛰었다. 깊은 산속에서 산삼이라도 발견한 심마니처럼 벅찬 감동이 몰려왔다. 그날 바로 온라인으로 하브루타 관련 책을 세 권을 샀다. 일주일 동안 책을 통독하고 하브루타 수업을 시작하기로 했다. 우선 하브루타가 무엇인지 아이들에게 안내했다. 아이들은 짝과 함께 질문하고 대화하고 토론하는 하브루타로 수업한다는 것에 무척 흥미를 보였다. 아이들은 듣기만 하는 수업에서 짝과 함께 대화하는 수업에 즐겁게 참여했다.

물론 질문을 어려워하는 아이들도 있었다. 그래서 순회 지도를 하면서 질문과 대답을 잘하는지 점검했다. 그렇게 하브루타 수업이 잘되는가 싶었는데 아이들은 곧 시들한 반응을 보였다. 이유를 물어보니 짝이 질문을 안 하거나 대답하지 않는다는 것이었다. 그러면 안 된다고, 교사의 일방적인 수업이 아니고 너희들이 주도적으로 하는 수업이고 활동이라고 하면서 계속해서 밀어붙였다. 그러자 아이들이 말했다.

"선생님은 수업 시간에 왜 우리만 시켜요?", "선생님은 하는 일이 뭐예요", "우리 엄마한테 이를 거예요.", "교육청에 민원을 넣을 거예요." 등등.

아이들이 협조하지 않는 수업을 계속할 순 없었다. 하브루타 수업 방법을 잘못 적용했는지 곱씹어봐도 무엇이 잘못인지 도통 알 수가 없었다. 그렇게 3년여가 지나갔다. 그동안 나는 배움의 공동체 수업과 협동 학습, 비주얼씽킹 등 다양한 수업을 이용하려고 시도했다. 그런데 마음속 한쪽에는 하브루타 수업에 대한 갈증이 있었다. 마침내 제대로 하브루타를 공부해보자고 마음을 먹었다. 바로 그 시기에 하브루타 교육사 자격 과정이 개설되었고 자격 과정에 앞뒤 잴 것도 없이 도전했다.

하브루타는 경청과 공감이다

다양한 하브루타 자격 수업을 들으면서 깨닫기 시작했다. 내가 실패한 하브루타 수업이 짝끼리 대화하라고만 하면 되는 줄 알고 접근했음을 말이다. 하브루타는 짝과의 상호작용이다. 나만 혼자 잘한다고 되는 것은 아니다. 짝과 함께 질문하고 대화하면서 폭넓게 질문과 토론을 진행해야 한다는 것을 다시금 깨달았다. 그러기 위해서는 경청과 공감하는 자세가 매우 중요하다. 먼저 말하고 싶어도 상대 이야기를 들어주면서 무엇을 말하는지 듣는 것이 우선시되어야 한다.

짝을 지어 하브루타를 하면서 의외로 내가 말을 잘하지 못한다는 것을 알게 되었다. 게다가 짝이 말하는 것을 듣고 놀랄 때가 많았다. 미처 생각하지 못했던 내용을 상대가 체계적으로 말할 때마다 많은 것을 배웠다. 생각의 다름을 인정하지 못했던 지난날이 부끄러웠다. 내가 알고 있는 것이 전부가 아니라는 것을 말이다.

학생들이 먼저 찾는 하브루타

하브루타 독서 동아리 활동을 위해 각반에 모집공고를 냈다. 반응은 예상외로 뜨거웠다. 학년 구분 없이(무학년) 열 명 정도로 시작하려고 했던 하브루타 동아리는 무려 스물세 명이 신청했다. 잠시 고민했지만, 과감하게 모든 희망자를 받았다. 질문 만들기, 짝 활동 시 주의 사항 등을 말해주고 상호작용 활동과 경청하기, 공감해주기, 지지와 응원해주기 같은 마음 열기 활동을 통해 아이들끼리 관계 형성을 하도록 공을 들였다. 그렇게 친해진 선후배 동급생 아이들은 마치 친형제 자매처럼 친해지는 계기가 되었다. 물론 조금 힘들어하는 아이들도 있었지만 서로 협조하면서 하나씩 적응해갔다. 지금 생각해보면 열심히 참여해준 아이들에게 감사한 마음을 전하고 싶다.

무학년으로 하브루타 동아리를 운영한 것은 신의 한 수였다. 매일 아침 짧은 하브루타 동아리 활동으로 조금씩 성장하고 있는 아이들이 수업 시간에 빛을 발하기 시작했다. 어려워하는 다른 친구들 틈에서 보조 교사 역할을 하는 것은 물론이거니와 학생 활동할 때 주도적인 역할까지 맡았다. 이렇게까지 예상한 것은 아니었다. 일주일에 한두 번씩 만난 하브루타 동아리 학생들이 각반에 몇 명씩 있다는 것만으로 원활한 수업에 얼마나 도움되는지 전혀 예상하지 못했다.

수업 시간에도 하브루타의 방법은 효과 만점이었다. 아이들이 먼저 하브루타 수업을 하자고 졸라대기 시작했다. 왜 그러냐고 물으니 너무 재미있다는 것이다. 그도 그럴 것이 수업 시간에 앉아서 듣기만 하다가 자기 생각을 짝과 함께 질문하고 대화하니 즐겁고 신날 수밖에 없었으리라. 하브루타로 교사가 행복해지니 아이들도 행복한 수업을 받게 되었다.

하브루타로 행복한 아이들

하브루타를 처음 접한 1학년 학생들이 2학년이 되니 하브루타 수업의 밀도가 높아졌다. 아이들의 어휘력과 문해력이 덩달아 향상되었다. 수업 시간에 잘 몰랐던 내용은 수업이 끝나고 찾아보면서 공유하는 시간을 가졌다. 하브루타 활동을 마무리하면서 활동지 맨 밑에 칸에 메타인지 생각 정리를 하게 했다. 하브루타로 질문과 토론한 내용을 글로 정리하니 더욱 명료해지고 생각이 정리되었다. 다시 말해 자기 주도적인 학습이 자연스럽게 형성되었다. 활동지는 반별로 모아두었다가 학기 말 생활기록부의 과목별 세부 사항을 기록할 때 메타인지 생각 정리를 보고 기록해주었다.

하브루타는 인성교육을 기본으로 진행한다. 짝이 말할 때 잘 들어주면서 자기 생각을 말해야 하므로 정확하게 듣지 못하면 활동지에 쓸 수 없다. 그래서 상대방을 존중하고 배려해야 한다. 하브루타 수업 시간에는 나와 다른 생각이 틀린 것이 아니고 다름을 인정하는 것이라는 내용을 여러 번 반복에서 말해준다. 그런데 아이들은 이렇게 강조해도 잊어버린다. 아직 성인이 아니고 몸과 마음이 성인이 되기 위해 준비하는 중이기에 자기

의사에 반하거나 틀리다고 생각하면 험한 말이나 행동이 나올 수도 있다.

세상에서 가장 아름다운 질문은 "너의 생각은 무엇이니?"다. 세상에서 가장 마법 같은 질문은 "어떻게 했으면 좋겠니?"다. 두 질문을 통해 질문받는 아이에게 주도권을 주는 것이다. 그래서 자기 주도적으로 선택하게 한다. 물론 선택에 따른 책임은 선택한 아이에게 있다는 것을 알려준다. 그래서 나쁜 말을 함부로 하지 않으려고 한다. 왜냐하면 '내 생각과 함께 틀린 것이 아니고 다른 것이다'라는 것을 알기 때문이다.

"그럴 만한 이유가 있을 거예요."

나에게는 아들이 한 명 있다. 아들은 하브루타를 배우기 전에 장성해서 하브루타를 함께하지 못했다. 그러나 가끔 집에 다녀오면 아들 생각을 듣곤 한다. 한번은 식탁에서 차를 한잔 하면서 휴대전화로 기사를 검색하고 있었다. 그때 눈에 들어온 기사가 마음을 불편하게 했다.

기사를 검색하다가 황당하고 어이없는 기사를 보고 아들에게 물었다. "아들, 어떻게 이럴 수가 있지?" 하면서 기사를 보여주었다. "너는 어떻게 생각하냐?"고 물었다. 기사 내용을 본 아들은 "아빠, 그럴 만한 이유가 있었을 거예요."라고 말한다. 그때 뒤통수를 한 대 얻어맞은 느낌이 들었다. "그래 맞다." 그럴 만한 이유나 사연이 있었을 것이다. 그런데 나는 기사에 나온 내용만 보고 혼자 분노를 표출하고 있었다. 직접 보고 경험한 것이 아니면 세상일이란 그럴 만한 이유가 다 있는 것이리라. 직접 모든 것을 듣고 보고 경험하지 못한 것이기에 이래라저래라할 수 있는 것은 아니다. 아들의 말을 마음속에 새기면서 왜 그랬는지 합리적인 의심과 질문을 통해 해결해나가고 있다.

세상 모든 사람이 스승이라고 생각하니 마음이 열리고 배우는 자제가 된다. 주니어부터 시니어까지 모든 사람이 나를 성장하게 하고 변화시키고 있다. 감사한 마음으로 사람들을 대하면 행복해진다. 한 가지 분명한 것은 사람들은 잘 바뀌지 않는다는 사실이다. 심지어 내가 낳아서 키운 자식들도 내 마음대로 되지 않는다. 그래서 뭐든지 억지로 바꾸려고 하지 않게 되었다. 이제는 아들과 아내와도 질문하고 대화하면서 토론을 자연스럽게 이어가게 되었다. 하브루타로 우리 가족도 함께 성장하는 중이다. 나아가 나와 가족, 주변 지인들에게도 선한 영향력을 끼치고 있다.

자기 주도적인 삶의 주체자가 되다

탈무드에 "말로 설명하지 못하면 모르는 것이다."라는 말이 있다. 즉 배우고 익힌 내용을 말로 설명할 줄 알면 내 것이 된다. 그러나 듣고 본 것을 실천하지 않으면 내 것이 절대 될 수가 없다. 아이들은 시험 범위를 외운 뒤 시험을 보고 나면 잊어버린다. 시험 기간마다 이것을 반복한다. 이런 식으로 하면 공부는 절대로 내 것이 되지 않는다. 공부도 독서도 내 것으로 만드는 체화 과정을 거쳐야 한다. 암기하고 외우는 것을 탈피하자. 짧은 시간이라도 내 생각을 말로 하게 하자. 말은 생각이 되고 생각은 행동이 되고 행동은 습관이 되고 습관은 성품이 되고 성품은 곧 운명이 된다. 하브루타는 생각을 시작으로 운명을 바꿀 수 있게 한다. 내 인생을 송두리째 바꿔놓기에 충분했다. 그래서 교직을 과감하게 그만두고 전국의 초, 중, 고등학교 선생님들과 학부모를 만나서 하브루타로 자기 주도적인 학습과 삶을 살도록 안내하고 있다.

하브루타는 개인의 성장과 자기계발에 이바지한다. 지속적인 토론과 성찰을 통해 자신의 본질적 가치관과 신념을 명확히 하고, 삶의 다양한 영역에서 이를 적용할 수 있게 한다. 자기 주도적 학습 방식으로, 하브루타는 개인이 자신의 삶을 주도적으로 이끌어갈 수 있는 토대가 된다.

임성실 Lim sungsi

한국하브루타교육연구협회 부회장
메타인지교육협회 부회장
하브루타부모교육연구소 국장

강의 및 사회활동
한양대학교 미래인재교육원 겸임교수
경남정보대 평생교육원 겸임교수
중앙대학교 강사, (국)공주대학교 강사
중등교사 32년(수석교사)
시도 교육지원청 및 시도 연수원 하브루타 강사
소통-공감 하브루타 행복 대화법 강사
하브루타 부모 교육 강사, 실버(노인)대학 강사
하브루타 독서토론 1, 2급 자격과정 강사
메타인지 하브루타 2급 자격과정 강사
하브루타 그림책 코칭지도사 2급 과정 강사

걱정과 두려움을
극복하게 해준 독서

김지영

"책은 세상을 내다보는 창구와 같다."_러시아 속담

책을 읽을 때 무엇에 관점을 두고 읽는가? 나를 찾는 독서 여행 중 만나게 되는 것은 다채로운 언어들의 향연이었다. 마치 다양한 맛과 향기가 어우러진 공간처럼 매혹적이다. 수많은 언어가 세계 각지에서 온 각양각색의 요리처럼 우리의 언어적 기호를 섭취한다. 그 섭취는 우리에게 언어의 풍요로움을 맛보게 한다. 페이지를 넘길 때마다 나열된 언어만으로 환상적인 세계로 나가는 문을 여는 느낌이다.

책마다 지닌 고유의 언어적 매력은 독자를 색다른 경험으로 안내한다. 인생 길목에 놓인 도로표지판처럼 우리에게 올바른 방향을 일러주는 것 같다. 인간이 생각하고 표현하는 데 언어는 필수적인 요소다. 독서는 그 언어 능력을 향상시키고 새로운 어휘와 표현을 습득하는 데 도움이 된다.

작가들이 사용하는 언어의 스타일과 특징은 각자의 독특한 세계를 그려낸다. 또한 책은 마음을 열고 지식의 문을 여는 열쇠와 같다. 그럼에도 왜 책을 읽어야 하는지에 대한 이유는 각자의 경험과 목표에 따라 다르게 제시된다. 여기서는 책을 읽어야 하는 이유를 몇 가지 차원에서 살펴보려 한다.

책에 손이 가지 않는다면

많은 사람이 "독서로 인생을 바꿀 수 있다"라고 말한다. 하지만 정작 주변을 살펴보면 독서로 인생을 바꾼 사람은커녕 책을 꾸준히 읽는 사람조차 찾아보기 힘든 것이 현실이다.

대한민국 성인의 하루 독서량은 얼마나 될까? 문화체육관광부가 공개한 '2021년 국민독서 실태 조사' 보고서에 따르면, 한국 성인의 연간 평균 독서량은 4.5권이다. 평균 독서 시간은 평일 기준 20.4분, 휴일 27.3분이라고 한다. 책을 읽기 어려운 주요 이유가 '일 때문에 시간이 없어서'(26.5%), '다른 매체·콘텐츠 이용(스마트폰/텔레비전/영화/게임)'(26.2%)이라고 한다. 또한 대한민국 국민의 47.9퍼센트는 일 년간 단 한 권의 책도 읽지 않는다고 한다. 성인 대부분은 이런저런 이유로 독서와는 거리가 먼 삶을 살고 있다.

이는 나 또한 마찬가지였다. 책을 생각하면 한마디로 '싫다'

라는 마음이 먼저 앞섰다. 읽기 싫은 마음을 이기기가 힘들었다. 왜 그렇게 싫었을까? 생각해보니 공부에 대한 부담스러운 기억 때문이었다. 그리고 책을 읽을 때는 무언가 깨우친 것 같으나 돌아서면 희미한 기억만 남을 뿐 진정한 변화가 찾아오지 않는 것 같았다. 그다지 자랑스럽지 않은 이런 이야기를 솔직하게 털어놓는 이유는 나와 같은 사람이 많다는 걸 알기 때문이다.

그랬던 내가 지금은 손에서 매일 책을 떼어놓지 않게 된 계기가 있다. 싫지만 어쩔 수 없이 책과 대면할 수밖에 없었던 이유, 아이를 키워야 하는 부모가 되었기 때문이다. 아이를 낳았지만, 부모 교육을 받아본 적이 없었던 나는 육아를 위해 책에 의지할 수밖에 없었다. 하지만 수많은 육아서 중에 무엇을 선택해야 하는지 고민하지 않을 수 없었다. 여러 번 반복되는 책과의 씨름 중 나만의 기준을 만들어 책을 선택하기로 했다. 그러자 닫혀 있던 단단한 마음이 조금씩 열리기 시작했다. 책과 친해지기 위한 나만의 책 선택 기준 세 가지를 소개한다.

첫째, 책 제목이 마음에 들 것
둘째, 책 페이지가 300페이지를 넘지 않는 것
셋째, 글밥이 많지 않은 것

그런데 이 기준으로 책을 선택하고 읽기 시작하니 예상치 못

한 난관에 봉착했다. 나와 맞지 않는 재미없는 책을 만나기도 하는 것이다. 재미가 없는 책은 읽지 않았다. 이러한 일이 반복되고 나니 책과 좀 더 친해져야 할 필요를 느꼈다. 그때 유용하게 사용했던 방법 세 가지를 소개한다. 주관적일지 모르지만 같은 상황을 겪고 있을 독자들에게 작은 도움을 드리고 싶은 마음에 적어본다.

첫째, 읽다가 재미가 없다면 과감히 그만 읽자. 모든 속담과 명언들이 나와 맞지 않을 수도 있다는 걸 알아야 한다. 재미도 없고 나를 괴롭게 하는 책을 붙들고 있어 봐야 내용이 머리에 잘 들어올 리 만무하다. 오히려 책 읽기에 흥미를 잃을 수 있다. 그러니 지금 읽는 책이 재미가 없다면 과감히 책을 덮자는 것이다. 물론 첫 머리글부터 책의 마지막 마침표까지 읽어야 직성이 풀리는 나 같은 사람은 중도에서 포기하는 일이 쉽지 않았다. 하지만 이런 행동이 책과 점점 멀어지게 할 뿐이었다. 지금까지 읽은 것이 아깝다고 생각할 수도 있지만 분명 그만큼이라도 읽었기에 느끼고 얻은 것이 있을 것이다. 세상은 넓고 책은 많다. 그 책이 아니더라도 재미있게 읽을 수 있는 책은 반드시 있다. 그러니 아깝다고 생각하지 말고 발길을 돌려 원하는 책을 찾아 다시 길을 떠나자. 한 권을 재미있게 읽어야 100권을 읽을 수 있는 원동력이 생긴다.

둘째, 여러 권을 돌려 읽자. 한 권의 책을 다 읽고 다른 책을 읽는 것이 아닌 여러 권의 책을 그때그때 마음에 맞게 골라 읽을 수 있는 환경을 만든다. 책 한 권을 빨리 읽는 것, 빨리 끝내는 것이 정말 중요할까? 천천히 맛을 음미하며 책의 내용을 충분히 맛보고 즐기는 것이 더 중요하다.

셋째, 생각 없이 읽자. 책을 왜 읽어야 한다고 생각하는가? 처음엔 지식과 정보를 얻고 지금보다 나은 사람이 되기 위해서라고 생각했다. 그렇게 생각한 탓에 책 읽기가 공부처럼 다가왔고 어렵게만 느껴졌다. 지적 호기심도 없고 공부를 좋아하지도 않는 내가 책을 즐길 수 있게 된 것은 무념무상으로 읽었기 때문이다. 책을 통해 무엇인가를 '얻어야지'가 아니라 책을 책 자체로, 이야기를 이야기 자체로 즐기는 태도가 필요하다.

이렇게 세 가지 기준과 세 가지 방법으로 책을 싫어하는 마음을 지퍼 팩에 담아둘 수 있었다. 책과 더욱 찐한 사이가 될 수 있는 더 중요한 핵심 비결을 소개하고자 한다. 잠깐, 스마트폰이 옆에 있는가? 책과 찐한 사이가 되기 위해서는 단 몇 분이라도 잠시 멀리 두는 것을 추천한다.

살아 있는 독서란?

길을 아는 것과 길을 걷는 것은 분명히 다르다. 우리는 독서가 얼마나 중요한지 너무나 잘 알고 있음에도 그 방법에는 관심이 없거나 서투르다. 그렇다면 어떻게 읽어야 살아 있는 독서를 할 수 있을까? 스티브 잡스는 "지식과 기술이 세상을 바꿀 수 없다"라고 말했다. 그가 강조하는 것은 '상상력'이다. 정보나 지식보다 그것을 판단하고 생산하는 능력이 중요해졌으며, 이는 바로 '생각하는 힘'을 의미한다. 살아 있는 독서는 이 생각하는 힘을 기르는 독서다. 생각하는 힘을 기르는 독서는 어떻게 하는 것인가? 그 최고의 방법은 바로 질문이다.

다르게 읽으면 다르게 보인다. 질문독서를 통해 깊이 생각할 수 있는 생각의 근육 즉 생각의 힘이 생긴다. 밑줄을 긋고 읽어 내려가는 독서에서 벗어나라. 밑줄을 긋고 문장에 질문을 던지고 그 질문에 대해 생각하고 그 생각을 정리하며 책을 읽어야 한다. 우리가 스마트폰을 분신처럼 지니고 다니듯 질문이 있는 독서를 하기 위해선 책과 연필도 그래야만 한다. 책 여백이 노트라 여기며 이것저것 생각나는 대로 반드시 질문을 써야 한다. 그 질문에 대한 생각도 메모하며 읽다 보면 저절로 따라오는 것이 비판적 사고와 사고력 확장이다.

사람들 대부분이 그냥 글자를 읽는 행위만 할 뿐이다. 질문하지 않고 저자가 말하는 대로 생각 없이 받아들이고 그것을 외우는 '죽은 독서'를 하고 있다. 어떤 한 사람의 주장과 생각을 무조건 받아들이면 자기 자신의 주관 없이 한 가지 시선으로만 세상을 바라보는 편협한 사람이 되고 만다. 우리는 책을 읽는 동안 질문해야만 다양한 생각을 접하고 성장하는 살아 있는 독서를 할 수 있다.

질문독서의 놀라운 힘

질문은 나의 의식과 충돌하거나 내 지식의 수준보다 높을 때 나온다. 지금의 상황, 지금의 지식, 지금의 의식의 한계를 뚫고

자 하는 움직임이 '질문'인 것이다. 질문은 독서의 효과를 엄청나게 높여주는 도구다. 질문은 상상력과 아이디어의 촉매제이기 때문이다. 질문독서를 내 삶에 체화시키기 위해 썼던 방법 중 하나는 책에 써놓은 질문을 사진으로 찍고 시간이 남을 때마다 또는 누군가를 기다리는 동안 열어보며 고민하고 사색했다. "왜?", "정말 그럴까?", "다른 각도에서 생각해본다면?" 이런저런 질문을 던지며 저자와 소통하고 그 소통 속에 작가가 주장하는 것, 작가가 쓰는 단어 하나까지 깊이 생각했다. 그러자 자연스럽게 따라오는 것은 비판적 사고였다. 이렇게 책을 읽다 보니 생각이 깊어지는 것을 나 스스로가 느낄 수 있었다. 꾸준한 운동으로 몸의 변화를 느낄 수 있듯이 질문하고 생각하고 또 그 질문을 되새김하다 보면 사고의 근육과 힘이 생기고 있음을 알 수 있다.

질문 자체가 어렵다면 나 자신에게 먼저 질문을 던져보라. 내가 왜 그것을 좋아하는지, 왜 무엇 때문에 싫어하는지 나 자신에게 먼저 질문하고 답하되 꼬리에 꼬리를 물면서 생각하는 훈련부터 시작하라. 그러면 질문독서도 열린 마음으로 편하게 시작할 수 있을 것이다.

삶의 변화는 깨달음이 아니라 작은 실천부터라고 생각한다. 고로 질문하고 생각을 하는 시간을 가지는 의식적인 노력이 꼭 필요하다. 질문하는 독서만이 스스로 사고하고 자신만의 생각의 틀을 만들어 주관 있는 사람으로, 깊이 있게 생각하는 사람으로 만들어준다.

기적은 조용히 찾아온다

아이를 키우면서 어떤 부모로서 아이를 위해 존재해야 하는지 고민하고 또 고민하던 시절, 우연히 나는 하브루타를 만났고 그때부터 질문하는 삶이 시작되어 현재까지 이어져 오고 있다. 먼저 고해성사를 하자면 나는 말랑말랑하지 않고 딱딱했다. 흡수하기보단 튕기는 데 익숙하고 아집과 고집이 센 사람이었다. 이렇게 나를 알게 해준 것도 하브루타로 질문하면서 책을 만나고 나를 보게 되었기 때문이다. 사람들은 누구나 자신만의 렌즈로 세상을 바라본다. 나 또한 나만의 좁은 시야로 세상을 바라보고 그 세상이 전부인 줄 알았던 때가 있었다. 그러던 내가 질문을 통해 내가 몰랐던 나와 마주하게 되고 나를 알아가는 과정을 경험했다.

나를 아는 것이 나에게는 큰 힘이 되었다. 이러한 힘 덕분에 계속 질문을 던지며 책을 읽는 동기부여가 생겼다. 흐리고 불투명한 생각의 길이 또렷해졌다. 또렷해진 생각이 그저 생각으로 머물지 않고 변화된 행동으로 흘러나오는 신기한 경험을 하면서 무릎을 "탁!" 치게 되었다. 생각을 행동으로 옮기고 실천하니 "어! 생각보다 변화는 대단한 무언가를 해야 하는 것이 아니었네"라는 걸 알았다. 물음표에서 시작된 한걸음이 느낌표가 되어 걷게 되었다. 그냥 지나쳤던 세상일과 일상에 물음표 하나를 그려 넣었을 뿐인데 어느덧 행동하는 나로 변해갔다.

감정을 다스리는 선택

독서모임 '하크나(하브루타로 크는 나)'에서 같이 읽었던 책 중에 『감정도 선택이다』라는 한 대목이 나에게 강렬한 메시지로 다가왔다. 이 문장을 되새김질하고 질문하며 생각했다. 이전의 나는 종종 아직 일어나지 않은 미래에 대한 걱정과 두려움으로 아침을 맞이했었다. 그런 날이면 어김없이 아이들에게 나의 두려운 기분을 내비쳤다. 게다가 일상에서 '욱'하는 감정을 다스리지 못하고 가족과 주변 사람에게 흘려보내는 날이 많았다.

갑자기 화가 났던 어느 날 감정도 선택이라는 말이 번뜩 떠올랐고, 그 순간 화가 난 감정을 외면했더니 신기하게도 화가 누그러지는 경험을 했다. 그리고 문제의 상황을 좀 더 이성적으로 바라보는 나를 발견했다. 그 후 두려움에 갇힌 감정이 불쑥 찾아올 때도 감정을 선택했더니 지긋지긋한 두려움에서 금방 빠져나오게 되는 놀라운 경험을 했다, 감정 컨트롤은 내겐 너무나도 어려운 숙제 같은 것이었는데 책을 읽고 계속 질문하고 생각했던 결과는 작은 기적으로 감탄사가 되어 돌아왔다. 부정적 감정에 사로잡혔던 지난날을 반성하며 감정의 선택을 체화시키기 위해 지금도 여전히 연습 중이다. 여전히 작은 기적은 나에게 수시로 문을 두드린다. 그 문을 열고 받아들이는 선택이 바로 성장하는 독서라고 생각한다.

질문독서는 아이와도 같이 함께하면 성장할 수 있다. 그림책이든 어떤 책이든 같이 읽고 질문하며 대화를 나눌 때 아이는 먼저 부모에게 존중받는 사실을 충분히 느끼게 된다. 아울러 아이는 주체적으로 생각하는 힘이 길러지게 된다. 모든 아이는 말하고 싶어 한다. "말 속에 답이 있다"라는 말이 있다. 대화를 함께 나눴을 뿐인데 아이 스스로 미성숙한 생각을 다듬고 생각이 자라나는 것을 보게 될 것이다. 아이와 함께 책을 이용해 질문하고 대화하면서 아이 말에 더 귀 기울여 경청하자. 그럼 경청을 통해 아이와 함께 걸어갈 길이 보인다. 질문하는 독서가 나의 성장이자 우리 가족의 성장이 될 것이다.

함께 나누는 우리들의 책 읽기

하크나는 한 달에 한 권씩 일 년간 열두 권의 책을 함께 읽으며 '하브루타로 크는 나'로 성장해가는 독서모임이다. 여섯 명의 리더와 참여자들이 함께 나누고 싶은 책을 추천하여 책을 선정하고 정해진 분량을 읽어가며 매일 각자 질문을 단톡방에 올려 여러 생각을 공유한다. 매달 넷째 주 목요일에 줌으로 만나 그동안 함께 공유한 질문으로 짝과 토론하는 시간을 가진 후 다시 전체가 모여 느낀 소감을 나눈다.

우리 모두가 질 높은 성장을 이룰 수 있었던 것은 대화를 나눈 수많은 짝, 하베르 덕분이다. 똑같은 텍스트와 책 속에서 다른 질문 다른 생각을 나누며 틀린 게 아니라 다름을 인정하는 시간 그 시간이 나를 질적인 성장으로 이끌었다. 사람은 생각하는 것만으로는 정리가 되지 않는다. 대화할 때 내가 말하는 소리의 파장으로 다시 생각이 정리되는 경험을 해본 적이 있는가? 즉 말을 내뱉을 때 정리가 된다. 먹어봐야 맛을 알 듯 해봐야 알 수 있다.

독서의 완성을 나무라 비유하면 책과 친해지는 연습은 나무가 자라는 과정이고 어떻게 책을 읽느냐는 나무가 잘 자라도록 지탱해주는 뿌리이며 질문과 생각 속에 짝과 나누는 대화는 수많은 가지를 뻗는 과정이라 할 수 있겠다. 그리고 풍성한 열매는 삶의 작은 변화들이다. 잘 자란 나무는 시간이 키우는 것이 아니라 햇빛, 공기, 물 삼박자가 모두 조화로워야 한다.

우리의 인생도 그렇다. 시간이 흐른다고 해서 저절로 어른이 되지 않는다. 햇빛, 공기, 물을 잘 조화롭게 해줘야 비로소 성숙한 어른이 된다. 성숙한 어른이 된다는 것은 선한 영향력을 나눠주는 것과 같다. 선한 영향력은 누군가에겐 일어설 수 있는 위로이고 신선한 도전이며 길 위의 이정표다. 독서를 통해 선한 영향력이 주변 사람들에게 뻗길 기대해본다.

김지영 Kim jiyoung

한국하브루타교육연구협회 선임연구원
하브루타부모교육 연구소 부모교육 팀장

강의 및 사회활동
하브루타 부모교육 강사
하크나 리더 강사
하브루타 독서 강사

유대인에게 배운
첫 경제 교육

우예지

36개월, 돈에 눈을 뜨다

아이가 몇 살일 때 돈에 대해 알려주는 게 좋을까? 우리 집은 큰아이의 세 번째 생일부터 돈 교육을 시작했다. 계획적이었던 건 아니다. 아이가 34개월 무렵, 추석을 맞아 고모할머니 댁에 갔을 때였다. 어른들에게 용돈을 받은 아이는 "감사합니다" 인사를 마치자마자 방으로 뛰어 들어갔는데, 5만 원권 지폐가 나풀나풀 바닥에 떨어지고 있었다. 제사상에 올리는 음식을 나눠 담으며 그 광경을 보던 내게는, 떨어지는 돈이 마치 마지막 잎새처럼 아련해 보였다. '이대로는 안 되겠다' 싶었다.

12월생 큰아이는 생일 날짜와 크리스마스가 가까워 양가 조부모님께 제법 큰 용돈을 받는다. 그전에 돈의 의미를 알려줘야 한다는 생각에 아이가 모아둔 100원짜리 동전 열 개를 들고 슈퍼로 나섰다. 아이는 딸기우유와 츄파춥스 사탕을 손에 들었다. 신나서 계산대로 향하는 아이를 불러세웠다. "딸기우유는 1100원이고, 츄파춥스 사탕은 200원이야. 다경이는 지금 동전이 몇 개 있지?" 아이가 의기양양하게 대답했다. "10개! 내가 세어서 들고 왔어." 아이에게 딸기우유와 사탕을 살 때 각각 필요한 동전의 개수를 알려주자, 아이는 집에 가서 더 갖고 오겠단다. 다시 질문했다. "만약 집에 돈이 없으면 어떻게 할 거야?" 아이가 묘안이라는 듯 "아빠나 엄마가 주면 되지!"라며 손을 내밀었다. "엄마는 지금 돈이 없는걸. 돈은 항상 있는 게 아니라 다 쓰면 없어지는 거야. 우유를 다 마시면 빈 통이 되는 것처럼. 그럼 돈은 어떻게 다시 생기는 걸까?"

골똘히 생각에 잠겼던 아이가 입을 열었다. "아빠가 돈을 버는 거야, 회사에 가서." 나는 아이의 머리를 쓰다듬으며 말을 이었다. "맞아. 예전에는 엄마도 같이 회사에서 일하며 돈을 벌었단다. 지금은 다경이와 다희가 아직 어리니 옆에서 지켜주는 거야." 아이가 걱정스러운 눈으로 물었다. "그럼 우리가 크면 엄마는 다시 회사에 갈 거야? 나는 엄마랑 오래오래 같이 있고 싶어." 아이의 손을 잡으며 대답했다. "엄마가 다경이랑 다희와 많은 시간을 보내려면 일을 적게 해야겠지? 그러려면 우리가 사고 싶은 것들을 조금씩 참고 돈을 아껴 써야 해." 아이가 결심한 듯 말했다. "그럼 나는 사탕만 먹을래. 동전을 두 개만 쓰니까."

세상을 이해하는 가르침 중의 하나

그 후 큰아이는 '아끼기'에 돌입했다. 엄마 눈을 피해 물감처럼 쭉 짜던 치약도 아껴 써야 한다며 동생한테까지 잔소리를 하고, 행여 거실에 동전이 떨어져 있으면 부리나케 주워서 저금통에 넣었다. 깜빡하고 지갑을 놓고 나온 내가 집에 가서 금방 준다며 딱 5천 원만 빌려달라 사정해도 고개를 절레절레 저었다. 그리고 얼마 후, 생일을 맞은 큰아이가 할아버지에게 용돈을 받자, 가방에 돈을 넣더니 몇 번이나 지퍼를 확인하는 것이 아닌가.

나는 자라면서 따로 돈 교육을 받은 적이 없다. 우리 세대가 으레 그렇듯, '어린애가 뭘 알겠니. 너는 신경 쓰지 말고 공부나 열심히 하라'라는 말을 듣고 자랐다. 하지만 공부를 잘하는 게 꼭 잘 사는 건 아니라는 사실을 깨닫는 데는 그리 긴 시간이 걸리지 않았다. 똑같이 일해도 돈을 많이 버는 사람과 적게 버는 사람이 있듯, 같은 돈을 벌어도 그 돈이 점점 커지는 사람과 줄어드는 사람이 있다. 돈에 대해 모른다는 건, 남보다 어려운 길을 걷겠다는 다짐이나 다름없다.

내가 36개월 아이에게 돈을 말하기 시작한 건, 세상에 대한 가르침 중 하나일 뿐이다. 아이가 제대로 이해하지 못해도 물이 따뜻해지면 수증기가 되고, 수증기가 모이면 구름이 되고. 구름이 무거워지면 비가 되어 내리고, 다시 해가 뜨면 수증기가 되는 순환을 알려주듯 우리가 벌고 쓰는 돈의 순환에 대해서도 알아야 하기 때문이다.

일하고 보상받는 노동의 세계

돈의 시작이 아빠의 노동이라는 걸 알았으니, 자연히 아이도 노동의 세계에 들어섰다. 세 살 아이에게 집안일을 시킨다고 하니 누군가는 하브루타가 아니라 스파르타 아니냐고 뼈 있는 우스갯소리를 했지만, 아이가 받아들일지는 일단 시작해봐야 안다.

세 살이 할 수 있는 집안일을 고르는 건 상당한 고민이 필요하다. 먼저 놀이처럼 하나씩 집안일을 가르쳤다. 수건을 모서리에 맞춰서 접거나 손아귀에 힘을 주어 수세미로 문질러 닦기, 돌돌이를 밀은 후 먼지가 떨어지지 않도록 반 접어서 버리기 등. 나는 아이들이 수월하게 집안일에 참여할 수 있도록 도왔다. 아이들이 그릇과 수저 등을 수월하게 넣도록 문을 여닫을 수 있는 식기 건조대를 사거나, 기존의 정수 물병은 레버를 눌러 물을 따르는 형식으로 교체했다.

그리고 노동의 대가를 메뉴로 구성했다. 벗은 옷 빨래통에 갖다 놓기, 신발 가지런히 정리하기, 식사 준비할 때 수저 놓기, 물고기 밥 주기, 돌돌이로 침대 정리하기처럼 쉽고 간단한 일은 100원. 수건 개키기, 베개를 제자리에 놓고 이불 개키기, 기름기 없는 그릇을 설거지하는 것처럼 조금 수고가 필요한 일은 200원. 그리고 가짓수가 많은 장난감 정리 정돈은 최고액인 300원으로 책정했다. 그리고 까막눈인 아이도 알아볼 수 있도록 그림으로 그려 냉장고에 붙여 놓았다.

진짜 교육은 내적 동기가 필요하다

생각보다 잘 따라 하는 아이를 보며 만족하고 있을 때, 생각지 못한 변수가 생겼다. 돈 모으는 일에 잔뜩 재미가 붙은 아이가 의외의 모습을 보이는 게 아닌가. 처음 두어 달은 순수한 마음으로 일하고 용돈을 받았는데, 언젠가부터 아이가 메뉴판을 먼저 꼼꼼히 보더니 이렇게 말했다. "엄마, 제가 골디 밥 주고 올게요. 100원 맞죠?", "엄마, 저 지금 정리 정돈할 거니까 300원 주세요.", "엄마 아빠 다희 신발까지 다 정리하면 신발이 네 개니까 400원 아니에요?" 뭔가 잘못되고 있었다. 내가 가르치고 싶었던 건 노동의 대가로 돈을 버는 삶의 방식이었는데, 아이는 '보상'에 치우쳐 있었다. 왜일까? 바로 내적 동기가 없었기 때문이다. 내적 동기가 없는 아이에게 용돈 메뉴판은 파블로프의 개가 버튼을 누르고 먹이를 받는 것과 별반 다르지 않았다.

방법을 바꿨다. 아침에 하는 집안일과 저녁에 하는 집안일을 나누고, 다섯 개의 칸을 채우면 500원을 지급하되, 돈을 줄 때는 아이를 꼭 안으며 이렇게 말했다. "다경아, 우리 가족을 위해 노력해줘서 고마워. 네 덕분에 더욱 행복한 하루를 보낼 수 있었어. 엄마 아빠도 다경이의 꿈을 응원할게."

이 작은 변화는 생각보다 큰 효과가 있었다. 동전을 받지 못하는 날에도 아이는 제 몫을 했다. 신발이 어수선하면 가지런하게 놓았고, 밥을 먹을 때는 수저를 챙겨오고. 그리고 출퇴근하는 아빠를 자주 꼭 안아주었다. "아빠, 회사 잘 다녀와. 가서 친구들하고 싸우지 말고 잘 있다 와야 해.", "아빠, 너무 보고 싶었어요. 잘 다녀왔어요? 고생 많았어요. 고마워요."

세 살 아이가 노동의 가치를 제대로 이해했는지는 잘 모르겠다. 하지만 확실한 건 가족의 의미를 알아가고 있다는 거다. 우리를 위해 노력하는 아빠에 대한 고마움을 느끼고 표현하며, 가족 안에서 자신이 해야 할 몫을 찾아가는 것. 이런 하루하루가 쌓여 더욱 견고한 가족이 되리라 믿는다.

네 개의 저금통, 네 개의 세상

조부모님께 받은 용돈과 집안일을 하고 번 돈은 네 개의 저금통에 나누어 담았다. 돈이 쌓이는 것이 보이도록 속이 투명하고 색상을 달리해서 직관적으로 구분 가능한 저금통 네 개에 각각 소비, 투자, 저축, 기부라는 이름표를 붙였다. 집안일을 하고 받는 용돈은 가능한 100원짜리 동전으로 주었다. 돈의 양에 따라 부피와 무게가 달라지는 것을 보며 돈의 단위도 이해하고 수양 일치도 함께 익힐 수 있도록 하기 위해서다.

첫 번째 저금통은 소비. 소비는 아이가 좋아하는 스티커나 볼펜, 또는 간식을 사 먹는 데 사용할 돈이다. 과일이나 흰 우유, 견과류나 자연 간식은 집에 갖춰놓고 있지만, 유치원 생활을 시작한 아이는 슈퍼에서 군것질거리를 사고 싶어 했다. 선생님께 칭찬으로 마이쮸를 받아서 먹어보기도 했고 간식으로 기성품이 나오다 보니 입맛이 변한 것이다. 엄마는 너를 지켜주고 더 좋은 어른으로 성장할 수 있도록 돕는 사람이기에, 건강을 해치는 간식을 줄 수 없다고 설명해주고 간식은 직접 용돈을 모아 사 먹는 것으로 정했다. 그렇게 본인이 직접 벌어 사 먹는 간식은 이따금 즐기는 달콤한 포상이기에 더욱 만족스러운 듯했다.

두 번째 저금통은 투자다. 아이의 꿈을 위해 물품을 구매하는 비용을 말한다. 처음 저금통을 만들었을 때는 의사가 되고 싶었던 터라 실제 몸속 소리를 들을 수 있는 청진기가 목표였는데, 지금은 판사로 꿈이 변해서 아마 품목이 바뀔 듯하다. 학령기가 되면 개인 컴퓨터나 태블릿 등이 필요해질 테니, 그때를 위해 차곡차곡 모으는 중이다.

세 번째 저금통은 저축이다. 저축의 개념을 이해하기 위해 아이와 함께 은행에 방문해 입출금 통장을 개설했다. 우리가 당장 필요하지 않은 돈을 은행에 넣어두면, 은행에서는 돈이 필요한 사람들에게 돈을 빌려주고 받은 이자를 우리에게 나누어주는 과정을 설명했다. 세 살 아이는 이해하기 조금 어려워해서, 큰돈을 맡기면 큰돈이 작은 돈을 데리고 온다고 설명했다. 반년마다 저금통에 모은 돈을 들고 은행에 저축할 예정이다. 초등학교 3학년 정도가 되면 함께 주식 투자를 하며 경제를 배워나가 볼 계획이다.

네 번째 저금통은 기부. 큰아이는 모든 것의 이름을 정확히 아는 것이 중요한 성격이다. 처음 말을 배울 때도 함미, 하비라고 부르지 않고 우리 부부와 우리 부모님의 짝을 맞추어 '엄마의 엄마인 최O화 할머니, 아빠의 엄마인 조O주 할머니'처럼 구분 지어서 부르곤 했다. 그러던 어느 날, 엄마 혹은 아빠가 없는 언니 오빠, 동생이 있다는 것을 안 아이는 큰 충격을 받았다. 자신에게는 너무 당연한 가족들의 일부가 없다는 게 무척 마음 아픈 듯했다.

아이는 그 친구들을 위해 동전을 모으겠노라 결심했다. 한 푼 두 푼 모은 동전을 들고 첫 기부를 위해 어린이날 동 주민센터를 방문했다. 자리에 앉아서는 잘 보이지도 않는 어린아이가 저금통을 들고 가자, 직원분들이 나와 간식과 핸드크림, 손 선풍기, 머그컵 등의 선물과 함께 아낌없는 박수와 격려를 보내셨다. 행복한 첫 나눔의 경험 덕분에 아이는 그날 이후 가장 많은 동전을 기부 저금통에 넣는다.

아이 덕분에 바뀐 부부의 소비 습관

이렇게 돈의 목적을 나누어서 알려주니 나의 소비 습관도 자리를 잡아갔다. 아이 교육을 위해 우리 부부는 신용카드를 각자 한 개씩만 남기고 모두 없애고, 생활비는 한 달 분씩 현금으로 쓰기 시작했다. 아이들과 주말에 다니려면 평일에는 소비를 최대한 줄여야 했다. 더 폭넓은 경험을 위해 일 년에 두 번 정도 여행을 가려면 그야말로 허리띠를 바짝 조여야 했다.

삶은 단출해졌지만, 세상을 바라보는 눈은 훨씬 넓어졌다. 돈뿐만 아니라 시간이나 마음도 네 곳으로 나누어 썼다. 지금 당장 해야만 하는 것, 5년 후 나의 미래, 10년 후 우리 가족의 모습, 그리고 다른 사람을 위해 내가 베풀 수 있는 것을 적고 일주일, 한 달을 꾸려가기 시작했다. 그러다 보니 육아 우울증으로 풀 한 포기 키우기 힘들었던 나의 척박한 마음에 어느샌가 물이 흐르고 새 지저귀는 소리가 들렸다.

유대인의 놀라운 기부 문화

오랜 옛날 유대인은 가축을 잡아 하나님에게 감사나 속죄의 제물로 바쳤는데, 이를 '쩨다카'라고 한다. 그 후 쩨다카는 하나님에게 바칠 제물을 가난한 사람들에게 나누어주는 구제의 의미로 변형되었다. 유대인 회당에는 항상 쩨다카를 넣을 수 있는 상자인 푸쉬케가 있는데, 어른뿐만 아니라 용돈을 받는 어린아이들도 예외 없이 안식일마다 쩨다카를 실천한다.

가난한 유대인이라면 누구나 그 상자에서 2주일 치 생활비를 꺼내갈 수 있지만 대부분 유대인은 자신이 쩨다카를 받는 처지가 되지 않도록 노력하며, 설령 도움을 받더라도 최대한 빨리 남을 도울 수 있는 사람이 되고자 노력한다. 이렇게 기부가 생활화된 유대인들이 미국 전체 기부금의 50퍼센트가량을 차지한다는 통계도 있다. 세계 인구의 단 0.2퍼센트인 그들이 말이다.

아이가 동전을 하나둘 넣을 때마다 아이는 성장한다. 돈을 버는 동안 체험하고 익힌 것들이 늘었을 테고, 돈을 나누면서 '내가 원하는 것이 무엇인지, 내가 하고 싶은 것은 무엇인지, 내가 생각하는 미래는 무엇인지, 내가 사는 세상은 어떤 곳인지' 고민할 테다. 이렇게 20년이 지나면 어떤 아이로 자라겠는가?

세상을 이롭게

아이의 저금통을 네 개로 나누고, 그 안에 기부를 넣은 것은 인생이 더불어 사는 것임을 가르쳐주고 싶었기 때문이다. 나는 나이가 들수록 '같이'의 가치가 얼마나 중요한지 알아갔다.

티쿤 올람Tikun Olam(세상을 이롭게 바꿔라). 유대인들은 어려서부터 티쿤 올람 정신을 가르치며, 아이가 바꾸고 싶은 세상의 모습에 대해 함께 생각한다. 그리고 세상의 여러 문제에 관심을 두도록 이끈다. 우리 아이가 기부 저금통을 만들며, 처음으로 아빠나 엄마가 없는 아이들이 세상에 있다는 것을 깨달은 것처럼.

비단 금전적인 것만이 도움은 아니다. 어느 날, 유치원으로 가는 길에 있는 상점에 깨끗한 신문지를 모아 갖다 놓으면, 유기견센터로 보낸다는 글이 적혀 있었다. 그 글을 읽고부터 아이는 매주 월요일 등원 길마다 신문을 들고 가 상점 앞에 내려 놓는다. 처음 한 번은 내가 가르쳐준 일이지만 이제는 아이 스스로 챙기고 있다. 상점 주인이 유기견센터로 신문을 보낸 날, 사장님께서 잘 보냈다는 감사 인사를 적어 유리 벽에 붙여두신 적이 있는데, 아이는 2주가 넘도록 매일 그 앞에 서서 편지를 읽어달라며 자신을 뿌듯해했다. 이후 더욱 가지런하게 신문을 내려놓는 건, 어쩌면 당연하다.

내가 사는 동네에 대해, 버려진 강아지나 가족을 잃은 어린이에 대해, 녹아가는 빙하나 줄어드는 숲에 대해 생각해본 아이는 자라서 무엇을 할까? 누군가는 멸종되는 생명체를 구할 방법을, 누군가는 더 실용적으로 작물을 재배하는 방법을, 누군가는 쓰레기를 줄일 수 있는 획기적인 방법을 생각할 테다. 스스로 세상의 문제들을 찾아낼 수 있으면 의료나 정치 등 다른 분야로 관심이 뻗어 나갈 수도 있다. 아는 만큼 보이고, 보는 만큼 걷고, 걷는 만큼 품을 수 있는 게 세상이다. 누가 알겠는가. 우리의 이 작은 이로움이 모여 정말로 더 밝은 미래가 될지도 모르는 일 아닌가.

우예지 Woo yeji

하브루타부모교육연구소 글쓰기 강사
한국하브루타교육연구협회 소식지 <행복한 세상 소식> 팀장

강의 및 사회활동
성인 하브루타 글쓰기 강의
강남 논현문화마루도서관 청소년 하브루타 글쓰기 강의
서울 일원초등학교 논술 지도
반포 사랑의 어린이집 독서 지도
인터뷰 및 기획 기사 작가
한국관광공사 「대한민국 구석구석」
한국철도공사 「KTX 매거진」

나를 닮지 않기를 바랐던
엄마의 변화

정영숙

엄마의 부족함을 아이들이 채워주길 바랐다

자녀를 키우면 '내 아이가 이렇게 자라면 좋겠다' 하는 바람이 있다. 나의 바람은 '자존감이 높은 아이로 자랐으면 좋겠다.'였다. 자기 할 말도 당당하게 하고, 공부도 알아서 하면 좋겠고, 리더십도 있으면 좋겠다고 생각했다. 그런데 그런 바람이 생각대로 되지 않으면 화내고 윽박지르게 된다. 이런 일들이 결국은 아이의 자존감과 연결된다.

자존감은 자아존중감self-esteem을 줄인 말로 자신이 사랑받을 만한 가치가 있는 소중한 존재며 뭐든 성취할 수 있는 사람이라고 믿는 마음이다. 간혹 자존심과 혼동되어 쓰이는 경우가 있는데, '자신에 대한 긍정'이라는 공통점은 있지만, 위키백과에 따르면 자존감은 '있는 그대로의 모습에 대한 긍정'을 뜻하고 자존심은 '경쟁 속에서의 긍정'을 뜻하는 차이가 있다. 자존감 형성에 영향을 주는 것 중 하나가 자녀와 양육자의 상호작용이다.

자존감이 낮은 사람은 무엇이든 부정적으로 보는 경향이 있다. 이러한 부정적인 시각은 '내 아이'에게도 마찬가지로 적용된다. 그러면 괜한 걱정이 많아지고 아이를 닦달하게 된다. 나는 남의 눈치를 많이 보고, 할 말을 못 하는 등 자존감이 낮은 사람이었다. 그러다 보니 내게 부족한 것을 아이들이 대신 채워주기를 바랐다. 감당하기에는 벅찬 기대감으로 힘들어하는 아이를 보면서도 뜻대로 하지 않는 모습을 보면 한숨만 내쉬었다. 엄마인 내가 아이들 자존감을 팍팍 구겨놓고 있었다.

바람과 다르게 나를 닮아가는 아이들을 보면서 변화가 있어야겠다고 생각하던 차에 부모 교육수강을 권유받았다. 부모 교육을 받으며 "자존감이 높은 사람은 다른 사람에게 함부로 하지 않는다."라는 문장을 읽는데 나의 모습이 떠오르며 벼락을 맞은 듯하였다. 이때부터 달라져야겠다 결심하고 그동안 구겨놓았던 아이들의 자존감이 높아지기를 바라는 마음으로 부단히 노력하면서 얻은 것이 많다. 나 자신을 비롯하여 가족 모두의 자존감이 높아졌음은 물론이고, 불안한 가정이었던 우리 집은 서로 마주보기만 해도 웃는 행복한 가정이 되었다.

긍정적 자존감은 어떻게 하면 높아질까? 그 방법에 대해서 사랑, 존중, 믿음을 바탕으로 하는 씨앗 하브루타로 이야기해 보고자 한다.

자존감의 원천은 진짜 '사랑'이 느껴져야 한다

아이들이 가끔 묻는다. "나 사랑해?", "그럼, 내가 얼마나 사랑하는데", "사랑하니까 매일 사랑한다고 하지." 그런데 이런 질문을 여러 차례 받으면 살짝 짜증이 나면서 아이가 왜 사랑하냐고 자꾸 묻는 걸까 싶다. 아무리 생각해도 답이 떠오르지 않아 곤혹스럽다. 아이들뿐만 아니라 부부 사이도 마찬가지다. 어떻게 사랑해야 아이가 자기를 사랑하는지 묻기보다 온전히 자기 자신에게 집중할까. 내 아이는 내가 주는 사랑에 만족하지 못하는 걸까?

"나의 아이 사랑에 점수를 준다면 100점 만점에 몇 점을 줄 수 있을까요?" 부모 교육 시간에 가끔 강사님이 질문할 때가 있다. "100점이라고 생각하시는 분 손들어주세요." 겸손하게도 대부분이 50점, 60점에 손을 든다. 간혹 100점에 손을 번쩍 드는 분이 있다. 내가 주는 사랑이 온전히 아이만을 위한 사랑이 맞는지 잘 생각해볼 필요가 있다. 혹시 아이를 위한다면서 본인 체면을 살리기 위해서거나, 내 마음이 편해지고자 하는 사랑은 아닌지 말이다.

아이에게 부모가 주는 사랑에 점수를 매긴다면 몇 점을 줄 수 있는지, 왜 그런 점수를 줬는지 물어보아야 한다. 점수가 중요한 것이 아니다. 이 질문을 통해서 아이와 대화의 물꼬를 트는 것이다. 그동안 깊숙이 숨겨두었던 것을 말할 좋은 기회가 된다.

마더 테레사 수녀님은 "사랑은 느끼게 하는 것"이라고 했다.

사랑을 온전히 느끼는 사람은 사랑하냐고 묻지 않는다. 어느 여섯 살 딸을 둔 어머니가 아이를 너무나도 사랑한 나머지 '이 아이가 세상을 잘 살아가려면 독립적으로 키워야 한다'라고 생각했다. 그래서 아이가 뭔가를 도와달라고 할 때, "너 혼자 할 수 있잖아. 혼자 해.", 안아달라고 할 때 안아주기보다 "다 큰 애가 이렇게 안기냐?"라며 밀어냈다. 어느 순간 독립적이었던 아이는 눈치를 보기 시작했고, 머뭇거리는 횟수가 늘어나기 시작했다. 아이는 아마 말하지는 못하지만 '엄마가 나를 사랑할까?' 하는 의문을 가졌을 것이다.

원하는 대로 주는 사랑은 어떤가? 원하는 대로 주다 보면 아이를 망칠 수도 있다. 기다리거나 참아본 경험이 없다 보니 반사회적인 사람이 될 수도 있다. '느껴지는 사랑'은 필요로 할 때 필요로 하는 만큼 주는 것이다. 이것이 진짜 사랑이다. 진짜 사랑을 느낄 때 저절로 자기 자신의 주인이 된다. '필요로 할 때'와 '필요로 하는 만큼'이 어느 정도인지 어떻게 알고 어떻게 표현하느냐고 묻는다. 그것은 관심이 있어야 알 수 있다.

내 아이가 중학생이 되어서야 느끼는 사랑을 인식하기 시작했다. 이때부터 일상에서 아이와 스칠 때 싱긋 미소를 띠거나, 머리카락을 조금 잡고 살살 비비거나, 어깨를 슬쩍 부드럽게 어루만졌다. 처음에는 아이가 "엄마, 왜?"라며 물었다. "응, 엄마는 네가 옆에 스치기만 해도 행복해.", "엄마는 너를 떠올리면 미소가 지어져."

교류분석 창시자인 에릭 번Eric Berne의 교류분석 이론에 의하면 이런 긍정적인 자극을 많이 받고 자란 사람은 대체로 '나도

OK, 너도 OK'라는 인생 태도를 갖춘 사람으로 자란다고 한다. 여기서 'OK'라는 것은 마음속에서 '나는 사랑받고 있다. 나는 안전하게 보호받고 있다. 나는 중요한 존재임이 틀림없다'라는 자신감을 가졌다는 뜻이다. 또 자신을 신뢰하고, 타인을 신뢰할 수 있을 정도로 안정된 심신 상태가 형성된 것이다.

하지만 사랑이 느껴지게 하는 이런 행동이나 말들은 마음만 먹는다고 저절로 실천되지 않는다. '찐사랑'을 느끼게 하는 사랑은 존중이 바탕이 되어야 가능한 일이다.

자존감을 높이려면 '존중하는 태도'를 갖추어야 한다

존중은 뭔가를 잘해서도 아니고 어떤 능력을 갖추고 있어서도 아니요, 오직 존재 그 자체를 무조건 긍정적으로 인정하는 것을 말한다.

한국버츄프로젝트의 버츄카드에는 존중을 다음과 같이 말한다. "존중은 무언가를 귀하게 여겨 보호해주고 지켜주는 것입니다. 공손한 말과 행동으로 모든 사람을 존중해주세요. 자신이 속한 가정, 학교, 직장, 나라가 정한 규범을 존중하세요. 당신 자신도 존중하세요. 그러면 다른 사람들도 당신을 귀하게 여겨 존중해줄 것입니다."

여기서 보면 "당신 자신도 존중하세요"라고 되어 있다. 자신을 존중할 줄 아는 사람이라면 다른 사람도 존중할 줄 안다. 이쯤에서 셀프 하브루타로 질문을 던져본다. "나 자신을 존중한 적이 있었나?", "내가 누구인지, 무엇을 하고 싶은 사람인지도 모른 채 앞만 보고 달려왔구나!" 이렇게 자신에게 질문하고 답하다 보면 가족을 존중한 적이 있었는지 의문이 든다. 내가 원하는 대로 따라주면 좋아했고 따라주지 않으면 잘못된 것으로 받아들였음을 알 수 있었다. '내가 원하는 대로'라는 것은 이미 답이 있으니 시키는 대로 하지 않는 것은 틀린 거라는 뜻이 내포되어 있었다. 이렇게 미리 답을 정해놔 버리면 일방적으로 지시하고 명령하게 된다.

'존중하는 태도로 대하기'를 나의 가치관으로 정했다. 무언가를 말하기 전에 한 번 멈추고 '지금 내가 말하려고 하는 것이 존중하는 것이 맞나?', '어떻게 하면 존중이 될까?'라고 생각한 뒤 질문으로 대화를 튼다. "동생을 밀칠 만한 이유라도 있는 거야?" 이 질문에는 네가 이유 없이 동생을 밀 아이가 아니라는 의미가 포함되어 있다. "어떤 이유로 그 친구와 가고 싶을까?", "너는 A를 선택했구나. 어떻게 해서 A를 선택한 거야?" 이 질문에 대한 답은 네 자신의 전문가인 본인이 제일 잘 알고 있다는 뜻이다. 즉 모든 사람은 자기 자신의 전문가다. 전문가에게 물을 때는 함부로 이래라저래라하지 않는다. 이것이 바로 존중하는 태도다.

온전한 '믿음'이 있어야 한다

중학교 2차 지필 고사를 친 마지막 날 오후 두 시, 2학년을 대상으로 리더십 강의가 있었다. 광산 사진을 보여주면서 "여기서 무엇을 캐낼까요?" 하고 학생들에게 물었다. 여기저기서 "루비", "다이아몬드", "호박", "에메랄드", "사파이어" 갖가지 보석 이름들이 튀어나왔다. 이 보석들이 처음부터 반짝반짝 빛이 나고 아름다운 모습이었냐고 물으면 이구동성으로 "아니오"라고 한다. 이때 한국버츄프로젝트의 '미덕 보석들' 52개 단어와 꿈학관 교육의 '씨앗모아' 65개 단어 중 86개를 선택하여 '씨앗 단어'라고 이름 붙인 다음, 단어들을 보여준다.

감사, 건강, 결의, 격려, 겸손, 깨달음, 감동, 꿈, 교감, 공감, 관용, 긍정, 결단, 경외심, 기쁨, 기여, 끈기, 근면, 기지, 경청, 나눔, 노력, 너그러움, 도전, 도움, 몰입, 목적의식, 명예, 믿음직함, 배려, 배움, 보람, 봉사, 사랑, 사려, 수용, 신뢰, 소신, 성실, 상냥함, 신중, 실천, 신용, 열정, 유연성, 예의, 여유, 우정, 용기, 평온함, 용서, 인내, 이해, 이상 품기, 자유, 자율, 자각, 절도, 절제, 정돈, 정직, 정의로움, 존중, 중용, 자신감, 진정성, 지혜, 진실함, 창의성, 창조, 친절, 책임감, 청결, 충직, 초연, 즐거움, 유머, 탁월함, 화합, 한결같은, 행복, 협동, 희망, 확신, 헌신, 평화

우리는 모두 이런 씨앗 보석을 갖고 태어난다. 원석 상태로 있기 때문에 보이지 않을 뿐이다. 원석을 갈고 닦으면 닦을수록 빛이 나고 값어치를 더하게 되듯이 씨앗 보석은 사용할 때

마다 빛이 난다. 많이 사용할수록 더 아름다운 빛이 난다. 이렇게 주고받으며 2교시 동안 진행되었다.

강의를 마치고 나오는데 1층 신발장 앞에서 마침 신발을 신고 있던 남학생이 "안녕히 가세요."라고 인사했다. 고개를 드는 아이를 보니 수업 시간 내내 휴대전화를 만지던 친구였다. "예의가 돋보이는구나."라고 칭찬해주며 "오늘 선생님과 2교시 동안 함께하면서 마음에 남는 것이라도 있어?"라고 물으니 아이가 답했다.

> "선생님, 저는요. 시험을 잘 못 치거나, 실수나 실패를 하면 며칠씩 잠을 못 자거든요. 그런데 이제는 그렇게 며칠씩 걸리지 않아도 돼요. 제 안에 보석이 그렇게 많은 줄 몰랐어요."

'나 괜찮은 사람이네'라고 자신을 인정하는 순간 자신에 대한 믿음이 생기고 용기가 생기는 것이다.

가장 좋은 것은 긍정적으로 자신을 믿는 것이지만 주변의 시선도 많은 영향을 미친다. 특히 양육자의 믿음은 청소년기 아이들에게는 최고의 힘을 발휘한다. 학생들을 상담하다 보면 많은 학생이 부모의 불신이 가장 힘들다고 토로한다.

믿음직하게 행동하는 아이를 믿는 건 어렵지 않지만, 믿음직하지 않은 행동을 보고 믿는다는 것은 정말 쉬운 일이 아니다. 공부하겠다고 방에 들어가 게임하는 아이를 보면서, 알아서 한다고 해서 믿었는데 학원에서 숙제를 며칠째 하지 않았다는 연락이라도 오면 아연실색하며 "믿게 행동해야 믿지"라는 말을 자기도 모르게 뱉어내고 만다. 부모 교육을 받으며 내가 부모 역할을 잘못하고 있구나, 반성하게 되었다. 첫 번째로 아이를 믿는 작업부터 해야겠다고 생각했다.

아들이 중학교 1학년이던 어느 날, 게임하는 아들을 보며 "아들, 엄마는 아들 믿어."라고 했다. 그 순간 휙 돌아보는 아들의 눈빛이 "엄마가 나를 믿는다고? 언제부터?"라고 말하는 것 같았다. 그 순간 '아하, 마음속에서부터 아이를 믿어야겠구나. 세포 하나까지 아이를 믿어야 아이에게 전달이 되겠구나'라는 생각이 들었다.

그날부터 오고 가면서 시시때때로 '내 아이는 믿을 수 있는 아이야.', '책임감 있고, 스스로 자신이 무엇을 해야 하는지 아는 아이야.', '아이 안에는 무궁무진한 씨앗 보석이 있어. 지금도 하나씩 사용하고 있어.' 매일 그렇게 중얼거리기 시작했다. 아이를 믿는 작업을 시작하고 나자 게임하는 아이를 보아도 아이를 바라보는 나의 눈빛에 신뢰가 담겨 있음이 느껴졌다. 아이도 엄마의 신뢰의 크기만큼 자연스럽게 주체적으로 되어갔다. 부모가 믿어줄 때 아이는 비로소 자기 주인이 되어 자신의 삶을 산다는 것을 느끼는 순간들이었다.

씨앗 하브루타로 빛나는 아이들

모든 대화가 보석처럼 빛나는 비법을 공유하고자 한다. 부모 교육을 찾은 분들에게 "모집공고를 보고 직접 신청하시고 교육 장까지 오셨네요. 사랑과 열정이 돋보이세요."라고 시작한다. 다음으로 짝을 지어 대화할 때 서로를 부드럽게 응시하면서 씨 앗 보석 단어를 사용하도록 한다. "짝에게서 어떤 씨앗 보석이 느껴지는지 찾아보세요.", "찾았으면 짝에게 구체적인 이유를 들어서 씨앗 보석으로 격려해주세요." 어색하던 분위기가 화사 해짐을 느낀다. 라포형성과 씨앗 보석을 찾아서 격려하는 연습 이 되라고 하는 의도가 있다.

여기서 주의할 것이 있다. 씨앗 보석을 찾아서 말해줄 때 진 심이 담겨야 한다. 그리고 "상냥하게 보여요."라고 씨앗 단어로 만 말하는 것이 아니라 "웃는 표정을 보니 상냥함이 느껴져요." 라고 구체적인 이유를 들어서 말하는 것이 중요하다. 이렇게 하다 보면 날마다 실천하게 된다. 가정이 점점 밝아지고 아이 들도 일상에서 씨앗 단어를 사용하게 된다고 한다. 그런데 수 업이 끝나면 점점 잊어버리게 된다는 것이 안타까웠다.

씨앗 하브루타 챌린지를 시작하다

'어떻게 하면 이 좋은 문화를 살릴 수 있을까?' 생각하던 끝 에 SNS를 활용하기로 했다. 모든 사람에게 씨앗 보석이 있다 고 믿고 매일 질문하고, 발견한 씨앗 보석을 가족에게 전달하고, 전달한 씨앗 격려의 말을 올리는 챌린지를 고안했다. 가정이 밝아지고, 지역이 밝아지고, 국가의 격이 높아진다는 원대한 목표를 가지고 21일 챌린지를 시작했다.

> "김치가 맵다고 안 먹으려고 하더니 먹어보려고 하네. 어떤 씨앗 단어가 적합할까?"
> "김치를 먹으려고 하는구나. 용기와 결심의 보석이 반짝반짝하네."
>
> "두발자전거가 무섭다더니 타보려고 하네. 이 아이에게서 지금 빛나는 씨앗 보석은 무엇일까?"
> "자전거를 타려고 하는구나. 용기의 보석이 반짝."
>
> "학습지 하겠다고 펼쳐놓고 그대로 있네. 여기서 씨앗 보석을 어떻게 발견할 수 있을까?"
> "학습지 해야 하는 거 알고 있구나. 책임감이 반짝반짝."
>
> "아이가 스스로 준비물을 챙기네. 이건 어떤 보석을 빛내는 거지?"
> "말하지 않아도 준비물 챙기는 모습을 보니 자율성이 반짝반짝하네."
>
> "감기로 목이 아픈데도 학교에 가는 아이에게 빛나는 보석은?"
> "아픈데도 학교에 가려고 가방을 챙기는구나. 책임감과 용기의 보석이 반짝반짝."

나에게 씨앗 보석이 있다고 아는 것만으로도 힘이 난다

씨앗 하브루타 챌린지를 시작하고 나서 생소한 단어라도 끊임없이 '이 상황에 맞는 씨앗 보석은 뭘까?', '왜 그렇게 생각했을까?' 재촉하기보다는 긍정적으로 보려고 하고 좋은 표현을 하려고 노력한다. 아이의 자율성이 높아지고 행동이 능동적으로 변화되었다. 아이도 나도 자존감이 높아지고 도전 의식을 불러일으키고 용기가 생겼다. 성과와 관계없이 아주 사소한 것에도 씨앗 단어로 격려할 수 있다. 긍정적인 언어들이 내면에 쌓이고 자신을 존중하게 된다. 누군가의 칭찬을 받으려고 노력하는 것이 아니라 나 스스로에게 만족하는 자세로 바뀌고 그런 자신을 사랑하게 되었다. 특히 속마음을 표현하기 힘든 가족관계에서 효과가 좋았다.

사랑은 느끼게 하는 것이며, 필요로 할 때 필요로 하는 만큼 사랑을 줄 때 아이는 비로소 존재감을 느끼며 자신과 타인에 대한 'OK' 인생 태도를 가지게 된다. 그 바탕에는 존재 그 자체로 인정하는 존중의 태도와 무한한 가능성을 가지고 있다는 것을 믿는 믿음을 바탕으로 하고 있다.

일상에서 어떤 씨앗 보석들을 사용하고 있는지 발견만 해줘도 그 씨앗들이 반짝반짝 빛을 발한다. 어른도 아이도 반짝반짝이라는 말을 참 좋아한다. 씨앗 보석이 반짝이는 순간이 바로 긍정적 자존감이 자라는 순간이다. 일상에서 질문해보자.

"지금, 이 순간 어떤 씨앗 보석이 빛나고 있지?"

정영숙 Jung yeongsuk

한국하브루타교육연구협회 선임연구원
긍정마인드 개발센터(장)
하브루타 부모교육연구소 구미지부(장)
한국지역사회교육연합(KACE) 부모리더십센터 전문 강사
한국아들러심리협회

경력 및 사회활동
교육학 박사
화신사이버대학교 특임교수(상담복지학부)
하브루타 교육전문가
그림책 하브루타 코칭지도사 2급
하브루타 독서토론지도사 2급
미덕씨앗하브루타 및 챌린지 운영
독서클럽 운영
부모교육 20년(각 유치원, 초중고, 공공기관 등)
부모 자녀의 대화법 전문 지도자
아들러 행복한 부모 되기 강사
교류분석 부모교육 전문지도자
수학 교습소 15년 운영(원장)

3장

부모와 아이가
함께하는 자기계발

박미숙
박송이
박효정
오혜승
이정숙
조세희
최정영

성장하는 여행,
하브루타의 시작

박미숙

내면을 발견하는 여행

여행은 우리 삶에 새로운 경험과 인사이트를 제공하는 동시에 자신을 발견하고 성장시키는 과정이다. 성장하는 여행은 단순한 관광이 아니라 자기 내면을 탐험하는 여정이다. 이러한 여행에서 우리는 자연과 문화, 그리고 주변 환경과의 상호작용을 통해 더 나은 인간으로 성장하는 기회를 얻는다. 성장하는 여행의 목표는 개인마다 다양하다. 누군가는 새로운 문화를 경험하고 확장된 시각을 얻기를 원하며, 또 누군가는 도전과 역경을 통해 잠재된 강한 내면을 발견하고자 한다. 여행은 새로운 친구와의 만남, 혹은 자기 자신과의 대화를 통해 감정적인 성장을 이루는 곳이기도 하다.

그중에서도 '여행 하브루타'는 매우 특별한 경험이다. 하브루타는 히브리어로 '동반자Companion'를 의미하는데, 여행 중 하브루타를 통해 함께 질문하고 토론하며 호기심과 즐거움을 나누고 서로를 이끌어줄 수 있다. 이는 여행의 경험을 보다 더 풍부하게 만들어주고 개인의 성장을 끌어낸다.

하브루타로 얻는 경험은 자기 자신과 타인에 대한 이해를 촉진한다. 서로 다른 배경을 가진 이들 간 상호작용은 문화의 다양성을 경험하면서 새로운 아이디어와 관점을 얻게 해준다. 또한 공동체의 중요성을 깨닫게 되며 협력과 배려의 가치를 깊이 이해하게 된다. 성장하는 여행의 핵심은 자기계발과 타인과의 연결이다.

여행 하브루타

포르투갈 제2의 도시인 포르투Porto를 여행할 때다. 포르트 동루이스Ponte D. Luis 다리를 유유히 걷고 있었다. 동루이스 다리에서 해가 지는 모습이 아름답다는 말을 많이 들었기에 나 또한 시원한 맥주 한 캔을 들고 다리 위에서 해가 지는 모습을 보고 있었다. 그때 반가운 한국어로 누군가 말을 걸었다.

"혼자 여행하시나요?"

대학생이라는 예쁜 모습의 아가씨는 부끄러운 듯 배시시 웃는다.

"네, 혼자 여행 왔어요."

"반가워요. 저도 혼자 왔는데 지금은 누군가와 이야기하고 싶어 인사를 드렸어요."

"잘했어요. 혼자 맥주 마시기 조금 심심했는데 같이 한잔할까요?"

우리는 오랜만에 오래전 친구를 만난 듯 맥주를 마시며 여행 이야기를 시작했다. 그녀는 6개월째 유럽 여행 중인데 혼자 오랫동안 여행하다 보니 이제는 집으로 돌아가고 싶다고 말했다. "진아 씨 여행은 무엇이라고 정의할 수 있어요?", "글쎄요. 여행은 즐거움이 아닐까요? 왜냐하면 일상에서 벗어나 자유를 느끼기 때문인 것 같아요", "저는 여행을 멈춤이라고 생각해요. 아이들 놀이 중 얼음이라는 게임 아시죠? 여행을 시작하면 나의 시계는 멈추어 온전한 나만의 시간을 가지는 것 같아요." 우리는 여행에 대한 생각을 공유하며 몇 시간 동안 즐거운 이야기를 나누었다.

혼자 떠나는 여행은 나만의 온전한 시간을 가질 수 있어 가장 좋아하지만, 가끔은 친구와 함께 여행 이야기를 나누고 싶을 때가 있다. 그럴 때는 지금처럼 여행 중 만난 사람들과 말을 트곤 한다. 여행지에서 만나는 사람은 공통점이 있다. 여행을 사랑하기에 여행에 관한 주제를 꺼내면 눈동자가 반짝이며 온몸으로 이야기하는 모습을 볼 수 있다. 어떻게 대화할 것인가도 중요하다. 보고 경험한 걸 함께 느끼고 공감하려면 경청을 잘하고 질문을 충분히 해야 한다. 여행지에서 보고 느낀 모든 것을 하브루타로 대화한다면 우리는 반드시 경이로운 경험을 하게 될 것이다.

여행지에서는 때로 예상치 못한 도전과 어려움에 직면하기도 한다. 그럴 때 동반자와 함께 해결해야 할 공통의 목표가 생긴다. 각자의 강점과 약점을 이해하고 보완해가는 과정에서 친밀감이 형성된다. 어려운 상황일수록 하브루타는 서로 다른 관점의 통찰력을 제공하고, 각자의 배경과 경험을 토대로 다양한 사고 능력을 지니게 한다. 이는 서로 간의 대화와 토론을 통해 새로운 아이디어를 얻고 문제를 해결하는 데 도움이 되는 것이다. 서로 다른 시각에서의 통찰력은 성장의 발판이 된다.

성장과 유대의 여정

무더운 여름 어느 날 베트남 '훼Hue' 여행을 떠나기 위해 탐색하다가 아들에게 질문했다. "별아! 엄마와 여름 여행을 베트남 훼 지역으로 가면 어떨까?" 여행을 좋아하는 별이는 여행 가자는 말을 항상 좋아한다. 여행 장소가 결정되면 우리는 정보를 찾고 어디를 가야 할지 정하며 코스를 결정한다. 훼는 베트남 역사가 숨 쉬는 곳이다. 별이에게 역사 공부를 시키고 싶은 마음도 강했던 것 같다. 여행과 역사 공부 두 마리 토끼를 잡기 위한 엄마와 아들의 대화는 끝을 모르고 오랫동안 이어졌다.

베트남 훼에 도착한 다음 날 아침, 셔틀버스에 올라타니 아이와 젊은 여자 그리고 할머니 이렇게 세 사람이 앉아 있었다. 한 가족인 이 세 사람은 일본인이었다. 알아들을 수 없는 일본말이 들렸지만, 한편으론 반가웠다. 아들 별이는 일본어도 잘하는 편이라 대화할 수 있다면 참 좋을 것 같다는 생각이 들었다. "별아, 일본 사람들인데 먼저 인사해보면 어떨까?", "무슨 이야기를 해요?", "어떻게 베트남 훼에 왔는지 여행에 관해 물어보면 되지 않을까?", "알았어요." 아들은 대화하기 싫은 표정을 지었지만, 이내 젊은 아기 엄마와 대화를 시작했다. 그렇게 아들은 일본인과 한참을 웃으며 이야기를 나누었다.

"별아 무슨 이야기 했어?"

"여행 재미있는지 물어보았는데 즐겁다고 해요. 저 아이는 아줌마 아들이고 할머니는 아줌마 엄마라고 하셨어요. 내일은 호이안으로 이동한다고 해요."

별이는 의무감으로 대답하듯 대충 말하곤 다시 창문으로 시선을 돌렸다. 또 엄마의 욕심으로 아들을 괴롭게 한 것은 아닌가 미안한 마음이 들었다. 여행을 가면 아이에게 언어 연습을 시키려는 욕심이 생기는지도 모르겠다. 그런 마음에 아이의 기분과 상황도 생각하지 못하고 지시하곤 했다.

여행지에서 아이와 하브루타로 질문하고 대화해야 한다. 아이가 하는 말이 쓸데없는 이야기라고 무시하거나 부모 생각으로만 판단한다면 아이는 더는 부모와 대화하고 싶지 않을 것이다. 아이가 하는 말에 다른 관점에서 생각할 수 있도록 질문을 유도하며 아이 생각을 존중해주는 것이 중요하다. 여행 하브루타는 단순한 여행 이상으로 나 자신과 세계에 대한 깊은 이해와 가족, 친구와 소통하며 상호작용하는 유대감을 형성하는 과정일 것이다. 여행지에서 이루어지는 우리들의 연결은 새로운 경험을 두 배로 풍부하게 만들어주며, 어려움을 함께 극복하고 성장하는 순간들은 여행을 더욱 의미 있게 만든다. 이는 성장과 유대의 여정이자, 우리 삶을 더 풍요롭게 만들어주는 특별한 모험이라 할 수 있다.

질문이 있는 여행

아이들의 여행 하브루타에서는 "왜 이곳에 왔을까?"와 같은 궁금증으로 시작된다. 이들은 새로운 장소를 탐험하고 주변 환경을 자세히 관찰하고 그곳의 특징이나 역사에 대해 궁금증을 품는다. 이런 경험으로 아이들은 호기심과 탐험 정신을 기를 수 있다.

아이들은 "어떻게 해야 할까?"라는 질문으로 친구들과 상호작용하며 해답을 찾는다. 협력과 소통의 중요성을 체험하며 팀워크와 유대 관계를 단단히 형성한다. 또한 "여행지에서 배운 것은 무엇인가?"라는 질문은 아이들에게 여행 중 얻은 경험을 되돌아보게 하는 계기가 된다. 새로운 문화, 풍경, 또는 도전적인 상황으로 얻은 인사이트는 그들의 성장과 학습에 큰 도움이 되며, 이를 통해 다양한 경험의 가치를 깨닫게 한다.

하브루타 수업을 하는 아이들과 여행 하브루타를 계획했다. 하브루타로 가고 싶은 장소와 이유를 이야기하며 투표로 결정하는 과정을 가져보는 시간이었다. 아이들은 통영에 있는 수산과학관에 무엇이 있는지 궁금하다며 빨리 가고 싶다고 성화였다. 여행 하브루타 수업 시작 전 답사를 다녀오고 수산과학관에 대한 정보를 찾아 활동지를 만들었다. 아이들과 여행하기 전에 자료를 가지고 하브루타 수업을 시작했다.

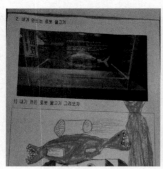
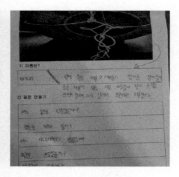

여행 하브루타를 가기 전 아이들과 사진을 보고 질문을 만들었다.

"얘들아! 사진에 보이는 물건은 무엇일까? 어디에서 사용하는 물건일까?"

"선생님, 바구니 같아요", "저는 할머니가 밭에서 일할 때 사용하는 것 같아요."

활동지 사진 속 물건에 대해 아이들의 다양한 생각을 들어보고 각자 생각을 정리해 질문을 만들어본다. 그리고 수족관 속 로봇 물고기를 보고 내가 만들고 싶은 물고기를 그려본다. 왜 그렇게 만들어 그렸는지 친구들에게 발표하며 자신 생각을 이야기한다.

여행 하브루타는 아이들의 궁금증과 상호작용의 세계로 들어가 협력과 소통의 중요성을 배우고 자아를 발견하고 성장하는 특별한 여정이다.

박미숙 Park misook

한국하브루타교육연구협회 선임연구원
하브루타 부모교육연구소 국장
하브루타 부모교육연구소 통영지부장
메타인지 교육협회 선임연구원
꿈샘 책통클럽 센터장

강의 및 사회활동
교육학박사
한양대 미래인재교육원 겸임교수
경남정보대 평생교육원 겸임교수
하브루타 독서토론 전문 강사
푸드표현공놀코칭 마스터 강사
그림책 하브루타코칭 지도사 전문 강사
하브루타 독서토론 자격과정 강사
그림책 하브루타 코칭지도사 강사
영유아 하브루타 강사
유치원, 어린이집 하브루타 교사교육 강사
그림책 힐링수다 강의
하브루타 부모교육 강사

하브루타로 만드는
가정의 행복한 문화

박송이

사랑과 존중의 표현, 식탁 하브루타

매주 토요일 아침 식사는 우리 가족에게 매우 특별한 시간이다. 느긋하게 온 가족이 모여 식사하며 하브루타를 하기 때문이다. 이 시간의 소중함을 깨닫고 매주 건강하고 맛있는 브런치를 준비한 지 꽤 오랜 시간이 흘렀다. 가족의 건강과 다양한 메뉴를 맛보는 재미를 위해 때로는 도서관에서 요리책을 빌려와 영양을 갖춘 식단을 꾸리고 세계 여러 나라의 가정식에 도전해보기도 한다. 늘 지나가는 주말 아침 상차림이지만 최선을 다하는 건 가족을 향한 나의 사랑과 존중의 표현이기 때문이다. 멋스러운 접시에 담긴 음식을 맛있게 먹으며 우리 가족은 어떠한 이야기도 기분 좋게 이어갈 수 있는 대화와 토론의 준비를 마친다.

"어제 첫째가 인라인스케이트를 타다가 여러 번 넘어져서 아파했는데, 포기하지 않고 끝까지 노력하는 모습이 정말 대견했어요." 아들의 노력을 칭찬하는 엄마의 말에 어깨가 으쓱한 아이는 자신이 느꼈던 감정과 상황을 꺼내놓기 시작했고 가족의 격려와 응원을 받으며 자신감을 얻는다. 늦게 퇴근한 아빠에게 말하지 못했던 이야기, 아빠가 회사에서 프로젝트를 하며 동료들과 겪은 일, 오늘 먹은 음식의 유래와 역사 이야기, 엄마, 아빠가 어릴 적 겪었던 재미있는 사건들, 가족 행사에 대한 일정 조율 등 다양한 주제가 질문을 통해 꼬리에 꼬리를 물며 이어진다. 올해 9살, 7살이 되는 아이들은 질문도 많고 자기의 경험과 생각을 말하느라 쉴 틈이 없다. 이렇게 온 가족이 모여 하브루타 하는 시간은 서로에게 든든한 힘이 된다.

마음을 나누는 것이 먼저

유대인들은 안식일에 온 가족이 모여 하브루타 시간을 갖는다. 먼저 가족 예배를 드리며 성경 말씀을 나누고 토론한 후, 일주일 동안 있었던 일에 대한 깊은 고민이나 바라는 것들을 꺼내놓는다. 흥미로운 사실은 대부분 자녀가 7~8명 정도로 많지만, 자녀의 수나 나이 차이와 관계없이 자유롭게 자기 생각과 일상을 나눈다는 것이다. 어떤 사소한 이야기일지라도 서로 조언하고 진지하게 토론할 수 있는 것이 그들의 흔한 식탁 문화다.

하브루타를 처음 알고 난 뒤 가족과 쳇바퀴 돌듯 나누는 대화의 틀에서 벗어나고 싶었지만, 어떤 이야기를 이어가야 할지 답답하고 막막했던 적이 있다. 질문이 서툴러 상대의 상황과 감정 상태를 헤아리지 않은 채 "왜? 왜?"만 연발해서 아이들과 남편에게 반감을 산 적도 있었다. 깊은 대화와 토론을 이어가고 싶다면 그에 응답할 마음을 가질 수 있도록 상대와 마음을 나누는 것이 먼저가 선행되어야 한다. 하브루타를 학습으로만 접근한 것도 문제였다. 자녀의 관심은 벌써 떠났는데 그것과 관계없이 하나라도 더 가르치고 싶어서 하는 질문은 부담을 줄 뿐이다. 원하는 답을 끌어내기 위해 물어보기보다 진정으로 상대와 교감할 때, 좋은 질문도 나올 수 있다. 가족 하브루타가 꼭 질문과 대답으로 이루어지는 학습의 장이 되어야 한다는 프레임은 깨어버리는 것이 좋다. 마음을 나누고 서로를 이해할 때 모두가 이 시간을 즐길 수 있다.

유대인에게 '가장 행복한 순간'이 언제인지 물어보면 대부분 가족과 함께하는 안식일 식탁이라고 대답한다. 자녀들은 부모의 사랑을 느끼며 자신이 언제나 존중받고 있는 존재라는 것을 몸소 체득하기 때문이다. 가족 하브루타는 사랑과 존중을 먼저 표현하는 것부터 시작한다.

그림책으로 가족과 즐거운 시간, '하이조아'

"하브루타를 오래 알고는 있었지만, 막상 실천하기 어려워요."

"대화가 계속 끊기는 느낌인데 어떻게 이어가야 할지 막막해요."

"아이와 책을 읽고 어떤 대화를 나눠야 할지 모르겠어요."

하브루타를 어려워하는 부모님들을 종종 만난다. 몇 번 시도해보다가 크게 달라지는 걸 느끼지 못하고 일찌감치 포기하기도 한다. 단 몇 번의 질문과 대화로 원하는 모습의 가정으로 바뀐다면 얼마나 꿈같은 일인가. 하지만 안타깝게도 드라마틱한 변화는 부모가 원하는 대로 쉽게 일어나지 않는다. 오히려 그 방향과 더 멀어지는 것처럼 느껴지기도 한다.

하브루타 부모교육연구소에서 진행하는 '하이조아' 수업은 한 달에 한 번 그림책을 통해 자녀와 가정에서 하브루타를 잘 실천할 수 있도록 돕는 프로그램이다. 연구소에서 진행하는 수업 중 유일하게 가족이 함께 참여하기 때문에 더욱 특별하다. 처음에는 부끄럽고 어색해서 말을 아끼던 아이와 부모도 하브루타 전문 선생님들의 도움을 받아 조금씩 이야기를 나누다 보면 어느새 적극적으로 의견을 말하는 모습을 볼 수 있다. 언제 튀어나올지 모르는 아이들의 무한한 상상력과 부모님들의 독특한 관점들이 쏟아져 나오기 때문에 신선한 재미도 있다.

백희나 작가의 『장수탕 선녀님』 수업 중 "엄마는 왜 스파랜드로 가지 않고 장수탕으로 갔을까?"라는 질문으로 모둠 토론을 나눌 때였다. 엄마 입장에서는 옛날식 목욕탕이 익숙하고 저렴하기 때문이라고 생각할 수 있다. 그런데 한 아이가 이렇게 답했다. "스파랜드에 가면 게임을 많이 하잖아요. 엄마는 게임하는 게 싫어서 그런 거예요." 게임하는 모습을 달가워하지 않는 부모님을 바라보는 아이의 시각이 고스란히 담겨 있다. 어떤 부모님은 조용하기 때문이라고 했다. 느긋하게 사우나를 즐기길 원한다면 편의시설이 아무리 좋아도 사람이 많은 곳은 가지 않을 것이다. 각자의 경험이 다르기 때문에 생각도 모두 다르다.

또 다른 아이는 책 속에 등장하는 '선녀 할머니'를 이렇게 표현했다. "목욕탕에 가면요, 손이 쪼글쪼글하잖아요. 선녀 할머니는 할머니가 아니라 장수탕에 오래 있어서 쪼글쪼글해진 거예요!" '할머니'로 명시된 그림 속 여자는 누가 봐도 할머니였지만, 이러한 고정관념은 아이들에게 신나게 깨질 대상이 될 뿐이다.

부모님과 수업에 참여한 아이들은 마지막에 '힘들지만 재미있었다'라고 말한다. 아이뿐만 아니라 어른들도 질문을 만들어내고 생각을 말하기란 쉽지 않기 때문에 힘든 것은 당연하다. 어려워도 책을 깊이 들여다보고 미처 깨닫지 못했던 것을 알게 되는 과정에서 아이들은 흥미를 느낀다. 곁에 있는 부모님 지지를 받으며 많은 사람 앞에서 말하는 것에 자신감도 생기니 참여가 즐거워지는 것이다. 그런 자녀에게 "엄마는 생각지도 못했는데 우리 준혁이가 그런 기발한 이야기를 해서 너무 재밌었어. 참 대견하더라~"라는 칭찬 한마디로 자신감을 북돋아준다면 다음번에 더 적극적으로 참여하는 모습을 발견하게 될 것이다. 아이만 참여하는 수업은 부모가 내용을 알기 어렵기 때문에 아이의 생각에 공감해주고 대화를 끌어내는 데 한계가 있다. 하지만 가족이 함께 참여하면 깊은 공감대를 형성할 수 있고, 수업 이후에도 꼬리 질문을 통해 대화의 주제를 더욱 확장해나갈 수 있다.

함께 성장하는 부모와 자녀

자녀와 함께 그림책 하브루타를 하다 보면 "대수롭지 않게 지나친 일을 아이가 이렇게 담아두고 있는지 몰랐네요"라는 부모님의 고백을 듣게 된다. 흔히 우리는 가족들의 눈빛만 봐도, 발걸음 소리만 들어도 무슨 생각을 하는지 다 알고 있다고 착각할 때가 있다. 지저분한 책상을 치울 생각도 없어 보이는 아이가 1분 전에 치울 마음을 먹었다는 사실까지 알기란 사실 불가능하다. 하지만 다 알고 있다는 착각이 편견을 만든다. 자녀에게 갖는 편견을 가지고 "그럴 줄 알았어.", "역시 내 말이 맞지?"라는 식의 대화로 소통하면 관계를 더욱 악화시킬 뿐이다. 자녀의 속마음을 알아주지 않는다면 억울한 감정만 쌓여가고 오히려 반발심만 키우게 될 것이다.

그림책은 우리 마음을 깊이 있게 들여다보고 이야기하는 기회를 얻게 해준다. 책 이야기, 내 목소리와 짝의 목소리가 늘 균형을 이루는 그림책 하브루타는 객관적인 입장에서 상황을 바라보고 상대를 이해하는 데 도움을 준다. 만약 자녀와의 관계가 좋지 않아 대화를 나누기 어렵다면 그림책 하브루타를 시작해보길 권한다.

독서는 여러 권을 빨리 읽는 것을 목표로 하기보다 한 권의 책을 얼마나 깊이 들여다보느냐에 초점을 맞추어야 한다. 심도 있게 책의 내용을 내면화하기 어려운 자녀들에게는 부모가 옆에서 이끌어주는 것이 필요한데, 부모가 먼저 훈련되지 않으면 어렵다. 하지만 꾸준히 노력한다면 부모는 자녀와 함께 성장할 수 있다.

'하이조아' 강사로서 여러 가족을 만나보면 그 가정의 일상 대화가 그려진다. 아이가 장난스럽게 내뱉는 말일지라도 끝까지 눈 맞춤을 이어가고 사소한 감정에도 반응해주는 부모님의 모습을 보며 나 또한 배우고 성장한다. 저녁과 취침 준비로 바쁠 시간이지만 가족의 소통을 위해 시간을 내어 노력하는 부모와 자녀들을 응원한다. 앞으로도 수업을 통해 많은 가족이 깊이 있는 하브루타를 꾸준히 이어가기를 바란다.

하브루타는 학습의 장

일상에서 접하는 모든 것은 가족 하브루타의 주제가 될 수 있다. 그중 매일 뉴스로 보도되는 사건 사고들은 쉽게 대화의 물꼬를 트기 좋다. 한번은 가족과 뉴스에 나온 화재 사건으로 다양한 이야기를 나눴다. 아이들은 불을 조심해야 한다는 건 알고 있지만, 특별히 자신과 연결되지 않으면 무심하게 지나쳐 버리기 마련이다. 이때 아이들의 흥미를 끌기 위해 과거 경험담을 들려주었다.

초등학교 2학년 때 방학 탐구생활 과제로 빈 깡통에 크레파스를 녹여 초를 만들다가 불이 날 뻔했다. 다행히 안전에는 크게 문제가 없었지만, 깡통에 불길이 치솟아 있는 것을 보고 소스라치게 놀라 얼어붙었던 그때 기억이 너무도 강렬하게 남아 있다.

생생하게 겪은 이야기를 들은 아이들은 화재의 심각성을 자신과 연결해 생각하기 시작했다. "우리 집에 지금 불이 났다면, 제일 먼저 어떻게 행동해야 할까?"라는 질문으로 그동안 배워온 대비책들을 꺼내놓으며 17층 아파트에 사는 우리가 대처해야 할 상황을 그려보고 토론했다. 거기에 "만약에 앞집 친구와 가족들이 이 사실을 모른다면", "문이 열리지 않는다면", "엘리베이터에 갇히게 된다면", "동생이 쓰러져 버렸다면" 같은 상상 질문을 추가한다면 대화는 더욱 풍성해진다. 해결책이 각자 다르기 때문에 관점을 바꿔보는 과정은 자녀의 문제해결 능력을 키운다.

그 밖에 화재로 사랑하는 가족과 재산을 잃어버린 영화 속 주인공이나 관련 보험 혹은 화재로 인한 분쟁 같은 주제도 꼬리 질문을 통해 무궁무진하게 이어갈 수 있다. 만약 자녀가 아직 어려서 이해하기 어려운 내용이 있다면, 이해하기 쉬운 언어로 충분한 대화를 나눠주는 것이 좋다. 아직 몰라도 된다며 대화를 원천적으로 차단하는 것보다 아이의 수준에서 천

천히 대화를 나눈 후 "아직은 어려워도 나중엔 다 이해할 수 있게 될 거야"라는 따뜻한 말로 공감해준다면 자녀는 존중받고 있음을 느낄 것이다.

자녀에게 주는 가장 값진 선물

부모 대부분은 자녀의 배경 지식을 늘려주기 위해 책장에 학년별 전집을 꽉꽉 채워준다. 그런데 전집을 들여놓고 아무런 상호작용을 하지 않는다면 그냥 읽어야 하는 부담스러운 텍스트가 될 뿐이다. 자녀를 위한다면 그 안에 든 지식과 정보에 흥미를 갖도록 이끌어주고, 자신만의 생각을 덧붙일 수 있도록 환경을 만들어주는 것이 좋다. 부모와의 하브루타는 자녀의 머릿속에 관련 지식을 오래 저장하도록 돕는다. 자녀가 느끼는 경험과 감정이 지식에 더해져 연결고리를 만들기 때문이다. 자녀가 관심을 두고 스스로 만들어낸 질문은 새로운 통찰을 가져다주기도 하고 언젠가 창의적인 아이디어를 떠올리는 데 일조할 수도 있다. 부모와 자녀의 대화가 곧 배경 지식을 쌓는 과정이자 살아 있는 교육이 되는 것이다.

하브루타는 자녀에게 지식뿐만 아니라 지혜도 선물할 수 있다. 유대인들은 무쇠가 대장장이의 손길을 통해 훌륭한 칼이 되듯 사람도 지혜로운 사람을 만나면 더 나은 사람이 될 수 있다고 생각해 자녀의 지혜 교육에 많은 시간을 투자한다. 『성경』과 『탈무드』에서 역사, 전통, 철학을 익히고 가정의 생활 속에서 지혜를 배운다. 지혜란 삶에서 예상치 못한 위기를 만났을 때 문제를 해결할 수 있게 만들기 때문에 오랜 경험이 더해질수록 날카로워지고 세련돼진다. 경쟁 속에 내몰리고 수많은 정보에 휩쓸려 삶의 우선된 가치를 잃어버리고 살아갈 수 있는 우리 자녀들에게 부모, 조부모와 하브루타 하는 시간은 큰 지혜의 자산이 될 것이다.

행복한 가정 문화를 만드는 하브루타

우리 가족은 아름다운 북한산의 사계절이 가까이 보이는 곳에서 살고 있다. 자전거 타기를 좋아하는 아들을 위해 날씨가 화창한 봄가을이면 북한산으로 다 같이 자전거 여행을 떠난다. 북한산까지 이어지는 창릉천 자전거 도로를 달려 40분을 가야 하는 거리지만 아이는 언제나 기뻐하며 끝까지 함께했다. 바람을 가르며 신나게 달리다가도 느리게 지나가는 애벌레를 발견하면 멈추어 서서 시간을 보내기도 하고, 완주한 기념으로 북한산 근처 음식점에서 맛있는 점심도 먹는다. 한옥마을을 둘러보고 다시 집으로 돌아오면 몸도 마음도 활기찬 하루가 지나간다. 남편과 신혼 때부터 좋아했던 자전거 타기를 자녀들과 함께할 수 있다는 것은 감사한 일이다. 남편과 내가 진정으로 즐기다 보니 아이들도 우리가 느끼는 감정을 고스란히 느낀다. 자전거 덕분에 자녀와 좋은 추억도 쌓고 일상에서 더 많은 대화로 가까워

졌다.

캠핑, 운동, 전시회, 뮤지컬 등으로 가족이 모여 정기적으로 하브루타를 하면 가족만의 독특한 문화가 형성된다. 교육이라는 명목으로 억지로 자리를 채우거나 체험에 맡겨두고 유튜브를 보며 시간을 보내기보다는 능동적으로 자녀와 함께 즐기며 교감하는 것이 좋다. 이러한 경험을 통해 자녀들은 부모의 정서적 지지를 받으며 마음껏 자기 주도하에 세상을 탐험할 마음을 갖게 될 것이다.

'좋은 일에는 시간이 걸린다.' 자주 물 마시는 습관을 들이려고 켜놓은 스마트폰 알람 배지 옆에 항상 뜨는 문장이다. 물 한 잔을 마시는 데는 10초도 걸리지 않지만, 다른 것에 열중하다 보면 까맣게 잊어버리고 하루에 겨우 한 잔밖에 마시지 못할 때가 있다. 체내 수분이 부족하면 몸의 균형이 깨져 그동안 노력해온 것들이 허사가 될 수도 있다. 그렇다고 한 번에 며칠간 필요한 물을 다 마셔버릴 수도 없으니 물은 매일 조금씩 자주 마시는 것이 중요하다.

하브루타도 그렇다. 가족이 모두 각자 스케줄과 관심사에만 얽매여 살아가다 보면 진정한 대화를 나누는 시간이 턱없이 부족해진다. 깊은 소통의 중요성을 알면서도 매일 곁에 있으니 잊어버리기 쉽다. 그렇다 해도 가족과 시간을 보내고 꾸준히 하브루타를 실천하려는 노력은 반드시 필요하다. 순종적이지만 부끄러움이 많고 질문이라면 부담을 느껴 피하던 나의 첫째 아이는 책을 보며 질문하기를 두려워하지 않고 자신 있게 생각을 먼저 말할 수 있을 때까지 3

년이라는 세월이 걸렸다. 가정의 하브루타는 지속적인 노력이 필요하며 雙방향으로 천천히 스며들어야 한다.

학교폭력과 교권 추락 등 최근 계속해서 대두되는 인성교육 문제로 가정의 역할은 더 중요해졌다. 가족이 함께 모이는 식탁에서 사랑과 존중이 담긴 하브루타로 먼저 서로의 마음을 표현해보자. 부모의 사랑과 헌신이 담긴 하브루타 교육 속에서 자녀들은 삶의 올바른 가치관을 형성하며 행복한 인재로 성장할 수 있을 것이다. 하브루타를 통해 가정의 행복한 문화가 곳곳에 피어나길 기대한다.

박송이 | Park songyi

한국하브루타교육연구협회 선임연구원
하브루타 부모교육연구소 강사

강의 및 사회활동
하이조아 가족하브루타 강사
하브루타 부모교육 강사
하브루타부모교육연구소 행세소 기자
하브루타 독서토론 지도사
한우리 독서교육 지도사

엄마도 처음,
할머니도 처음

박효정

엄마도 처음

꽃다운 나이라고 일컫는 20대에 나는 결혼했고, 첫 아이를 가졌다. 특별한 태교는 아니었지만, 동화책 전집을 매일 읽었고 열심히 피아노도 치며 보냈다. 그리고 드디어 아이를 만났다. 너무나 작고 쪼끄마해서 만지면 깨질 것 같았다. 그 작은 아이는 딸꾹딸꾹 딸꾹질을 하며 나에게 왔다.

아이는 하루가 다르게 변해갔다. 2.7킬로그램 콩새처럼 작았지만, 열심히 크고 있었고 그런 첫딸이 내가 바라는 대로 클 거라 믿고 열정적인 육아를 시작했다. 어린이집을 거쳐 원하는 유치원에 보내기 위해 둘째를 임신한 만삭의 몸으로 밤샘 줄을 서기까지 하며 유치원에 보냈다.

초등학교 역시 일반 학교가 아닌 교대부설 초등학교를 보냈다. 첫 아이의 특권을 다 누릴 수 있도록 최선을 다하는 열혈 엄마였다. 학교 체육대회 때는 엄마들에게 에어로빅을 가르치고 앞에 나가 시범도 하며 열심히 참여했다. 학예회 때는 어머니 합창단이 되어 노래도 불렀다.

무엇이든 최고가 되기를 바라는 마음으로 초등 저학년 때부터 피아노, 영어, 수영, 미술, 공부까지 과외를 시작했다. 그것도 학원이 아닌 개인 과외로 요일마다 선생님들이 집으로 와 딸을 가르쳤다. 그것이 딸을 위한 일이라고 믿었기 때문이다. 동화대회에서도 1등을 했고, 학급 임원도 1기로 했고, 방학 숙제도 종합 1등을 했다. 시험은 반드시 100점을 맞아야 하는데 하나라도 틀리면 "왜 그랬어! 집중하고 정신을 차려야지. 건성으로 문제를 보니까 틀리지. 다 아는 걸 틀렸잖아"라고 칭찬보다는 결과 중심으로 야단을 쳤다.

그러던 어느 봄날 여섯 살 터울의 둘째 딸이 태어났다. 어느새 자란 둘째 딸이 유치원에 가야 할 나이가 되자 나는 다시 열혈 맘이 되었다. 3박 4일 밤샘 줄서기를 해서 첫째가 다녔던 유치원에 입학시켰다. 큰딸이 중학생이 될 때 또다시 시작된 초등 1학년 엄마의 삶은 첫 아이를 키우듯 극성 엄마가 된 것이다. 언니가 다녔던 교대부설 초등학교에 보결이 되어 집 근처 초등학교를 한 학기 다녔는데 '이젠 좀 조용히 지켜봐야지' 하고 마음먹었던 나는 어느새 1학년 대표 자모로 활동하고 있었다.

하지만 내가 변할 수 있는 기회가 왔다. 새 학기가 시작되는 날 둘째는 첫째가 다녔던 학교로 전학을 가게 되었다. 이참에 단단히 마음을 먹은 나는 담임 선생님에게 소풍도 체육대회도 참석 못 하고, 청소도 하기 어렵다고 말했다. 그리고 첫째 딸 키울 때처럼 극성 과외를 하기보다는 수영, 바둑, 미술 등 공부 외의 활동에 열정을 쏟았다. 그리고 공부는 아이가 원할 때 학원에 다니도록 했다. 100점을 맞지 못해도 궁둥이 팡팡하며 "아이고 우리 딸 잘했네!"라고 했다. 방학 숙제 종합 상을 받지 못해도 질타 대신 "괜찮아, 넌 숙제를 스스로 다 했으니까"라고 아이에게 엄지척을 해주는 엄마가 되었다. 학교 동화대회 반 대표를 뽑는 과정에서 자기가 될 줄 알았는데 안 됐다고 실망할 때도 오히려 "희연아! 괜찮아, 넌 이미 더 큰 대회에서 최고 상을 받았잖아."라며 격려해주었다.

자기 삶에 최선을 다한다는 것

큰딸이 중학교 2학년, 작은딸이 초등학교 2학년이었던 여름 방학 어느 날, 나는 딸들에게 말했다. "엄마가 공부를 더 하고 싶어서 대학에 편입하려고 해. 그런데 너희들이 각자 위치에서 최선을 다하고 있다는 믿음이 있어야 엄마가 시작할 수 있을 것 같아. 월요일부터 금요일까지 새벽에 버스를 타고 광주 학교에 가고 저녁때가 돼야 올 수 있거든. 우리 서로에게 믿음이 필요해." 큰딸이 말했다. "나는 괜찮아. 희연이만 알아서 할 수 있다면." 겨우 초2였던 작은딸도 흔쾌히 좋다고 해주었다. 우리는 그렇게 각자의 위치에서 최선을 다하기로 합의했다.

어느 날 초등학교 3학년이던 둘째의 담임 선생님이 아이가 일기에 '엄마가 보고 싶다. 내가 잘 때 나가시고 자고 있을 때 들어오시기 때문이다'라고 썼다며 전해주었던 기억이 난다. 나는 '과연 무엇을 위한 선택이었을까?' 하는 생각이 들기도 했고, 딸들에게 미안한 마음에 눈물이 핑 돌기도 했다.

그사이 중학생이었던 큰딸은 고등학교를 졸업하고 유학길에 올랐고 작은딸은 고등학생이 되었다. 첫째와 둘째의 나이 차이가 있다 보니 두 딸의 어린 시절은 공유되는 부분이 거의 없었다. 큰딸은 10년 동안 이탈리아 산타체칠리아 국립음악원을 수석 입학할 만큼 완벽주의자가 되었다. 10점 만점에 6점이면 통과되는 시험도 반드시 10점을 맞아야만 만족했고, 원하는 결과가 나오지 않거나 목표한 만큼의 실력 향상이 되지 않으면 울면서 전화를 했다. 그런 딸을 보며 '내가 너를 그렇게 만들었구나!' 하는 생각에 미안한 마음이 들기도 했다.

유학을 마치고 큰딸이 귀국했을 때는 작은딸이 다니던 대학을 그만두고 미국으로 유학을 떠나고 없었다. 이유는 자신의 20대는 엄마 딸이 아닌 독립된 한 사람으로서 스스로 길을 찾아보고 선택하고 도전하며 살아보겠다고 했기 때문이다. 그렇게 떠난 둘째는 뮤지컬 <미스 사이공>의 주인공 '킴'이 되어 무대에 서고 있었다.

성향이 다른 두 딸을 보며 둘을 더해서 반으로 나누면 딱 좋을 것 같다는 생각이 들었다. 만약 셋째를 키운다면 두 딸에게 했던 경험을 적절히 적용해 더 잘 키울 수 있을 것 같았다. 학창 시절 전공은 유아교육이었지만 내 아이를 키우는 데는 이성보다는 감정이 앞섰고 균형감을 가질 수 없었다. 한마디로 남의 집 아이에게는 객관적이고 관대했지만 내 아이에게는 기대와 욕심으로 주관적인 사람이 되는 것이다.

문득 두 딸에게 고마운 마음이 든다. 엄마도 처음이었기에 그저 열심히 욕심껏 최선을 다하면 딸들에게 당연히 좋은 것이고, 이이를 위하는 것으로 생각했던 나의 선택들이 아이에게는 버겁고 감당하기 어려운 일이었을 것이다.

이 글을 쓰며 다시 돌아보는 지금, 많이 후회도 되고 반성하게 된다. 이렇게 엄마가 처음이었던 나는 무엇이든 잘하려는 마음에 극성의 열혈 맘이 되었던 것은 아닐까 생각한다. 엄마도 처음이듯 누구에게나 처음은 있으니까 말이다.

할머니도 처음

아직도 생생한 손자와 첫 만남을 잊을 수 없다. 태아가 이미 다 자라서 예정일보다 일찍 분만하는 것이 좋겠다는 연락이 왔다. 나는 서둘러 출강하던 수업을 종강하고, 2014년 7월 무더운 여름에 너무도 빛나는 손자와 만났다. 그 설렘은 이 글을 쓰는 순간 다시 살아나는 듯하다. 여름방학 내내 아이와 함께 보내고 2학기 강의가 시작되었지만, 주말마다 손자를 보기 위해 목포에서 분당으로 오가는 삶이 시작되었다.

손자가 생기기 전 딸에게 말했다. "나는 절대로 네 아이를 키워줄 수 없어. 가끔 만나서 선물은 사주겠지만, 너희 집에 가면

주방에도 안 들어갈 거야. 네가 차려주는 밥은 먹겠지만, 내가 차려주거나 설거지는 안 할 거야." 그랬던 내가 손자가 태어나자 먼저 보고 싶은 마음에 주말마다 차에 선물과 먹거리를 가득 싣고 오르내리고 있었다. 어디 그뿐이랴. 딸네 주방에서 밥을 차려주고 설거지도 하고 있었다. 좀 더 오래 머물기 위해 강의 시간까지 변경했다. 목요일 오후에 수업이 끝나면 곧장 올라가서 손자를 보고, 화요일 새벽에 내려와 수업을 했다. 그렇게 2년을 오고 갔다. 첫째 딸이 합가하자고 했을 땐 강의도 그만두고 과감하게 합가를 선택했다. 내 눈에는 오직 손자밖에 보이지 않았기 때문이다.

딸들을 키울 때도 나에게만 있는 아이인 듯 사랑하며 정성을 다해 키웠는데, 손자 사랑은 세상에 이런 아이는 오직 나에게만 있는 것처럼 생각되었다. 나의 일상은 손자로 시작해서 손자로 끝났다. 온몸을 마사지해주고, 먹을 것 챙기고, 씻기고, 함께 문화센터를 오고 갔다.

나는 할머니와 엄마를 합친 '할마'가 되어가고 있었다. 점점 나의 영역이 넓혀지기 시작했다. 네 살 손자는 말을 참 잘했다. 내 눈에는 손자만 보였기에 아이에게 집중할 수 있었고, 아이의 말을 잘 듣고 공감해줄 수 있었다. 내가 알고 있는 옛날이야기, 자장가 가사를 개사해서 불러주기, 기도를 노래하듯 해주기, 해, 구름, 달, 별, 꽃과 나무를 보며 느낌 이야기하기, 음악을 들을 때도 악기 소리 맞추고 느낌 말하기 등 깨어 있는 동안은 정말 쉬지 않고 대화했다.

일상 속에 하브루타가 있었다

어느 날 오랜 인연으로 알고 지내던 선생님과 만남의 시간을 가졌다. 요즘 어떻게 지내느냐고 근황을 물었더니 그녀는 '하브루타'를 이야기했다. 나는 "하브루타가 뭔데?"라고 물었다. 하브루타는 유대인의 교육 방법으로 짝과 함께 질문하고, 대화하고, 토론하고, 논쟁하는 것이라고 말해주었다. 나와 손자의 일상에 대해 듣던 그녀는 "이미 하브루타하고 계시네요"라는 것이다. 그날 이래 하브루타에 대해 알고 싶어졌다. 그런데 나의 바람과는 상관없이 하브루타와는 점점 거리가 멀어졌다. 손자가 다섯 살이던 여름에 다시 목포로 이사를 왔기 때문이다. 이곳에서 '공동육아 어린이집'을 다녔던 손자에게 맞는 어린이집을 찾기란 쉽지 않았다. 다행히 딸들이 다녔던 유치원이 타지에서 온 경우 전원이 가능해 들어갈 수 있었다. 자유롭게 생활하던 아이가 유치원복을 입고 공수하고 인사하는 커리큘럼을 따라야 하는 것이 처음에는 힘들었는지 "여기는 공동육아 어린이집 없어요?"라고 묻기도 했지만 이내 잘 적응해나갔다.

어느 날 손자가 말했다. "할머니! 내가 할머니의 힘이에요?", "그럼 그렇고 말고 주호는 할머니의 힘이지.", "할머니도 저의 힘이에요." 이 말을 들었을 때 얼마나 감동이었는지 지금도 가슴이 뭉클하다.

여섯 살 봄에 손자는 길가에 핀 벚꽃과 개나리를 보며 "할머니! 하얀 벚꽃은 오리지널 팝콘 같고 노란 개나리는 치즈 맛 팝콘 같아요.", "어머나, 우리 주호는 시인이네. 진짜 멋진 표현이구나." 엄지척을 해주며 "주호는 어떻게 그런 멋진 생각을 할 수 있지? 정말 대단한데" 하고 칭찬하고 공감해주면 손자의 표정이 한층 더 밝고 자신감이 있어 보였다.

 초등학교 입학을 앞두고 손자의 학교 선택을 고민하는 딸과 함께 의논했다. 교대 부설이 안 되면 집 가까운 학교에 가는 것으로 하고 지원해보기로 했다. 운이 좋게도 교대 부설초등학교에 가게 되었다. 아이의 등하교뿐만 아니라 스케줄 관리, 식사와 간식 챙기기는 내 몫이 되었지만 잘했다는 생각이다.

 그런데 어느 날 등굣길 차 안에서 손자가 말했다. "할머니! 할머니는 내가 유치원 다닐 때까지는 나를 사랑으로 키운 것 같은데 내가 학교에 다니면서는 할머니의 욕심으로 키우는 것 같아요." 순간 망치로 얻어맞은 듯했다. 내 안에 잠자고 있던 열성 엄마 아니 극성 엄마가 깨어난 것일까? 어떻게 하면 이 아이에게 선한 영향력을 끼칠 수 있는 양육자가 될 수 있을까? 손자의 말을 듣고 대답할 말이 생각나지 않았다. 그리고 '내가 정말 그런 걸까?' 자문해보았다. 할머니도 처음이기에 오늘도 나는 처음 걷는 이 길에서 지혜를 찾고 있다.

가장 먼저 나 자신이 성장하다

 드디어 하브루타와 만났다. 먼 거리 탓에 배움을 미루어왔던 공부를 할 수 있게 된 것이다. 세상을 한순간에 잠식해버린 코로나19 때문에 온라인을 통해 하브루타를 공부할 수 있게 되었다.

하브루타와 사랑에 빠지기까지 시간은 그리 오래 걸리지 않았다. 내가 어렸던 시절 그림책은 아이들이 보는 책이었다. 그런 그림책으로 하브루타를 한다고 했을 때 의문이 생겼다. 도대체 무엇을 어떻게 한다는 것인지 궁금하기도 했다. 한 권, 두 권 그림책을 읽고 보며 생겨나는 질문들이 신기하기도 했다. 또 나와 다른 생각을 말하는 짝이 있어 하브루타는 생각에 생각을 더해주는 생각 더하기라는 느낌이 들었다. 그림책을 혼자 읽어봤다면 못 느끼고 못 봤을 장면들이 책의 표지 탐색부터 시작하여 책 면지, 책 속지까지 자세히 들여다보며 세밀하게 관찰하는 집중력까지 생긴다. "그래! 바로 이거야!"를 외치고 쉼 없이 하브루타와 함께 달려온 4년의 세월, 4년이 40년이 될 때까지 아마 내가 살아 있다면 하브루타를 하고 있을 것이다.

소중한 인연의 끈은 하브루타부모교육연구소로 이어졌다. 하브루타 부모교육사, 독서토론 지도사, 그림책 코칭 지도사까지 처음 시작했던 순간부터 지금까지 하브루타는 내게 현재 진행형이다. 하브루타를 알고 나서부터 책 읽는 일이 설레고 재미있다. 나에게는 밥 먹듯 하브루타 루틴이 있다. 생각해보니 하루도 하브루타와 관련 없는 날이 없다. 이렇게 손자를 키우는 데 도움을 주고자 시작한 하브루타는 먼저 나를 성장시키고 있었다.

하브루타로 찾은 격대교육

과거의 우리 할머니들은 그저 손주가 귀여워 감춰둔 사탕을 몰래 건네주는 사랑으로 아이를 돌보았다면, 현재 시대의 할머니들은 격대교육 양육자로서 손주들에게 좋은 영향을 끼칠 수 있어야 한다. 맞벌이 부부가 많은 이 시대에 단순히 밥이나 간식을 챙겨주는 정도의 조부모가 아닌 아이와 눈높이를 맞추고 대화하고 경청하며 공감과 지지를 해줄 수 있는 할아버지와 할머니가 많아져야 한다. 그럴수록 우리 사회가 점점 더 안정되고 밝아지지 않을까? 배워서 남을 줄 때 얻는 기쁨은 혼자만 누릴 때와 다르다.

각종 연구 결과에 의하면 조부모 양육이 긍정적인 측면에서 좋은 영향을 미치고 있는 것으로 발표되고 있다. 부모는 결과 중심의 칭찬을 주로 하지만 조부모는 조건 없는 칭찬과 격려를 할 수 있기에 격대교육은 아이들의 성장 과정에서도 정서적 발달에 큰 영향을 미친다.

그뿐만 아니라 격대교육의 결과는 즉시 나타나기도 하지만 자녀들이 성장한 후에 더 명확한 결과를 나타내기도 한다. 부모들이 전적으로 자녀를 양육할 수 없는 상황이라면 남보다는 믿고 맡길 수 있는 조부모 양육이야말로 이 시대에 필요할 것이다. 부모로서 자녀를 양육해봤기 때문에 손주 양육은 부모와 자식의 가교역할도 가능하다. 이를테면 아이에게 엄마와 아빠가 경험해보지 못했던 다양한 이야기를 해줄 수 있다.

격대교육의 답은 하브루타라고 자신 있게 말할 수 있다. 이제는 조부모도 배워야 한다. 배워서 남에게도 줘야 한다. '한 아이를 키우려면 온마을이 필요하다'라는 아프리카 속담이 있다. 좋은 것은 나눌수록 확장되기 때문이다. 손주 양육을 앞둔 조부모라면 필수 과정으로 하브루타 공부를 추천한다.

대체 불가능한 조부모와 손자의 교육

벌써 열 살이 된 손자와 나는 주로 등하굣길 차 안에서와 잠자리에 들 때Bedtime story 많은 이야기를 나눈다. 차이콥스키를 만나고 싶어 모스크바에 가보고 싶어 하는 아이, 음악으로 악기 이름 맞추기, 작곡가 맞추기, 느낌 말하기, 좋아하는 작곡가, 곡 말하기 꼭 책이 아니어도 우리 주변에는 하브루타 할 수 있는 것들이 넘쳐난다. 일상 하브루타다. 자연과 생활 속에서 질문을 찾아내고 꼬리 질문을 하는 것이 좋다. 그리고 "네 생각은 어때? 왜 그렇게 생각해? 만약에 너라면 어떻게 할 것 같아?"를 질문함으로써 생각 영역의 폭이 넓어지고 심화 질문까지 나올 수 있다.

질문에는 사실 질문, 상상 질문, 적용 질문, 심화 질문, 종합 질문이 있다. 꼭 이 모든 과정을 다 거치지 않아도 무방하다. 다만 깊이의 차이는 있다. 질문하기 위해 꼭 기억해야 하는 가장 중요한 한 가지는 바로 경청이다. 경청을 통한 질문과 토론의 격대교육은 아이들에게 다양한 세대의 지혜와 경험을 전달함으로써 그들의 성장과 발달에 귀중한 자산이 된다.

조부모가 손자녀와의 교류를 통해 경청하고 대화를 나누며 그들의 이야기에 귀를 기울일 때, 아이들은 자기 생각과 감정을 자유롭게 표현하는 법을 배우게 된다. 이 과정에서 소통의 기술뿐만 아니라, 사회적 관계를 구축하고 유지하는 능력도 키울 수 있다. 따라서 격대교육은 아이들이 성공적인 미래를 준비하는 데 있어 필수적인 요소이며, 이는 모든 세대가 함께 노력해야 할 과제임을 시사한다. 손자녀를 위한 격대교육과 내 자녀의 교육, 더 나아가 공교육에서도 필요한 교육이 하브루타임을 다시 한번 강조한다.

박효정 Park hyojeong

한국하브루타교육연구협회 선임연구원
하브루타 부모교육 강사
남도치유춤패 술래 대표

강의 및 사회활동
하브루타 독서토론 전문 강사
그림책 하브루타 코칭 전문 강사
하브루타 격대교육 전문 강사
하브루타 부모교육연구소 행세소 기자
하브루타 부모교육연구소 하크나 리더 강사
체육학 박사(운동생리학)
무용치료사. 유치원 2급 정교사
쓰고 그린책(소장용) 조금 느려도 괜찮아
전) 남부대학, 초당대학 강사
남악고등학교 세계시민교육 프로젝트(인권교육)출강

삶을 변화시키는
하브루타

오혜승

하브루타를 만난 건 우연이 아니다

> "운명에는 우연 없다.
> 인간은 어떤 운명을 만나기 전에 벌써
> 제 스스로 그것을 만드는 것이다."
> -T.W 윌슨

하브루타가 자녀와 소통하기에 좋은 방법이 된다는 것을 난 알고 있었다. 망설임 없이 전문 강사가 될 수 있는 하브루타 교육을 받아 김해 지역 연구회 회장 직함을 달았다. 당시 큰아이는 학교생활에 큰 어려움을 겪고 있었는데, 그 사실을 내게 말하는 것이 두려워 오롯이 혼자 감내하고 있었다. 나는 새로 얻은 직장에서 신임을 얻기 위해 바쁘다는 말을 입에 달고 있었던지라 매사에 느리고 엉뚱한 큰아이를 품어줄 마음의 여유조차 없었다.

어느 날 아이의 담임 선생님이 아이가 좀 이상하니 소아정신과를 찾아가 전문 상담을 받기를 권했다. 급하게 소아정신과를 찾았는데 전문의는 아이에게 사회부적응 소견이 보인다고 했고, 주변 사람들은 놀이 치료를 한번 해보라고 일러주었다. 그렇게 몇 개월간 부담스러운 비용을 내며 놀이 치료를 받았지만, 아이의 행동에는 크게 변화가 없었다.

그러다가 학교 안의 WEE센터가 신설되었다는 소식을 듣고 반신반의하며 상담을 받아보았는데, 상담사는 아이에게 이상 소견이 없다면서 내게 A4용지를 건네며 아이에 대해 적어보라고 했다. 그제야 깨달았다. 내가 느끼는 내 아이는 귀하고 멋진 보석 같은 존재가 아니라 세상에서 고칠 것밖에 없는 불안전한 존재라는 것을 말이다. 마음이 여린 아이는 있는 그대로의 모습을 인정해주고 자신의 이야기에 귀 기울여주는 다정한 엄마가 필요하다는 것도 알게 되었다. 그렇게 나는 아이와의 관계 개선을 목표로 나부터 먼저 다정한 엄마가 되어 주기 위해 하브루타를 찾았다.

나같이 목적 지향적인 성향인 사람은 누군가 계속해서 지켜보지 않거나 결과가 나오지 않으면 중도에 포기한다는 것을 잘 알았기에 의도적으로 하브루타 교육협회 김해연구회장과 하브루타 부모교육연구소의 김해지부를 신청했고, 그렇게 하브루타 강사로서의 생활을 시작했다.

꿈꿔왔던 자랑스러운 엄마가 되다

하브루타는 내게 우연이 아니라 간절함이 담긴 필연이었다. 하브루타를 통해 이 세상 그 누구와 비교해도 자랑스러운 큰아이를 갖게 되었고, 도전을 두려워하지 않은 사람이 되었고, 무엇이든 해낼 수 있다는 자기 신념이 아주 강한 사람 그리고 내 주변에서 영향력 있는 사람이 될 수 있었다.

하지만 사실 내 삶은 그리 평범하지 않았다. 하브루타로 아이 문제가 해결되자 또 다른 문제가 생겼다. 남편도 나도 소소한 일상에서 잠깐의 휴식조차 가져본 적 없이 마치 중독자처럼 일에 몰두했고 아이들을 다른 부모들처럼 제대로 챙겨주지 못했다. 그럼에도 집안 경제 사정은 밑바닥을 뚫더니 아예 지하실로 내려앉았다. 남편의 기술만으로 투자받은 제품은 상품화되지 못하고 사장되어 억대의 빚을 지게 되었고, 집은 임의경매로 타인 소유로 넘어간 데다 나는 직장을 잃었다.

하브루타는 하면 할수록 자신에 대한 강한 믿음과 생각을 변화시킨다는 것을 알았다. 그래서 살길이 막막해졌을 때도 자랑스러운 엄마가 되고 싶다는 꿈을 포기하지 않았다. 약속된 근무 기간을 마무리하기 한 달 전부터 늘 입버릇처럼 얘기해 왔던, 언젠가 나도 작가가 되겠다는 말에 책임을 지고자 도서 『영어 하브루타 공부법』(다온북스, 2021.1.22)을 출간했고, 내 사정을 딱하게 여긴 한 원장의 도움과 지인의 약간의 투자금으로 HIT Havruta In Training 영어학원을 조그마하게 개원했다. 비록 내게 주어진 상황이 열악해도 하브루타를 적용하여 사업적으로 확장하겠다고 도전한 것이다.

첫 사업 도전이던 하브루타로 영어 훈련을 하는 HIT어학원은 원어민 없이 개원 반년 만에 내 이름으로 대표자가 된 학원이 되었고, 일 년이 되자 학생 수가 80명으로 늘었으며, 불과 3년 만에 자가와 자차를 소유할 수 있었다. 나는 가정 경제를 살려낸 자랑스러운 엄마가 되었다. 그렇게 하브루타는 나를 다시 일으켜준 원동력이 되어 주었다.

하브루타는 지식 전달이 아니라 실천이다

하브루타는 잘 배웠으니 잘 아는 것이 아니다. 머리로 원리를 다 알고 있다고 해서 자전거를 하루아침에 탈 수 있는 것은 아니듯 내가 직접 해보지 않고는 알 수 없다. 하브루타는 일방적인 가르침이나 연설이 아니라 먼저 상대방의 말을 경청해야 하고 관찰을 통해 사고의 호기심을 일으켜 대화해야 하는 것이기 때문이다.

나 역시 하브루타를 배우긴 했는데 이것을 어떻게 적용해야 하는지 막막했던 적이 있었다. 어떻게 질문을 하면 좋은지 몰랐고, 깊이 있게 생각하는 방법도 몰랐고, 어떤 말을 해야 아이가 내 의견에 자신의 의견을 피력하며 계속해서 대화를 나눌 수 있는지도 몰랐다. 그냥 실천이라도 해야 아이도 나도 변화할 수 있다고 믿었기에 배운 대로 아무 질문이나 쉴새 없이 물어볼 때도 있었다.

그러다가 문득, 아무리 좋은 것이라도 아이가 동참해줄 마음이 없는데 억지로 강요해서는 안 된다는 것, 기왕이면 아이가 호감 있는 것으로 이야기를 시작하는 것, 나와 의견이 다른 아이의 어떠한 생각도 수용해줘야 한다는 것, 아이의 허무맹랑한 질문에도 정성껏 답해줘야 한다는 것, 어떠한 일이 있어도 내 기준으로 아이를 판단해서는 안 된다는 것을 깨달았다.

하브루타는 거창하게 꼭 시간을 정해두고 형식을 지켜가며 해야 하는 것이 아니라 일상에 자연스럽게 스며들도록 내가 할 수 있는 것부터 하면 된다. 하브루타 강사로 활동한 지 10여 년이 흘렀지만 날마다 의무적으로 했던 적은 없다. 그저 일상에서 질문이 익숙해지고, 생각 나눔이 당연한 문화가 되도록 했을 뿐이다. 일례로 어떤 날은 아이에게 오늘 하루가 어땠는지 브리핑해달라고 하면서 집중하여 듣기만 했었고, 아이가 잠들기 전에 그림책을 읽어주며 궁금한 것을 물은 적도 있었고, 아이가 학교에서 배우는 교과서를 같이 읽으며 내게 선생님처럼 가르쳐보라고 했었고, 아이가 낸 문제를 일부러 틀려가며 아이에게 혼나기도 했었고, 영화나 TV 뉴스·드라마를 보거나 기회가 있으면 근처 미술관이나 음악회를 다녀와서 대화 나누기도 했고, 돈이나 영수증을 꺼내두고 관찰하며 질문 만들기를 했던 적도 있었고, 우연히 길가에 핀 장미꽃을 보며 "이 꽃이 왜 향기가 나지 않을까?"로 질문해서 "어떤 향기가 나는 사람이 되고 싶니?"로 깊이 있는 대화를 나누게 된 적도 있었다.

이렇게 아이와 가정에서 하나씩 적용하며 체득된 하브루타는 어느덧 내가 운영하는 어학원과 독서 코칭센터(2023년 8월 중순

^{개원)}에도 자연스럽게 녹아들어 우리 지역에서 학부모 또는 학생과 소통이 잘되는 곳, 열정적으로 아이들을 위해 늘 연구하는 곳, 관리가 철저하여 실력도 좋지만 학생들이 매우 즐거워하는 곳, 주변 엄마의 말을 빌리자면 '갓 학원'이라는 소문을 만들었다.

하브루타? 그거 유행 지난 거 아녀요?

아직도 나는 사람들에게 "저는 자랑스러운 엄마이길 꿈꾸는 하브루타 하는 원장입니다"라고 소개한다. 그러면 종종 두 가지 형태로 재질문을 받는다. 첫 번째는 "하브루타가 뭐예요?", 두 번째는 "그거 한동안 유행하더니 이제 지난 거 아녔어요?" 이다.

아무래도 공교육에선 하브루타 연수를 여러 방면으로 많이 접할 수 있어서 그런지 아는 분이 많은 듯하다. 지극히 개인적인 생각인지 모르겠지만 새로 배우겠다는 수요가 비교적 많지 않아서 '지나갔다'라는 표현을 하는 것 같다.

하지만 나는 여전히 하브루타가 많은 사람에게 제대로 전달되어야 하고 곳곳에서 적용되어야 한다고 생각한다. 20여 년 강사 생활로 배워온 그 어떤 교육법보다 하브루타만큼 효과적인 것이 없었기 때문이다. 특히 누군가를 가르치고 소통해야 하는 직업군이라면 가장 좋은 방법이라고 확신한다.

무엇보다 하브루타를 잘 적용하면 경청과 관찰 그리고 적절하게 질문하는 힘이 탁월해진다. 몇 달 전 전국의 파머스영어 (HIT어학원에서 이름 변경) 경영자 1박 2일 워크숍에 참여한 적이 있다. 보통 학원장이 사업적인 마인드가 거의 없어서 어려움을 겪는 마케팅 분야와 학부모 상담법이 교육 내용이었는데, 상담 파트에서는 즉흥적으로 곤란한 질문을 하거나 요구하는 학부모님과의 상담 상황극을 진행했다. 아마도 그 즉흥 질문은 "여기 선생님들은 모두 영어 전공자가 맞나요?"였던 듯하다.

아무래도 즉흥적이다 보니 당황하며 영어 전공자라고 거짓말을 한다거나 영어 전공자가 아니어도 되는 이유를 계속 피력하고 있었는데, 내게도 해보라고 하기에 평소에 하듯 질문했다.

"왜 선생님이 영어 전공자가 되어야 한다고 생각하시나요?"

"영어를 잘 아니까 잘 가르치지 않을까요?"

"네, 영어를 잘 아니까 잘 가르치리라 생각하셨군요. 그렇다면 어머님께서는 아이가 영어를 잘 알기를 원하시나요? 할 수 있게 되길 원하나요?"

"그거야 당연히 할 수 있기를 원하죠."

"그렇다면 잘 오셨는데요. 저는 영어를 전공하지는 않았지만, 누구의 도움 없이도 영어를 할 줄 알게 되었거든요. 게다가 아이들을 지도한 오랜 경력으로 잘할 수 있도록 할 자신도 있는데요. 한번 들어보시겠어요?" 이 대화만으로 나는 상담을 상당히 잘한다는 평가를 받았다.

하브루타를 하면서 누군가의 질문에 바로 반박하거나 답하려 애쓰지 않고 공감하면서 적절하게 질문하며 내게 유리한 상황으로 이끌 수 있다는 것을 이미 알고 있었던 것이다.

아이들은 오늘도 성장했습니다

학원에 다니는 아이들에게 특별히 하브루타를 가르친 적은 없지만, 아이들은 내게서 하브루타를 자연스레 익히며 성장하고 있다.

첫째, 하브루타로 크는 아이들은 도전한다. 아이들에게 국제 통번역사나 영어 그림책 출판, 영어 말하기 대회 참가, 영어 영상 혹은 신문 만들기 등 다양하게 도전하자고 권한다. 비록 성과를 내기 위해선 힘든 과정을 참아내야 하고, 실패의 두려움도 있지만, 영어를 배워야 하는 동기부여도 찾고 도전해야 성장한다는 것을 깨달을 수 있기 때문이다. 물론 성향상으로 완벽주의 성향으로 실패가 용납이 안 되거나 낯선 곳을 거부하여 도전을 잘 하려 하지 않는 아이도 개중에 있지만, 그런 아이일수록 본인이 예상했던 것보다 훨씬 별거 아니라는 것을 인식시키기 위해 끝까지 설득하는 편이다.

그리고 도전하기로 결정하는 순간, 완전 표가 확실히 나도록 엄청난 자신감을 심어준다. 결국 아이들 입에서 "그래, 나니까 아무나 하지 못하는 걸 도전하고 있지." 이런 말이 아무렇지도 않게 나오도록 말이다. 감사하게도 지금까지 도전한 모든 아이가 성공한 덕분인지 "별거 아니더라"라는 얘기는 더 자주 듣게 되었다.

둘째, 하브루타로 크는 아이들은 긍정적으로 표현한다. 남을 비난하고 단점을 찾아내고 부정적으로 평가하기는 참 쉽다. 그러나 상대방을 존중하고 배려하고 긍정적으로 칭찬하기는 상당한 노력을 기울여야 한다. 그래서 보통 신입 아이가 오면 수업을 하기 전에 먼저 학원에서는 예의를 갖추고 긍정적인 표현을 쓸 것을 알려준다. 이때는 짧은 영상을 시청하여 하브루타를 하는데, 아이들이 자신도 모르게 습관적으로 나오는 욕이나 은어가 있으면 즉시 멋진 말로 스스로 품격을 높여달라고 하거나 모든 말에는 영향력이 있어서 그대로 이루어지니 말을 잘하도록 신경 써야 한다고 얘기한다.

더 나아가 긍정적인 표현을 의도적으로 실행하고 지속적인 필요성을 느끼도록 교실 문마다 긍정적인 문장을 붙여두고 낭독하게 하거나 예쁜 말을 쓰거나 친구를 도와준 아이에게는 보석 코인도 만들어 증정하고 코인을 모아오면 상품으로 바꿔준다. 이것은 비단 아이뿐만 아니라 나와 강사들에게도 강력하게 적용하는 부분으로 비록 아이의 학습력이 떨어진다 해도 긍정적인 말 외에 어떠한 부정적 평가도 하지 않도록 주의를 기울인다.

이러한 노력 덕분인지 얼마 전 국제 통번역사를 하면서 한명이 "나는 머리가 돌인가 봐. 진짜 못 하겠어"라고 했는데, 옆에 있던 아이가 바로 "아니야, 할 수 있어. 내가 도와줄게. 같이 하자!"라는 기특한 말을 했다. 요즘 나는 예쁜 말이 가득 담긴 손편지를 정말 많이 받는다.

셋째, 하브루타로 크는 아이들은 설득하려 한다. 나는 아이들이 협상하려 할 때 반드시 타당한 이유를 들어서 설득하라고 한다. 간혹 탐이 나는 물건이 있는데 다른 친구가 먼저 가져갈까 봐 걱정되거나 코인을 받지 못했지만 그냥 줄 수 없느냐고 물을 때가 있다. (우리 학원에는 조그만 매점이 있어서 학습 태도가 예쁘고 숙제를 잘하면 코인을 받아 맘에 드는 물건으로 바꿀 수 있다.) 이때 단순하게 본인이 예쁘니까, 여기 학생이니까 이런 이유는 수용하지 않았다.

어느 순간 아이는 내게 납득될 만한 이유를 찾아서 협상에 나오기 시작했다.

"오늘 제가 손이 떨릴 만큼 배가 너무 고픈데요. 어제 코인을 다 써서 사 먹을 수가 없어요. 먼저 먹어야 공부도 집중이 잘 될 것 같아요. 코칭 시간에 코인을 다시 받아서 드리면 안 될까요?"

"오늘은 제가 컨디션이 너무 좋지 못해서 워크북을 다 풀지 못하겠어요. 대신 내일 30분 일찍 와서 다 할게요. 만약 깜빡하거나 하면 벌금을 내는 건 어떨까요?"

"제가 코칭 시간에 책을 던지듯 내려놓은 것은 잘못했어요. 그렇지만 코칭 샘도 일방적으로 여자애들 이야기만 듣고 제가 틀렸다고 하는 것은 잘못된 거잖아요."

하브루타는 나와 내 아이와 내 삶을 변화시켰고, 이제는 내가 만나는 아이들을 변화시켜가고 있다. 오늘도 나는 하브루타로 크는 아이들을 만나며 행복한 미소를 짓는다.

오혜승 Oh hyeseung

한국하브루타교육연구협회 선임연구원
메타인지 교육협회 선임연구원
하브루타부모교육연구소 사무국장
진영 파머스어학원&책통클럽원장

강의 및 사회활동
국제 통번역자원봉사단 교육위원
한양대학교 미래인재교육원 겸임교수
김해교육지원청 지역마을 중심학교 공동체 대표
전)하브루타교육협회 상임이사
하브루타독서토론지도사 1, 2급 자격과정 전임 강사
그림책 하브루타 코칭지도사 2급 자격과정 전임 강사

세계로 뻗어 나가는
선한 영향력

이정숙

열망 하나로 힘을 모으다

2023년 그러니까 작년 이맘때 봉사활동을 하고자 열망하는 사람들이 모였다. 우리는 우리를 일명 '라오스 일꾼'이라 칭했고, 일곱 명의 라오스 일꾼들은 각자 사는 곳도 다르고 각자 다양한 일을 하고 있었다. 틈틈이 시간이 날 때마다 마음 통하는 몇몇 개인이 모여 5박 7일 일정으로 해외 봉사활동을 계획했다.

최소 한 달에 한 번 정도는 정기적으로 만나 해외 봉사의 이유와 목적, 임하는 자세, 봉사자 간 관계, 신뢰, 협력, 봉사자와 피봉사자 상황별 이해와 질병 및 상해에 대한 대비책, 준비 물품 등을 확인했다. 해외 봉사활동을 나가기 전에 우리끼리 마음 다지기를 하면서 단합되고 서로를 존중해주는 시간을 가진 것이다. 고소 공포증, 폐소공포증이 있는 나로서는 비행기를 타는 것 자체가 큰 결심이었고, 해외 봉사활동이 처음이다 보니 모든 것이 막연하고 새로웠다. 그래서 해외로 봉사활동 가는 이유를 나는 이렇게 답했고, 회의록에 기록해놓았다.

> 아직 해외 봉사에 대한 실감이 안 난다. 앞으로 차근차근 회의를 통해 준비하면서 알아가고 싶다. 이것을 계기로 개인적인 삶의 영역을 더 확장하고 싶다. 여기 한국에서도 지역사회 안에서 내 역할과 역량을 발휘하며 살고 있으니 단지 공간을 이동하여 다른 공간에서 같은 역량을 최대치로 발휘하면 된다고 생각한다. 여기 있는 사람들과 함께 무엇을 한다는 것이 나에게는 또 다른 발견일 수 있다. 그동안 알지 못했던 나를 알아가고 이해하는 시간이 될 것 같다. 다녀오면 어떤 식으로 성장해 있을지 기대가 된다.

라오스 학교에 하브루타를 전하다

코로나19 팬데믹 기간이 맞물려 각국의 상황을 매시간 예의주시했다. 오르락내리락 편차가 심해진 항공권은 예매가 어려워 갈 듯 말 듯 연기되는 일들이 부지기수였다. 쉬운 일이 하나도 없었지만 오랜 시간 준비하며 기다린 끝에 해외 봉사활동에 대한 열망이 최고조에 다다랐을 즈음, 드디어 2023년 5월 4일부터 2023년 5월 10일까지로 일정이 확정되었다.

우리의 해외 봉사활동 목표는 간단했다. 함께 떠나는 참가자 모두 심폐소생술 강사 자격이 있었기에 라오스 현지 주민을 대상으로 위급 상황 시 필요한 심폐소생술을 교육해주고 오는 것. 그리고 각자가 가진 역량을 봉사활동에서 최대한 쓰임을 다하는 것이었다.

'라오스 의료, 교육 해외 봉사활동'이라는 큰 주제가 정해지고 그에 따른 목표가 정해지니 인원을 구성하는 데는 문제가 없었다. 이 중 해외 의료 봉사활동 경험이 아주 풍부한 두 명이 주축이 되어 나머지 다섯 명의 일꾼을 이끌었고, 일꾼들은 각자 역량을 발휘하여 업무 분담에 따라 맡은 역할을 다하면서 봉사활동을 준비했다. 의료 활동(학생, 교사, 주민 대상 진료), 교육 활동(CPR & 기도폐쇄 처치법, 하브루타 교사 교육, 보건, 위생 교육), 기타 활동(벽화, 레크레이션)으로 나누어 각자 팀을 이끌었다.

우리가 봉사활동을 떠난 곳은 라오스 쌍떵Sangthong 마을에 있는 한국계 미국 국적을 가진 선교사 부부가 설립하여 운영하는 학교Glory Elementary School(유치원, 초등학교)였다. 교육의 힘으로 종교를 스며들게 하는 소명을 가지고 사명을 다하는 곳이었다.

간호학을 전공한 나는 유아교육을 공부하게 되면서 교육 현장에서 교육으로 스며드는 힘이 얼마나 강한지를 잘 안다. 교육은 백년지대계라고 말하지 않았던가. '학교'라는 단어를 들었을 때 가슴이 뛰기 시작했다. 제일 먼저 그 학교에 있을 선생님들이 떠올랐다. 봉사활동을 하고 온 자리가 더욱 빛이 나려면 일회성이 아닌 지속성을 가지고 실천해야 하는데 우리가 다시 라오스라는 나라를 찾을 기회가 있을까 하는 생각이 들었다. 그렇다면 현지 선생님들을 통해 라오스 아이들에게 교육을 지속할 수 있도록 방법을 알려주는 것이 올바른 방향이라 생각했고 그런 취지를 함께 떠나는 일꾼들에게 전달했다. 모두의 동의를 얻어 나는 바람대로 하브루타 교사 교육을 준비할 수 있었다.

내가 하브루타를 꾸준히 공부하면서 내린 결론은 '교육의 답은 하브루타에 있다'라는 점이다. 하브루타는 '질문하기'로 시작한다. 일상에서 궁금한 것이나 해결하고 싶은 것으로 질문하면 대화의 물꼬를 트기 쉽고 재미도 있다. 따라서 일상의 모든 것을 하브루타식으로 대화하고 풀어나간다면 우리 삶이 더욱 풍성해지는 것을 경험했기에 라오스에서도 통할 것이라는 나름의 확신이 있었다. 결과는 대성공이었다.

하브루타 교육이어야 하는 이유

하브루타의 종류는 정말 무궁무진하다. 우리네 삶의 이야기를 하브루타로 풀어내는데 어찌 한 가지 종류만 있을 수 있겠는가. 하브루타의 진짜 매력은 한 개의 정답이 아닌 다양한 해답을 찾아가고 명답을 발견하는 과정이다. 각자가 접근하기 쉬운 주제부터 찾길 추천한다. 그리고 육하원칙에 따라 질문을 던져보자. 예를 들어 학교라면 어디에나 있는 그림책을 보면서 "무엇이 보이니?", "너라면 어떻게 할 것 같아?", "왜 이렇게 했을까?" 등등 질문을 던져 내 생각을 이야기하고 상대방 이야기를 들으면서 생각의 깊이를 확장해보자. 그렇게 서로를 이해하고 공감하는 과정을 통해 단단한 내면을 키워 긍정적인 관계 형성이 만들어지길 기대하는 것이다.

라오스에서 나는 그림책 하브루타를 선택했다. 우리는 모두 누군가의 사랑이기에 부디 아프지 말고 지치지 않길 바라는 마음이 라오스 학교 선생님들에게 전달되길 바랐다. 일상에서 지친 마음을 달래고 다시 일상으로 회복되어 가정과 지역사회 전체가 따뜻해지기를 바라는 마음이었다.

아이들은 넘어진 만큼이나 격려와 위로가 필요하다고 하는데 우리 어른들도 마찬가지다. 유아교육 현장에 있다 보니 특히나 어린 아이들을 상대하고 있는 선생님들은 더더욱 자기 관리가 필요하다고 생각했다. 심폐소생술만이 사람을 살리는 교육이 아니라 하브루타를 만나 한 사람의 인생 이야기를 풀어내고 그것이 삶의 자극과 원동력이 되어 다시 일어설 힘이 길러진다면 그 또한 생명과 연결된 일이다.

진정한 교육자였던 선교사님께 라오스 교사 교육 계획안을 보여드렸을 때 깜짝 놀라 하는 표정을 지금도 잊을 수가 없다. 하브루타 교육이 어떤 것인지 설명을 듣더니 하브루타 교육을 진작 알았으면 더 빨리 교사 교육 연수를 시켰을지도 모른다고 하면서 라오스에서 하브루타 교육이 꼭 필요한 이유를 이렇게 말씀하셨다.

"개인의 생각을 말하는 것이 힘들고 통제된 사회가 착하기만 하다고. 왜냐면 시키는 대로 하는 게 편하니까…."

정해진 답을 요구하는 질문은 무의미하다

어른들 말을 잘 듣는 것이 미덕인 시대에 자라 내 생각을 말하는 것이 익숙하지 않았다. "정숙아, 오늘 점심 뭐 먹을래?"라고 물으면 "아무거나", 아님 "너희가 먹는 거로"가 나의 대답이었다. 생각을 말하는 것은 시선이 집중되는 일이었기에 그 시선이 불편해 아무 말을 하지 않았던 것이 첫 번째 이유였고, 무엇보다 정해진 답을 요구하는 질문이 많았기에 이해가 되지 않으면 '왜?'라고 되물었다가 더 위축되는 상황을 경험하다 보니 '시키는 대로, 묻어가는 대로'가 더 편했는지도 모르겠다.

"정숙아~ 너의 생각은 그랬었구나! 좋아~!"라고 말해주는 누군가가 있었다면 나는 어떻게 성장했을까? 사고확장이 이루어진 삶은 또 달라졌을지도 모르겠다는 생각을 하브루타를 하면서 다시금 하게 되었다.

아이를 키우면서 많은 것을 보고 생각하게 한다. 도무지 이해안 되는 나의 행동들, 도무지 이해 안 되는 아이의 행동들. 그래서 엄마도 처음, 아이도 처음이었던 시절에는 부모 교육이며 대화법이며 좋다는 교육은 돈을 들여서라도 배우러 다녔고 이것저것 수많은 육아 서적을 뒤적였다. 일이며 육아며 또 나 자신에게 잘하고 싶었던 지난 시간이 있었다. 열심히 하는 건 태도이고 잘하는 건 실력이다. 그리고 능숙하게 하는 건 경험과 통찰이라고 하는데 일이며 육아며 모든 일을 열심히 잘하고 싶고 능숙하게 하고 싶었다. 그런데 세상만사 뜻대로 되지 않았다. 그리고 그 삶 속에서 나를 세상 밖으로 드러내는 데 참 많은 배움과 용기, 시간과 인내 그리고 자기 훈련의 연속이라는 것을 하브루타 질문으로 통찰의 시간을 가지면서 알게 되었다.

지금도 끊임없이 나 자신에게 물어본다. 서투른 엄마 때문에 로봇처럼 말 잘 듣는 아이로 키우고 있는 것은 아닌지 라오스에서 만난 선교사님을 만난 계기로 돌아보게 되었고 집에 두고 온 아이들 생각에 목이 메기도 했다.

마음을 꺼내본 적 없는 사람들

하브루타 세부 교육 활동으로 그림책 『컬러 몬스터, 감정의 색깔』, 『고슴도치의 알』, 『하늘을 날고 싶은 아기 새에게』 세 권을 선정하여 라오어로 번역한 내용을 책에 붙이는 작업을 제일 먼저 했다. 컬러 복사하고 코팅한 다양한 그림이 그려져 있는 액자 이름표, 지끈, 가베, 집게, 파라슈트 등 필요한 준비물을 하나하나 모두 준비했다.

현지 교육은 즐겁게 진행되었다. 그다음 부제로 '내가 만일 하늘을 난다면?', '내 소원은?', '지금 내 감정의 색깔은?' 질문으로 속마음을 표현해보는 시간을 가졌다. 모두 부제 질문에 각자가 대답하는데 처음에는 모두 긴장하고 쑥스러워서 말을 하지 않고 다음 사람으로 넘기는 모습이었다. 하지만 시간이 지날수록 쑥스러워하면서도 자기 생각을 이야기하는 모습에 가슴이 벅차올랐다.

어느 한 선생님은 지금까지 살면서 감정을 표현해본 적이 한

번도 없었는데 이 시간 덕분에 내 감정이 어떻고 어떤 색깔로 표현될 수 있는지 알 수 있었다고 말했다. 특히 가슴속 이야기를 풀어놓자 '속이 시원해졌다'라고 말해주었을 때 모든 선생님이 응원의 박수를 보냈다. 아이 엄마로서 아이와 있었던 일을 조심스럽게 표현하며 눈물을 흘린 선생님도 생각이 난다. 오늘 교육받은 내용으로 집에서 아이들과 하브루타 했을 때 아이가 대답할 감정 색깔이 무엇인지 궁금해진다고 말하며 울다가 웃음 짓는 영락없는 엄마의 모습까지 보여주었다.

변화를 끌어내는 힘, 하브루타

정말 많은 것을 생각하게 한 시간이었다. 누군가에게 자신을 소개하거나 마음을 꺼내본 적도, 감정을 표현해본 적도 없는 선생님들이었기에 준비하는 내내 걱정 반, 기대 반이었다. 누구나 처음은 있기에 처음부터 잘할 거라는 기대보다는 '이런 교육 활동이 있는데 이렇게 활용하면 된다'라는 것을 나누고 싶었다. 무엇보다 내가 얼마나 소중한지. 나에 대해서 얼마나 알고 있는지, 내가 얼마나 열심히 살고 있는지. 자신의 존재 자체를 귀하게 여기는 일에 기여하고 싶었다. 그 안에서 서로가 서로에게 최대한 상호 교류하는 모습을 끌어내고자 했었는데 그것이 통한 것이다.

> 더 많은 곳에서의 안전과 생명이 지켜지고
> 더 넓은 곳에서의 희망의 씨앗이 뿌려지고
> 더 높은 곳에서의 꿈과 사랑이 피어나기를
> 그래서 여러 곳에서 선함이 이어지기를.

이런 바람이 라오스 의료, 교육 해외 봉사활동을 다녀오면서 느낀 것들이다. 하브루타로 질문하는 일상을 통해 현장에서 삶의 맥락을 바라볼 수 있는 통찰의 눈이 생겼고 그 안에서 눈을 감고도 아우름의 조화가 느껴져 함께 성장하는 그 자체로 아름다울 수 있음을 알았다.

아직도 선생님들끼리 어색하게 작은 목소리로 주고받던 이야기들이 점차 시끌벅적한 음성으로 바뀌어 가는 모습이 기억이 난다. 그 음성이 지금도 들리는 듯하다.

유난히 웃음이 많았던 선생님들, 특유의 편안함 속에서 말은 통하지 않아도 눈빛과 표정만으로도 알 수 있었던 서로의 진심들이 고스란히 느껴지면서 짧은 교육 일정이 마무리되었다. '같이'의 '가치'의 나눔, 쓰임이 널리 퍼질 때 변화를 꿈꾸는 이들은 분명히 있었고 결국 변한다. 그리고 옳았다.

이젠 하브루타로 함께 성장하기 위한 날갯짓이 라오스를 향해 뻗어 나갔다. 그리고 그곳에 뿌려놓은 씨앗들이 지금 이 순간에도 자라고 있다. 삶이 존재하는 곳곳에 하브루타의 힘찬 도약이 민들레 홀씨처럼 멀리멀리 뿌려지기를 기대한다.

이정숙 Lee jungsuk

한국하브루타교육연구협회 선임연구원
하브루타 부모교육연구소 하크나 리더강사
춘천 한울 어린이집 원장

강의 및 사회활동
대한 적십자사 강원지사 응급처치 전문 강사
하브루타 독서토론 강사
하브루타 부모교육 강사
개인정보 보호교육 강사
아동학대 예방교육 강사
4대폭력예방 통합교육 강사
장애인식 교육전문 강사

일보다
공부가 좋은 엄마

조세희

오로지 아이를 위한 결정

"우리 학교를 지원하게 된 동기는 무엇인가요?"

"유대인들이 읽는 『탈무드』에서 랍비는 공부를 위해 학교에 가겠다는 제자에게 말했습니다. 공부하기 위해서는 도서관에 가면 되고, 학교는 좋은 스승으로부터 많은 것을 배우기 위해 가는 곳이라고 말입니다. 저는 좋은 교수님들이 계신 이곳에서 더 많은 것들을 배우고 싶어 지원하게 되었습니다."

그렇게 나는 40대 후반에 박사과정을 밟는 학생이 되었다. 대학원을 졸업하고 20년 만에 다시 학교에 가겠다는 용기를 낸 것은 생각 근육을 키워준 하브루타 덕분이다.

처음 하브루타를 접하게 된 계기는 온전히 아이들 때문이었다. 첫째를 낳고 3개월 출산휴가가 끝날 때 강원도에 사는 친정 부모님께 아이를 맡겼다. 주중에는 남편과 경기도에서 직장을 다니고 금요일 퇴근하자마자 아이를 보기 위해 부랴부랴 강원도로 내려갔다. 아이와 행복한 주말을 보내고 다시 헤어져 있는 주중에는 말도 알아듣지 못하는 아이에게 전화로 보고 싶은 마음과 함께 지내지 못하는 미안한 마음을 전하며 눈물을 흘렸다. 아이가 아프기라도 하면 세상이 무너지는 듯한 힘든 시간을 보내야 했다. 결국 나는 남편과 상의 후 육아휴직을 사용하기로 하고 친정으로 내려갔다.

강원도에서 아이들을 키우기로 한 이유는 자연 속에서 몸도 마음도 건강하게 자라기를 바라는 마음이었다. 그러나 자연과 더불어 아이들은 휴대전화와도 함께 자라고 있었다. 주말이면 운동장에 모여 앉아 게임을 하고, 도서관에서 책은 읽지 않고 인터넷 공유기를 찾아 모여드는 아이들을 보면서 건강한 아이로 키우기 위한 나의 선택에 대해 고심하게 되었다.

자연 속에서 뛰어놀며 건강하게 자라기를 바라는 마음에 선택한 시골 생활인데 생각과 달리 아이들은 그렇게 자라지 못하고 있었다. 고민이 깊어가던 중 인터넷에서 '유대인 학습법 하브루타' 소개 글을 읽게 되었고, 검색을 통해 하브루타가 무엇인지 찾아보았다. 유대인은 똑똑한 민족으로 노벨상을 가장 많이 받은 나라로 알고 있는데, 그런 유대인 학습법을 배워서 우리 아이를 키운다면 시골에서 자라도 도시 아이들에게 뒤지지 않겠다는 생각이 들었다.

식탁에서 웃음꽃을 피우다

강원도에서 서울까지 버스를 타고 찾아간 하브루타 부모교육연구소에서 처음 접한 하브루타는 어렵고 복잡한 방법이 아니었다. 똑같은 지문을 읽고도 나와 다른 질문을 던지는 짝 토론은 쉽고 재미있었다. 대화 내내 내 생각과 짝의 생각이 더해져 뇌와 가슴을 두드렸다.

처음에는 질문 만들기가 어렵고 힘들었다. 내가 살아온 한정된 경험에서 질문이 만들어지고 편안하고 선호하는 형태의 질문이 만들어졌다. 가진 것 이상의 것을 생각하거나 표현하는 것은 쉽지 않았다. 하지만 다른 생각과 다른 경험을 가진 짝은 나의 스승이 된다는 걸 깨달았다.

'어떻게 저런 질문을 할 수 있지? 아니 어떻게 저런 대답을 생각할 수 있었을까?'

미처 생각하지 못했던 질문과 대답이 나올 때마다 머릿속에 있던 무언가가 꿈틀대는 것을 느꼈다. 어느새 짝은 나의 스승이 되고 있었고, 나 역시 짝에게 스승이 되었다.

아이를 위해 찾아갔던 하브루타 교육에서 나는 조금씩 변화하고 있었다. 진정한 의미에서 '다름'을 인정하게 되었고, 다름을 통해 배움을 확장하게 되었다. 이런 놀라운 경험은 가정에서도 이루어졌다. 『탈무드』에 나오는 '원숭이가 된 여자' 지문으로 질문을 만들고 짝 토론을 하라는 과제를 받았다. 아이들이 다섯 살, 세 살인지라 과제를 할 수 있는 사람은 남편밖에 없었다. 마침 장염으로 누워 있던 남편은 과제를 해야 한다는 아내에게 순순히 마음을 내줬다.

　이야기 내용은 메마른 사막에 좋은 운을 타고나지 못한 채 힘들게 사는 한 부부와 아들에게 노인이 이야기를 들려주며 시작한다. 노인은 내일 모세가 지나가니 그에게 좀 더 나은 생활을 위해 기도해달라고 간청하라는 조언을 한다. 부부는 모세를 만나 간곡히 부탁하여 인생을 바꿀 기회를 얻게 된다. 아침 일찍 해 뜨기 전에 한 사람씩 샘에 가서 다른 날 목욕을 하면 목욕하는 동안 소원이 이루어질 것이라고 모세가 말했다. 그런데 목욕 순서부터 가족은 다투기 시작했다. 결국 아내가 제일 먼저 아름다운 여인이 되게 해달라는 소원을 빌었고, 그 소원대로 아내는 아름다운 여인이 되었다. 눈부시게 아름다워진 아내는 남편과 아들을 외면한 채 자신의 아름다움에 반한 고관을 따라간다. 가족을 버리고 다른 남자를 따라 떠난 아내에 대한 분노 때문에 남편은 단 하나만 빌 수 있는 소원을 아내가 긴 꼬리를 가진 원숭이로 변하게 해달라고 빌었다. 남편의 소원대로 아내는 긴 꼬리를 가진 원숭이로 변해 고관에게 내쫓기게 되었고, 아내는 가족이 있는 사막으로 돌아왔다. 마지막으로 아들은 어머니가 원래의 모습으로 돌아오기를 빌었고, 그녀는 원래의 모습으로 돌아갔다. 결국 세 사람은 처음 모습 그대로 되돌아갔다는 이야기다.

　"여보, 이 지문에서 질문을 만들어야 해요."

　"여자들은 옛날이나 지금이나 예뻐지고 싶어 하는 것일까?"

　"여자들은 왜 돈 많은 남자를 좋아하는 걸까?"

　남편과 함께하는 하브루타 질문은 너무 재미있었고, 웃으며 대화하는 엄마 아빠의 모습에 아이들은 "엄마, 지금 뭐 하는 거야?" "엄마 지금 아빠랑 숙제하는 거야." "오빠, 숙제가 재미있는 건가 봐. 엄마랑 아빠랑 계속 웃어"라는 두 아이의 대화에 함께 깔깔 웃었던 기억이 있다. 그렇게 우리 가정에서의 첫 하브루타는 행복한 웃음이 가득한 시간이었다.

'그냥'이라는 말은 무의미하다

서로의 다름을 인정하고 하브루타 대화법을 통해 좋은 관계를 만들어가는 하브루타의 강점이자 단점은 혼자 할 수 없다는 것이다. 반드시 좋은 짝이 있어야만 가능하다. 그것은 내 아이만 잘 키운다고 아이가 잘 자라는 것이 아니라 아이와 함께 자라는 친구들도 좋은 짝이 되어야 한다는 것을 의미했다. 그래서 마을 아이들을 대상으로 도서관, 교육청, 학교에 하브루타를 확장하는 마을 활동가를 시작했다.

자신이 스스로 질문을 만들어 짝과 토론하고, 모둠 토론(짝과 함께 토론한 내용을 다른 짝과 합쳐서 네 명이 함께하는 토론)으로 확대하는 하브루타 활동은 한 명의 아이들도 빠짐없이 참여 가능한 진정한 참여형 수업이었고, 자신이 만든 질문으로 서로의 생각을 나누는 활동은 아이들의 수업 참여도를 적극적으로 변화시켰다. 그렇지만 처음부터 모든 아이가 하브루타 질문 만들기를 잘하는 것은 아니다.

"왜 그렇게 생각하니?"라는 질문에 "그냥요", "잘 모르겠어요"라는 답을 하는 학생들도 있었다. 그래서 하브루타 수업 초에 반드시 '우리들의 약속'을 만든다. 우리들의 약속은 일종의 수업에서 지켜야 하는 규칙인데 "우리 수업 시간에 어떤 약속이 있으면 좀 더 재미있고 즐겁게 수업에 참여할 수 있을까?"라는 질문으로 모든 아이가 스스로 규칙을 만들게 한다. 이때 반드시 '그냥요, 잘 모르겠어요'라는 말을 하지 않는다는 약속도 맺는다.

무슨 생각을 하든 그 생각을 하고 생각을 말과 글로 표현할 때는 이유가 있다. 하지만 생각하기 싫고 표현하기 귀찮아서 대충 대답하는 경우가 많다. 생각의 근육을 키우는 하브루타에서는 '그냥, 잘 모르는' 경우는 없어야 한다.

지역사회 시니어 교육에서 꽃피운 하브루타

하브루타의 좋은 점이 무엇인지 묻는다면 관계를 회복시키는 힘과 몰랐던 자신을 만난다는 점을 말하고 싶다.

관계를 만드는 원동력은 하브루타의 짝에서 나온다. 좋은 관계를 회복시키는 것은 아이들이든 어른이든 쉽지 않은 일이다. 특히 어르신들의 경우는 더욱 그렇다. 살아온 세월만큼 자신의 가치관과 생각이 형성되었고, 그 가치관과 생각을 지키는 것이 자신을 지키는 것으로 여기는 분이 많기 때문이다. 어르신들과 함께 하브루타를 할 때 앉는 자리를 통해 관계를 알 수 있다. 그리고 발표할 때 집단 성원들의 표정을 보면 구성원들 간의 역동을 알 수 있다.

그림책, 전래동화, 영화, 시 등을 통해 스스로 질문을 만들면서 짝 토론을 하는데 갈등이 있는 집단의 경우 참여자들 사이에 마음을 열고 생각을 나눌 수 있는 관계 형성이 이루어진 4~5회기부터는 의도적으로 갈등 관계에 있는 어르신들을 짝으로 앉도록 한다. 이것이 가능한 이유는 짝이 아니었던 사람과 짝으로 앉도록 공지를 하기 때문이다. 처음엔 불편한 관계지만 서로 질문하고 이야기를 나누다 보면 상대방에 대해 마음을 여는 모습들을 볼 수 있다.

가장 기억에 남는 수업은 어르신들에게 문해를 가르치는 문해교육사들과 함께한 하브루타 교육이었다. 수강생인 문해교육사 선생님들 대부분이 60세 이상이었다. 같은 지역에서 오랫동안 활동하다 보니 서로에 대해 너무 잘 알고 있었고, 생각과 표현하는 방법이 달라 갈등 관계에 놓인 분도 있었다. 그림책, 각종 놀이, 시사 문제, 영화 등 다양한 매체를 통해 문해 선생님들과 하브루타 수업을 진행했는데 수업이 진행될수록 서로 마음을 열고 대화하는 모습들이 보였다. 처음에는 서로 눈도 쳐다보지 않던 분들이 짝 토론과 마음 열기 놀이를 거치자 서로 웃고 손뼉을 치는 모습은 감동적이기까지 했다.

엄마로 나로, 다시 우뚝 서다

하브루타의 또 다른 좋은 점은 질문을 통해 자신을 만날 수 있다는 점이다. 그림책 『나는요』로 엄마들과 함께 수업을 진행하려고 준비하고 있을 때였다. 수업에 사용할 질문을 몇 가지 만들면서 "당신은 어떤 동물을 닮았나요?"라는 질문에서 나를 만났다. 그림책 한 장 안에 토끼가 여러 마리 있었는데, 그중 한 마리가 내 모습 같았기 때문이다. 다른 토끼들은 하나의 색깔을 갖고 각자 가고 싶은 방향으로 가고 있었는데, 한 마리는 몸에 여러 가지 색깔을 입은 채 어느 쪽으로도 가지 못하고 앞만 쳐다보고 가만히 서 있었다. 이 토끼의 모습 속에서 나를 발견했다.

사회복지 석사까지 공부하고 노인 상담과 노인 일자리 분야에서 십여 년간 일한 나는 아이들을 키우면서 항상 학업에 대한 목마름이 있었다. 그런데 무엇을 선택해야 할지 늘 고민하던 나의 모습이 그 토끼 속에서 보였다. 토끼를 보면서 내가 진정으로 하고 싶은 것이 무엇인지 묻기 시작했다. 결국 난 공부가 하고 싶었다. 멘토들과 이야기를 나누어보고 사회복지를 이어서 박사과정을 하는 것이 좋을 것 같다는 결론을 내렸다. 가족들도 흔쾌히 엄마가 공부하는 것을 동의해주었고, 그렇게 학교 원서를 쓰게 되었다.

하브루타가 아니었다면 아직도 끊임없이 무언가를 갈망하지만 그것이 무엇인지 깊이 고민하지 않은 채 살아가고 있었을 것이다. 하브루타는 내 삶의 목표가 무엇인지 찾게 해주었고 그 목표를 향해 어디로 가야 하는지 알려준 등불 같은 존재다. 앞으로 바람이 있다면 하브루타가 많은 사람에게 선한 영향력을 끼친다는 사실을 검증할 수 있는 학자가 되는 것이다. 그 바람이 이루어지도록 열심히 나아가고자 한다.

아이들을 위해 시작한 하브루타가 우리 가정에 뿌리내린 지 8년이 되었다. 다섯 살, 세 살이었던 아이들은 중학생과 초등학교 5학년이 되었고, 하브루타로 자라온 세월만큼 학교에서 열심히 질문하고 친구들에게 선한 영향력을 미치며 몸도 마음도 건강하게 자라고 있다.

남편과 나는 서로의 다름을 인정하며 전우처럼 행복하게 살고 있다. 그리고 내가 만났던 토끼처럼 갈 곳을 정하지 못해 방황하는 사람들이 하브루타로 자신의 길을 찾을 수 있는 길라잡이가 되기 위해 나는 오늘도 책을 편다.

조세희 Cho sehee

한국하브루타교육연구협회 선임연구원
메타인지교육협회 선임연구원
미소교육상담센터 센터장

강의 및 사회활동
하브루타 부모교육 강사
메타인지 하브루타 2급 자격과정 강사
평생독서지도사 자격과정 강사
국가교육과정 모니터링단
경기도 노인상담센터 상담원
경기도 노인일자리지원센터 팀장
평창지속가능협회 운영위원
평창사회보장협의회 대표협의체 위원
사회복지사 15년(노인상담, 노인일자리)
마을활동가 10년
시도 교육지원청 및 도서관 하브루타 강사
평화교육전문가, 죽음교육전문가

하브루타로
홈스쿨링 하기

최정영

하브루타로 열리는 하루의 시작과 끝

"앞으로 먹고살려면 뭘 해야 할까?"

"엄마, 자살하면 기분이 어떨까?"

우리 가정은 남편과 17세 아들, 14세 딸이 함께 4년째 홈스쿨링을 하고 있다. 위의 질문은 아들이 14세가 되던 어느 날 난데없이 내게 던진 질문이다. 이런 심각한 질문부터 일상에 접하는 소소한 소재까지 모든 것을 주제로 하브루타를 한다. 그런 우리 가정에서 하브루타는 마치 그림의 배경 같기도 하다. 모든 대화는 질문으로 시작한다.

아이들은 하루 계획을 짜는 것으로 일과를 시작한다. 일일 계획표를 작성하기 전에 늘 내게 묻는다. "엄마, 오늘 특별한 일

있어요?" 이런 식으로 자기 삶에 다른 이들과의 관계를 넣어 하루를 유연성 있게 계획해간다. 오전에는 아이들과 함께 성경 하브루타를 한다. 성경 안에 포함된 윤리, 사람 이야기, 과학, 역사, 지리 등 내용을 정리하고 각자 궁금한 부분들을 질문하며 토론하는 것이다. 저녁 식탁에서는 그날 새롭게 알게 된 것들, 신기했던 일, 깨달은 내용을 서로 나눈다.

나는 독서 후에 책 내용을 누군가에게 꼭 이야기한다. 특히 가족들이 다 모인 저녁 식사 자리에서 책 내용을 재미있게 이야기해준다. 아이들이 어렸을 때는 남편에게 주저리주저리 이야기하곤 했다. 이야기를 잘 들어주는 남편은 언제나 내 옆자리에서 고개를 끄덕이며 경청해주고 질문도 던져주고 자기 생각을 덧붙여서 이야기도 해준다. 그러면 어린아이들도 그 대화에 끼고 싶어 안달이 나 아무 말 잔치를 벌인다. 그리고 각자 그날 있었던 내용을 식탁에서 이야기 나누고 그것에 대해서 "너는 어떻게 생각해?", "너라면 어떻게 하겠어?" 하고 묻는다. 질문으로 말문이 트이면 그날 저녁 식사 시간은 한 시간에서 두 시간 정도 걸린다. 어떨 땐 겨우 이야기를 멈추고 "그만하자" 하고 아쉬워하며 식탁에서 일어나기도 한다. 드물지만 가끔은 잠자리 준비를 한 후 다시 이야기가 시작되어 자정을 넘길 때도 있다.

하브루타 기반의 홈스쿨링을 하면서 무엇보다 아이들의 주도성을 키우는 데 중점을 두고 양육했다. 우리의 신념, 가치, 감정을 질문하면서 아이 스스로 답을 찾아가도록 하는 것이다. 이를 위해 아이들에게 반복해서 묻는 세 가지 질문이 있다. 첫 번째, "네 생각은 무엇이니?" 이 질문을 통해 아이의 신념을 이해하게 된다. 두 번째, "너에게는 무엇이 중요하니?" 이 질문을 통해 아이의 가치를 이해하고 가치관 형성을 도와줄 수 있다. 세 번째, "무엇을 할 때 가장 즐겁니?" 자신이 진정 원하는 것이 무엇인지 발견하게 하는 질문이다. 이 세 가지 질문을 꾸준히 반복하는 것은 비전을 찾아가는 데 아주 중요하다. 위의 질문들은 내가 토니 로빈스의 책, 『네 안의 잠든 거인을 깨워라』를 읽으며 찾은 것들이다. 내가 홈스쿨링으로 아이들을 양육하면서 어떻게 질문으로 대화했는지 소개한다.

신념 : 너는 어떻게 생각해?

아이들의 신념을 세우기 위해 던졌던 질문은 "넌 어떻게 생각하니?"이다. '너를 어떻게 생각해?', '옳음은 뭐라고 생각해?', '참된 친구는 어떤 사이라고 생각해?', '돈은 뭐라고 생각해?' 아이들이 살면서 접하게 되는 많은 소재를 그냥 넘겨버리는 것이 아니라 생각할 수 있도록 질문을 던진다. 아이가 커가면서 겪게 될 혼란들이 있다. 그 전에 먼저 이야기하며 생각하게 하는 것은 문제를 해결하는 힘을 키워줄 것이다.

하루는 아이들과 버스를 타고 어디로 이동 중이었다. 이공대 신소재학과에 대한 꿈을 꾸는 아들이 고등 수학을 시작하면서 어려움을 겪고 있었다.

"엄마, 수학이 점점 어려워지고 있어요. 어떻게 하면 좋을까요?"

"좋은 질문이다. 수학이 갈수록 힘들어지지? 지금 너한테 필요한 것이 뭐라고 생각하니?"

"인내?"

"너는 수학이 뭐라고 생각해?"

"문제 원리를 공부하고 문제를 잘 풀어내야 하는 거죠"

"엄마는 수학은 하나의 논리 게임이라고 생각해. 한 가지 풀이와 답에만 몰두하니까 더 어려운 것 같아. 게임이라 생각하고 여러 가지 방법으로 접근해보면 좀 더 쉽지 않을까? 본질적 질문을 해볼까? 너는 공부는 뭐라고 생각해?"

둘째는 "재미없는 거"라고 불쑥 끼어든다. 큰아이는 "삶이라고 생각해요"라고 답한다.

"오~ 그래? 왜 그렇게 생각해?"

"우리 주변에 모든 것이 공부의 대상이고 나는 그것들을 다 배워가는 중이에요. 그게 정말 재미있어요"

큰아이가 공부에 대해 그렇게 생각하고 있었다니 참으로 대견했다. 나는 아이들이 질문하면 답을 하기보다 다른 질문을 통해 스스로 답을 찾도록 돕는다. 아이들과 이야기하다 보면 많이 배우고 깨닫게 되는 경우가 참 많다.

친구를 정말 좋아하는 둘째는 친구가 삶에 큰 범위를 차지한다. 친구가 없으면 모든 일에 의미가 사라지지만, 반대로 무엇을 하든지 친구가 있으면 다 행복하고 즐거워한다. 그렇기에 친구로 인한 상처도 받는다. 딸에게 "너에게 친구란 무엇이니?" 하고 자주 묻는다. "엄마, 또 물어? 친구는…" 하고 말하는

데 이야기할 때마다 내용이 달라진다. '친구는 그냥 친구지'했던 아이가 이제는 "누구나 친구가 될 수 있어. 친구 관계는 내가 만들어가는 거야"라고 말한다. 아무 생각 없이 친구를 따라가던 아이, 특히나 한 친구에게만 푹 **빠졌던** 아이가 아픔과 즐거움들을 통해 계속 질문하며 찾은 답이었다. 아직도 가야 할 길이 멀지만, 홀로서기가 될 때 진정한 친구도 만들 수 있다는 것을 배워가는 중이다.

어떻게 아이의 문제 해결력을 키워줄까? 문제 이면에 있는 아이의 생각, 신념을 먼저 알아차려 줌으로써 가능하다. 신념은 어떤 개념에 대한 나의 확실한 생각, 느낌이다. 긍정적인 신념은 좋은 행동을 이끌어주고 훌륭한 결과를 만든다. [그림1]을 보면 경험에서 신념과 가치관이 만들어지고 신념, 가치관에 따라 자연스럽게 결단과 행동을 하고 그에 따른 결과가 나타난다. 신념이 행동의 근원이 된다.

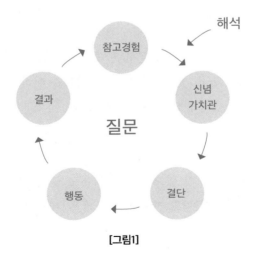

[그림1]

아이에게 문제가 생기면 부모들은 그것을 빨리 해결해주려고 조급해진다. 아이가 학업을 어려워하면 학원을 바꿔본다던가 과외 선생님을 알아본다. 그것도 필요하다. 하지만 먼저 아이가 어려움에 직면해보도록 하는 것이 더 중요하다. 부모는 아이에게 질문하는 것으로 아이 자신이 힘들어하는 문제에 대해 회피하거나 무시하는 것이 아니라 다시 한번 생각하게 만든다. 부모가 답을 가르쳐주는 것이 아니라 아이 스스로 생각하고 답을 찾아 행동하도록 하는 것이다. 그리하여 아이에게 문제 해결력을 키워줄 수 있다.

아이의 생각은 행동에 영향을 준다. 우리는 아이의 행동을 바꾸기보다 아이의 내면을 바로 잡아주면 그에 따라 행동이 달라지고 문제도 해결할 수 있다. 공부에 대한 신념이 바로 세워지면 부모가 '공부해'라고 잔소리하지 않아도 스스로 공부하지 않을까? '공부해라'가 아니라 '너는 공부를 어떻게 생각하니?', '왜 공부해야 할까?', '언제까지 공부해야 할까?' 이와 같은 질문을 계속해서 나누다 보면 스스로 공부에 대해 해석하고 자신에게 필요한 신념을 찾아갈 것이다. 가족이 함께 빈칸에 각자 생각을 넣어보며 나 자신과 공부, 가족, 학교, 직장 등에 대한 각자의 신념을 나누어보자.

나는 _____다.

공부는 _____다.

가족은 _____다.

행복은 _____다.

세상은 _____다.

학교는 _____다.

직장은 _____다.

친구는 _____다.

가치 : 너에게 무엇이 가장 중요해?

두 번째는 가치다. 가치는 중요하게 여기는 것을 의미하는데, 목적 가치와 수단 가치, 두 가지로 나뉜다. 예로 우리는 '행복'이라는 목적 가치를 위해 '돈'이라는 수단 가치를 가지려고 열심히 일한다. 그러나 이것이 뒤바뀔 때 우리의 감정에도 문제가 생기고 불행이 찾아오는 것이다. 부모는 아이의 가치가 바로 세워지도록 지도해야 한다. 아이에게 바른 가치관을 세워줌으로써 아이를 참된 행복으로 인도할 수 있다. 우리가 즐거울 때는 언제일까? 바로 나의 가치가 이루어질 때 보람을 느끼고 행복해진다. 반면에 자신의 가치를 침해받을 때 우리는 고통을 겪는다. 아이가 무엇을 중요하게 생각하느냐에 따라 행동과 감정이 달라진다.

아이가 중요하게 생각하는 것을 부모도 존중해주어야 하는데, 이는 질문을 통해 알 수 있다. "너에게 무엇이 가장 중요해?" 이 질문은 아이가 진짜 중요하게 여기는 가치에 집중하는 힘을 키워주고 또한 아이가 꿈을 꾸고 꿈을 위해 자신의 삶을 디자인할 수 있도록 도와준다. 아이는 자신의 가치가 이해받지 못하고 무시될 때 상처를 받는다. 상처를 안겨주는 사람은 다른 사람이 아닌 바로 부모가 될 수 있다. 그때 아이들은 방문을 닫아버리고 말문도 닫아버리게 된다.

어느 날은 큰아이에게 "아들, 너는 신소재학과를 가려고 하잖아. 너에게 무엇이 중요하기에 그 학과를 가려는 거야?"라고 물었다. 아들이 말하길, "나는 하나님이 주신 자연을 잘 가꾸는 것이 중요하다고 생각해요. 자연이 많이 훼손되었고 나는 이 자연을 지켜서 다음 후손에게 물려주고 싶어요"라고 한다. 그래서 공부하는 시간도 중요하게 생각한다. 엄마인 나는 아이가 집에서 공부하는 데 방해받지 않도록 주의를 기울여주고 신소재 관련 기사가 나오면 아이에게 공유한다. 그리고 그 학과와 관련된 분을 찾아 아이와 만남을 이어준다. 아이의 가치를 지켜주고 키워주려고 노력하는 것이다.

둘째 딸에게도 "너에게 가장 중요한 것은 뭐야?"라고 묻는다. 딸은 "가족, 인간관계"라고 하는데, 감수성이 풍부한 딸에게 중요한 것은 바로 관계다. 딸은 사람뿐 아니라 모든 것과 관계를 맺는다. 자신의 인형, 아이돌 사진, 액세서리, 동물, 자연 등 무엇 하나 소중하지 않은 것이 없다. 아이가 소중하게 생각하는 것을 잘 파악하고 같은 마음을 가지는 것이 아이를 존중하는 길이다. 아이가 중요하게 여기는 것을 존중해줄 때 아이의 자존감도 높아질 것이다.

감정 : 너는 무엇을 할 때 제일 즐겁니?

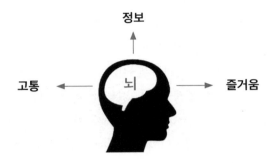

아이의 행동 이면에는 다양한 욕구가 있다. 부모는 아이의 욕구를 이해하고 아이 스스로 자신을 이해할 수 있도록 도와주어야 한다. 인간의 뇌는 어떤 정보가 들어올 때 두 가지 질문을 한다. 그것이 즐거움인지, 또는 고통인지를 묻는 것이다. 즐겁다면 계속하려고 할 것이고 반대로 고통이라면 자동으로 피하려고 한다. 부모는 이러한 아이들의 욕구를 이해하지 못하고 "하라는 것을 왜 하지 않느냐?", "하지 말라는 데 왜 자꾸 하냐?"라고 다그치며 행동을 강요할 때가 있다. 우리 아이들이 왜 게임을 하려고 할까? 당연히 즐겁기 때문이다. 게임에서는 작은 성취감을 맛보게 되고 그 성취감은 아이에게 큰 즐거움을 주기에 아이는 손에서 게임을 놓지 못한다. 우리는 아이에게 게임을 하지 못하게만 할 것이 아니라, 아이의 성장에 방해되는 것은 고통과 연결해주고 도움이 되는 것을 찾아 즐거움과 연결해

주어야 한다. 고통과 즐거움을 잘 활용하여 아이가 성장, 발전하도록 돕는 것이 부모의 숙제다. 그렇다면 어떤 질문을 하면 좋을까? "넌 그게 왜 그렇게 좋니?" "넌 무엇을 할 때 힘들게 느껴지니?" "힘들어도 해야 한다면 그것을 즐겁게 하는 방법은 무엇이 있을까?" 다음은 큰아이가 휴대전화 게임에 관심이 많을 때 함께 나눈 질문이다.

- 왜 게임을 하는 것일까?
- 게임은 너에게 어떤 영향을 줄까? 좋은 점과 나쁜 점은 무엇일까?
- 좋은 게임으로 무엇이 있을까?
- 게임을 재미없게 만들려면 어떻게 해야 할까?
- 네가 정말 좋아하는 것은 무엇일까?
- 엄마는 너를 위해 어떻게 도와주면 좋을까?
- 게임을 극복하는 과정을 어떻게 즐길까?

디지털 시대에 아이에게 휴대전화를 전혀 사용하지 못하도록 할 수는 없다. 아이가 자신을 통제하고 핸드폰을 관리할 수 있도록 부모가 도와주어야 한다. 나는 아이와 함께 휴대전화와 게임을 공부했다. 먼저 책과 유튜브를 찾아보았다. 아이 스스로 휴대전화를 만들어가며 기계를 알아가는 시간도 가졌다. 휴대전화를 어떻게 잘 활용할지 토론한다. 그리고 다른 즐거움을 접하도록 했는데 음악에 재미를 붙여 드럼, 기타, 피아노에 몰입했다. 그러기 위해서 엄마만의 자유로운 시간을 조금 포기하고 아이의 즐거움에 집중하는 시간을 가졌다. 얼마 후 게임을 하지 않기에 아이에게 "요즘 게임 안 하니?"라고 물었을 때 아이의 대답이었다. "게임이 재미없어!"

자기주도력을 길러주는 질문

아들은 책을 읽는 도중에 나를 찾아와 이야기를 곧잘 한다. 아이가 말하는 동안 묵묵히 경청한다. 대부분 나의 관심 밖의 이야기이기 때문에 인내가 필요하다. 나는 가만히 듣고 있다가 아들에게 질문을 던진다. 그냥 떠오르는 대로 질문한다. 그러면 아들은 잘 설명해줄 때도 있고 얼버무리기도 한다. 시간이 지난 어느 날 아들이 말했다.

"책을 읽고 엄마에게 이야기할 때 '나는 알고 있지만, 엄마는 모를 거야'라고 생각하고 신나게 이야기해요. 엄마가 툭툭 질문을 하니까 대답하는 게 어렵더라고요. 그때 그런 생각이 들었어요 '아~ 내가 아직 잘 모르는구나 내가 더 배워야 하는구나'라고요. 그런 생각을 하면서 다시 자리로 돌아가서 책을 읽게 돼요"

그 이야기를 듣고 얼마나 놀랐는지 모른다. 얕은 지식으로 교만해지기 쉬운데 다시 겸손하게 배움의 자세로 돌아가게 하는 것이 바로 질문의 힘이다.

이 그림은 우리가 세운 목적을 어떻게 주도적으로 성취해가는지를 보여준다. 이러한 과정에서 결단과 행동이 단순하고 쉬워 보인다. 하지만 학생들을 만나 이야기해보면 선택과 책임지기를 많이 어려워한다. 대학생이 되어서도 엄마에게 의존하여 강의 계획표를 짜는 학생들을 본다. 부모님과 선생님이 지시하는 대로 해왔기 때문에 아이 스스로 무엇을 해본 경험이 부족하다. 그러므로 자기 삶을 수동적으로 살아간다. 인간은 질문하고 답하여 얻은 답을 행동으로 옮기면서 산다. 질문을 어떻게 하느냐에 따라 답이 달라지고 행동도 달라진다. 그렇다면 우리는 아이의 주도력을 위해 어떤 질문을 하면 좋을까? 목적을 갖도록 하는 질문, 방법을 찾는 질문, 결단을 돕는 질문, 행동으로 안내하는 질문들, 실패했다면 무엇 때문인지, 성공했다면 어떤 요인이 도움이 되었는지 질문을 통해 아이들이 생각하고 답을 찾도록 도와주어야 한다.

"넌 어떤 삶을 살고 싶어?", "그것을 위해 지금 무엇부터 시작할 수 있을까?", "잘되지 않았다면 다른 방법으로 무엇이 좋을까?" 이러한 질문들에 답을 찾으면 행동은 자연스럽게 따라 나온다. 자기 삶에 습관적으로 질문을 하며 호기심과 적극적인 태도로 대할 때 아이는 주도적 사고력을 형성하게 되고 커서도 부모님이 하셨던 습관적 질문이 우리 아이들의 삶을 안내하게 될 것이다.

우리 아이들이 꿈을 찾아 주도적으로 준비해가는 모습을 주변 분들이 보고 놀라며 "아이들에게 어떻게 하셨어요?"라고 종종 묻는다. 나는 아이들에게 질문으로 이야기를 많이 하려고 노력한다. 더 좋은 질문을 아이에게 선물하기 위해 질문 서적들을 읽는다. 책에서 우리에게 맞는 질문을 발견하면 곧바로 아이들에게 질문한다. 끊임없이 질문하고 함께 고민하며 아이들의 사고력을 향상하도록 노력한다. 아이가 자신의 신념과 가치 그리고 감정을 이해하여 자신과 좋은 관계를 맺는다면 아이는 어려운 순간에도 포기하지 않고 자신의 꿈과 신념의 길을 꿋꿋이 걸어갈 것을 믿는다. 부모와 자녀가 함께 성장하고 어제보다 오늘이 더 좋고 오늘보다 더 나은 내일을 만들어가는 곳에 바로 하브루타가 있다.

최정영 Choi jeoungyoung

한국하브루타교육연구협회 선임연구원

강의 및 사회활동
경남정보대학교 평생교육원 겸임교수
유, 초, 중 학부모 부모교육 강사
청년 자기계발 코칭

4장

잘 자라는 아이의
비밀 하브루타
실천편

김윤순
남장현
최정화
박희영
이덕선
전미령
서봉금

하브루타로
독서 수업에 날개를 달아요

김윤순

독서 수업은 읽기 전·중·후 3단계로

책을 '읽기 전' 활동에서 중요한 것은 생각을 여는 일이다. 호기심을 자극하고 생각 뇌를 깨워주기 위해 표지나 제목을 보면서 책과 친해지도록 한다. 독서 수업 1단계로, 겉표지를 보면서 선생님이나 짝과 함께 질문(왜까바대: '왜까'로 바꾸고 대답을 주고받는 질문 놀이) 놀이를 하는 것은 호기심과 궁금증을 불러일으켜 아이들이 흥미롭게 참여하고 상상력을 키우게 한다.

이 놀이가 끝나면 이야기에 나오는 중요한 단어를 주면서 상상한 내용을 써 보게끔 한다. 그런 후 짝을 교체하며 이야기를 서로 들려주고, 그런 다음 동화를 들려준다.

2단계 '읽기 중' 활동으로는 다양한 것을 할 수 있다. 이야기

들려주기, 메타인지 놀이(들은 이야기를 친구에게 들려주는 활동), 질문 만들기, 질문 놀이, 문제를 찾아 해결하기, 어떤 내용에 관해 깊이 탐구하기, 주인공의 감정에 대해 공감하기 등 활동이다.

3단계는 '읽은 후' 활동으로 주인공과 나의 빛나는 미덕 알아보기, 미덕을 넣어 나만의 동화 쓰기, 뒷이야기 꾸미기, 주인공이 한 일을 극본으로 꾸며 역할극 하기, 행복한 우리 반 만들기 등의 다양한 활동을 할 수 있다.

하브루타 교육으로 그림책 수업을 하면서 교직 생활이 매우 행복해졌다. 아이들 인성이 달라지고 생각 근육이 튼튼해졌으며 질문 만드는 수준이 향상되었다. 또한 질문 놀이를 하면서 친구 관계가 좋아지고 서로 원활히 소통하는 것을 보곤 한다. 행복한 교사와 수업하면서 함께 행복해진 아이들의 사례를 공유하고자 한다.

난폭한 아이의 기적 같은 변화

독서 수업은 주 1회 한 시간씩 일 년간 진행했다. 주제별로 나와 우리 가족, 친구, 감사, 몰입, 나눔, 용서, 꿈에 관한 내용을 월별로 나누어 실시했다. 주로 하는 학습 방법은 위의 독서 전, 중, 후 활동이었다. 그중에서 특별히 분노 조절이 잘 안 되는 아이의 행동이 변화된 사례를 나누고자 한다.

한 권의 그림책으로 8차시 수업을 디자인하여 다음 표와 같이 실시하였다.

활동 주제 및 독서 활동 개요

구분	차시	활동요소	학습 목표	주요 활동 내용	준비물
읽기 전	1	어떤 책일까 궁금해요	어떤 내용인지 상상하여 이야기를 만들 수 있다.	- 왜까바놀이로 표지 훑어보기 - 중요한 낱말 제시하고 이야기 내용 상상하기 - 상상 이야기 샐러드 만들기 - 짝 바꿔가며 이야기 들려주기	*표지 그림
읽기 중	2	경청하며 이야기를 들어요	이야기를 듣고 질문을 할 수 있다.	- 이야기 들려주기 - 단계별 하브루타 하기(사실, 심화, 적용)	*그림책
	3	분노, 어떻게 조절할까?	분노를 조절하는 방법을 말할 수 있다.	- 분노조절 장애에 관한 영상 보기 - 분노조절이 안 되는 원인 알아보기 - 분노조절 하는 방법 알아보기	*영상 자료
	4	나의 행복은 어디에?	행복을 탐구해 보고 나만의 행복 비결을 찾을 수 있다.	- 행복 탐구하기 - 행복의 조건 알아보기 - 행복하면 생각나는 사람 - 나만의 행복 비결과 행복하면 좋은 점 - 행복 서약하기	*학습지
	5	감정! 그것이 알고 싶다	다양한 감정을 알아보고 친구의 감정에 공감할 수 있다.	- 책에 나오는 동물들의 감정을 알아보고 공감해주기 - 여러 가지 감정 찾아보기 - 짝과 함께 감정의 종류 찾기	*감정 카드 *학습지

읽은 후	6	나도 동화 작가!	미덕을 넣어 나만의 동화를 쓸 수 있다.	- 꿀오소리가 빛내야 할 미덕 - 나만의 동화 쓰기 - 꿀오소리가 깨운 미덕을 넣어 　새로운 동화 쓰기 - 자신이 쓴 동화를 세 명의 　친구에게 들려주고 듣기 - 친구가 쓴 동화를 전체 친구들에 　게 들려주기	학습지
	7	우리는 영화배우다!	행복해진 꿀오소리 마을에서 일어 난 일을 역할극 으로 꾸며 본다.	- 행복해진 꿀오소리 마을에서 　일어나는 일들 알아보기 - 모둠별 주제 정해서 역할극 　꾸미기 - 즉흥극으로 꾸며 발표하고 느낌 　말하기	*간단한 소품
	8	행복한 우리 반	미덕이 빛나는 행복한 우리 반 모습을 그릴 수 있다.	- 행복한 우리 반에서 일어나는 　일들 그리기 - 짝과 함께 행복해진 우리 반에서 　일어날 일들에 관해 이야기 　나누기 - 짝과 의논하여 주제 정하기 - 그림으로 표현하기 - 그림 내용 서로 설명해 주기	*도화지 색연필

아이가 화를 참지 못한다고 다그치면 될까? 꿀오소리처럼 사소한 일에도 화를 참지 못해 막말하고, 때리고, 물건을 집어 던지는 사람을 '분노 조절 장애'라고 한다. 분노는 부당하거나 고통스러운 사건 혹은 충격을 겪은 후 나타나는 자연스러운 감정이다. 친구가 화를 낸다고 나도 똑같이 화를 내면 어떻게 될까?

내가 가르치는 반 아이 중에는 이렇게 분노 조절이 안 되는 화순이라는 아이가 있었다. 화순이는 반 분위기를 흐려 수업 진행을 방해하고 쉬는 시간이면 복도를 휘젓고 다니며 닥치는 대로 친구들에게 시비를 거는 꿀오소리 같은 아이였다.

수업 시간에도 자기가 관심 있는 내용은 잘 듣다가 조금 어려거나 생각해야 하는 시간에는 옆 친구에게 말을 걸거나 화장실 간다면서 나가 복도를 배회하는 경우가 자주 있었다. 쉬는 시간이면 이유 없이 친구들을 괴롭히고 싸움을 걸어 친구들의 기분을 상하게 하는 등 하루도 평온할 날이 없었다. 따로 불러 상담도 하고 조금만 잘해도 격려와 칭찬을 아끼지 않았지만, 효과는 일시적이었다.

교사로서 고민이 많았다. 그 아이가 있는 수업에 들어갈 때마다 나 자신에게 이런 질문을 했다. '왜 이 아이는 난폭한 행동을 할까?' '어떻게 하면 이 아이의 행동을 고칠 수 있을까?' '이 아이의 행동을 고치는 데 도움이 될 그림책은 무엇일까?' 그러던 중 쁘띠삐에가 쓰고 씨드북에서 발간한 『꿀오소리 이야기』를 접하게 되었다.

책을 읽기 전 표지를 보여주면서 그림읽기와 궁금한 점을 질문하면서 화순이에게 질문할 기회를 주었다. 아이가 조금만 집중하면 "우와 우리 화순이 존중의 미덕이 빛나네. 배려의 미덕을 잘 빛내는구나." 하고 칭찬을 아끼지 않았다. 짝과 다투지 않고 왜까바 질문 놀이를 하면서 수업에 적극적으로 참여했다. 왜까바 질문 놀이는 아이들의 호기심과 책의 내용에 대한 궁금증을 유발하는 데 좋은 방법이다. 화순이도 책 내용에 대한 궁금증이 솟구쳐 올라 "선생님, 이제 왜까바 놀이 그만하고 책 읽어주세요." 하면서 흥미롭게 수업에 참여했다.

이 활동으로 화순이는 달라졌다. 칭찬과 격려로 수업에 의욕

이 생겼고 표지를 깊이 관찰하고 살펴보며 궁금한 점을 질문하면서 수업에 집중하기 시작했다.

그림책을 읽어주면서 아이의 표정을 살피다

이유 없이 자기보다 빠르면 빠르다고 발로 뻥 차고 작으면 작다고 화내고 느리면 느리다고 친구들을 괴롭히는 꿀오소리의 행동을 보면서 묘한 표정을 짓는 화순이를 보며 이 아이가 느끼는 것이 있겠다는 생각이 들었다. 괴롭힘을 당한 친구들이 더 이상 견딜 수 없어서 어떻게 했을지 상상해보는 질문을 짝끼리 주고받도록 했다. 다양한 생각들이 나왔다.

'덩치가 가장 큰 곰이 오소리를 혼내주어야 해요.'

'사나운 치타가 때려주어야 해요.'

'다 같이 힘을 합쳐서 오소리를 쫓아내야 해요.'

'동물 친구들이 이사 가서 혼자 사는 것이 얼마나 재미없나 느끼게 해야 해요.'

이런 의견을 들을 때 화순의 얼굴이 붉으락푸르락 변하는 것을 볼 수 있었다. 자기 행동과 오소리가 비슷하다는 것을 느끼며 본인이 했던 일을 떠올려보는 것 같았다. 동물 친구들이 모두 마을을 떠나고 꿀오소리 가족만 남게 되었다.

표정이 쓸쓸하고 외로워 보이는 꿀오소리의 모습을 보면서 짝 질문을 했다.

"꿀오소리는 싫어하는 친구들이 다 마을을 떠났으니 과연 행복했을까?"

아이들의 생각은 다양했다. 평소 혼자 놀기를 좋아하는 친구들은 행복할 거라고 말한다. 친구와 노는 것을 좋아하는 친구들은 외롭고 쓸쓸해서 재미없을 것 같다고 한다. 화순이도 함께 장난치고 놀 친구가 없어서 행복하지 않을 것 같다는 의견을 말했다. 화순이의 표정에서 스스로 반성하는 기미가 보였다. 이렇게 한 시간을 마무리했다.

둘째 시간에 책의 내용을 짝에게 들려주기(메타인지 놀이)를 하면서 아이들은 메타인지의 중요함을 느끼고 이야기에 더 집중하는 것을 볼 수 있었다.

이야기의 내용을 떠올리며 질문 만들기를 진행했다. 아이들의 질문은 정말 다양했고 질문 만드는 수준이 점점 높아졌다.

- 꿀오소리는 왜 화를 잘 낼까?
- 남을 괴롭히면 기분이 어떨까?
- 괴롭힘을 당한 동물들은 왜 참는 걸까?
- 동물 친구들은 왜 마을을 떠났을까?
- 동물 친구들은 다시 마을로 돌아왔을까?
- 꿀오소리와 같이 이유 없이 친구들을 괴롭히면 기분이 좋을까?
- 꿀오소리 부모님은 가정교육을 어떻게 시켰을까?
- 우리 반에는 꿀오소리 같은 아이가 있을까?
- 우리 반이 행복해지려면 어떻게 해야 할까?

이렇게 만든 질문으로 짝과 질문을 주고받으며 꿀오소리의 입장이 되어보기도 하고 괴롭힘을 당한 동물들의 입장이 되어 보기도 하면서 상대방을 이해하는 시간을 가졌다. 꿀오소리 수업이 마무리되어 갈 때쯤, 화순이도 반 아이들도 많이 달라져 있었다.

꿀오소리 이야기는 자기 기분대로 말하거나 행동하는 사람이 많은 현 세태를 풍자하고 분노를 조절 못 하는 사람이 갈수록 증가하는 요즘 사회 현상을 비유적으로 나타낸 그림책이라는 점을 알려주었다. 우리도 화가 날 수 있지만 잘 조절하는 것이 중요한 것임을 강조하면서 어떻게 지혜롭게 화를 조절하면 좋을지 친구들과 함께 해결 방법을 찾아보도록 했다. 각자가 찾은 의견을 공유한 다음에는 자기만의 분노 조절 방법을 찾아 실천하도록 활동했다.

이 활동으로 화순이와 반 아이들은 화가 난다고 마음대로 행동하면 안 된다는 것을 깨닫고 자기만의 분노 조절 방법을 실천하는 것을 볼 수 있었다.

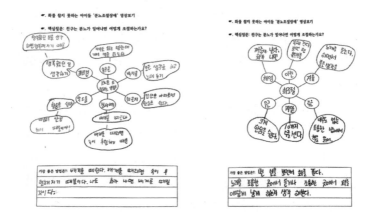

자기만의 분노 조절 방법은 찾아가는 활동

이 수업 이후 화순이는 많이 달라졌다. 책 한 권의 힘이 크다는 것을 느꼈다. 이유 없이 친구를 때리거나 괴롭히는 일이 많이 줄었고 반 친구들과 사이좋게 노는 모습을 자주 보게 되었다.

10여 년간 하브루타 교육 방법을 수업에 적용하면서 교사가 달라지고 학생이 달라져 행복한 교직 생활을 하고 있다. 가정이나 학교 교육, 사회교육에 하브루타가 깊게 스며들어 아이와 어른 모두 행복하기를 기대해본다.

김윤순 Kim yunsun

한국하브루타교육연구협회 선임연구원
메타인지 교육협회 선임연구원
초등학교 수석교사

강의 및 사회활동
하브루타 독서토론 2급 자격과정 강사
메타인지 하브루타 2급 교육사 강사
한국버츄프로젝트 워크숍 강사
시도교육청 및 시도 연수원 하브루타교육 강사
경북국어교과연구회, 경북보건교과연구회, 경북수석교사연수회 등 강의
경산, 고령교육지원청, 울산 강남, 강북교육청, 대구, 울산, 경북교육연수원
외 다수 학교 강의 및 수업컨설팅
유초중등학교 질문이 넘치는 교실 강사

창작 동화로 배우는 하브루타

남장현

창작 동화 하브루타 가이드

1. 하브루타 짝과 함께 소리 내어 재미있게 동화 읽기
2. 동화 내용 안에서 질문(사실·심화·적용·종합) 만들기
3. 내가 궁금한 질문 만들기
4. 하브루타 짝에게 질문하고 대답하면서 생각 나누기
5. 하브루타를 통해 배운 생각을 정리하기

창작 동화로 짝(자녀·친구)과 하브루타를 처음 경험하는 분들을 위해 '창작 동화 하브루타 가이드'를 간단하게 제안한다. 다만 동화를 읽는 것만으로는 하브루타를 피상적으로 이해

할 수도 있겠다는 염려에서 가이드를 만들어보았다. 조금 익숙해지면 이 가이드에 제한받지 말고 자신만의 자연스러운 방법으로 짝을 찾아 하브루타를 해보길 바란다. 많이 실천해보고 많이 경험한 사람이 잘할 수 있다. 2번의 질문(사실·심화·적용·종합) 만들기는 따로 설명할 지면이 부족한 관계로 '메타인지 하브루타 연구소' 네이버 블로그 포스팅(https://blog.naver.com/zionnam001/222378838278)을 참고하기 바란다.

하브루타로 배우는 질문의 힘

지식을 일방적으로 가르치는 것은 인간의 뇌를 자극하지 못한다. 최근 뇌 과학자들은 지식 주입이 효과적인 교육 방법이 아님을 밝혀냈다. 연구자 대부분은 질문이 뇌를 자극하고 활성화한다는 것에 동의한다. 질문은 호기심을 일으켜 답을 찾게 한다. 꼬리에 꼬리를 물고 궁금증을 유발하는 질문식 교육법이 뇌 과학적 공부 방법에 가깝다.

우리나라 하브루타 교육의 선구자 전성수 교수는 하브루타를 '짝을 지어 질문하고 토론하고 논쟁하는 것'이라고 정의했다. 우리는 이 정의를 주의해서 보아야 한다. 하브루타를 위한 첫 번째 중요한 단어는 '짝'이다. 두 번째 중요한 단어는 '질문'이다. 질문은 대상(짝 또는 하베르)이 있어야 한다. 질문은 두 하베르의 상호작용 수단이며 연결하는 도구다. 질문은 하베르의 생각을 끌어내서 대화하고 토론하고 논쟁하게 한다. 저명한 유대인 교사 마빈 토케이어는 "가장 좋은 학생은 가장 좋은 질문을 하는 학생이다"라고 했다. 질문은 배움의 시작이며, 질문 자체가 배움이기 때문이다. 배움을 위한 최고의 도구는 질문이다.

하브루타 교육이 보급되면서 한국 부모와 유대인 부모를 비교하는 말이 생겼다. 한국에서는 자녀가 학교에서 집으로 돌아오면 "오늘 뭘 배웠니?"라고 질문하지만, 유대인 부모들은 "오늘 어떤 질문을 했니?"라고 말한다는 것이다. 한국 부모들은 자녀의 머릿속에 지식을 얼마나 많이 넣었는지 질문한다. 유대인 부모들은 너는 오늘 얼마나 이해했으며, 어떤 부분을 모르며, 어떤 분야를 더 알고 싶은지 메타인지 모니터링 질문을 한다. 물리학자 알베르트 아인슈타인은 "나에게 60분의 시간이 주어진다면, 질문하는 데 55분을 사용하고 해결책을 찾는 데 나머지 5분을 쓸 것이다"라는 말로 질문의 중요성을 강조했다. 그러므로 유대인 교육의 핵심은 질문이다. 하브루타는 질문 공부법이다.

창작 동화 『아기 고래와 해파리』는 두 하베르가 짧은 텍스트로 하브루타를 하면서 질문의 중요성을 배우게 한다. 아기 고래는 지혜로운 두 질문을 통해 자신을 살리고 친구를 살릴 수 있다. 다만 이 책은 정답을 제시하지 않는다. 당신의 하브루타 짝과 함께 답을 찾아보기 바란다. 만약 하브루타로 찾은 답에 대하여 도움을 받고 싶다면 [메타인지 하브루타 연구소] 포스팅(https://blog.naver.com/zionnam001/223342715330)에서 댓글로 문의하길 바란다.

어느 날 아기 고래는 건넛마을에 살고 있는 문어 친구를 만나고 싶었습니다. 아기 고래는 지혜가 많은 거북이와 함께 깊은 물 속을 걸어 친구가 살고 있는 마을을 찾아 길을 떠났습니다. 한참을 걸어가던 중에 길은 두 갈래로 나뉘었습니다. 그곳에는 대왕 해파리가 지키고 있었습니다. 함께 길을 걷고 있던 거북이가 말하였습니다. "친구야! 길을 지키고 있는 저 해파리에 대하여 들어본 적이 있니?" "들어본 적 없어!" "그렇구나! 저 해파리가 지키고 있는 두 갈래의 길 중의 하나는 문어 친구가 사는 마을이고, 다른 하나는 난폭한 상어들이 사는 마을이야! 우리는 오직 두 번의 질문을 통해 문어 친구의 마을로 가는 길을 찾아야 해! 그런데 대왕 해파리는 괴짜라서 한 번은 거짓말로 대답했다면 그다음에는 참말로 대답해! 그리고 첫 질문의 대답으로 거짓말을 먼저 할지, 참말을 먼저 할지 아무도 몰라. 어떤 질문을 하면 좋겠니?"

하브루타로 배우는 감사

최근 공교육에서 감사 교육이 강조되고 있다. 감사는 인성교육에 가장 효과적이다. 현대 심리학자들은 연구를 통해 감사가 스트레스를 완화하고 행복도·선행도·회복탄력성·성취도를 높인다는 사실을 밝혀냈다. 그런데 유대인 부모들은 이미 수천 년 전부터 감사 교육을 실천해왔다.

『탈무드』는 "세상에서 지혜로운 사람은 배우는 사람이고, 세상에서 가장 행복한 사람은 감사하는 사람이다"라고 말한다. 오늘날 현대인들은 행복을 열망한다. '웰빙'이라는 단어가 그것을 증명한다. 심리학자들이 많은 연구를 통해 행복이 감사 생활에서 나온다는 사실을 알게 되었다면, 유대인들은 이미 오래전부터 알고 실천하고 있었다.

유대인이 태어나서 처음 배우는 기도, 죽을 때까지 하는 기도는 감사기도다. 유대인 자녀들이 아침에 눈을 뜨면 하는 말은 "모데 아니(나는 감사드립니다)"다. 유대인의 지혜의 책 『탈무드』에는 "'혓바닥에 감사합니다'라는 말을 버릇 들이기 전엔 아무 말도 하지 말라"라는 가르침이 있다.

남아프리카 공화국 최초의 흑인 대통령이자 흑인 인권운동가인 넬슨 만델라는 종신형을 받고 27년간 열악한 옥중 수감생활을 이겨낸 비결에 대하여 "나는 감옥에서 늘 감사했습니다. 하늘을 보고 감사했고, 땅을 보고 감사했고, 물을 마시며 감사했고, 음식을 먹으며 감사했고, 강제 노동을 할 때도 감사했습니다. 늘 그렇게 감사했기 때문에 건강을 지킬 수가 있었습니다"라고 말했다. 미국 미시시피주에서 사생아로 태어나 외할머니 집에서 성장하였고 사촌 오빠로부터 성폭행을 당하고 14세에 미혼모가 되었던 미국의 방송인 오프라 게일 윈프리는 "내가 확실히 아는 것이 있다면, 만약 당신이 당신 앞에 나타난 모든 것을 감사히 여긴다면 당신의 세계가 완전히 변할 거라는 점이다"라는 말을 남겼다.

인간은 자신의 마음을 얼마나 알까? 사람들은 자주 자기 마음을 잘 모른다고 말한다. "내 마음이 내 마음대로 안 된다. 그것은 본심이 아니었다. 열 길 물길은 알아도 한 길 사람 속은 모른다. 사람의 마음은 하루에도 열두 번 더 바뀐다." 이런 말들을 종합하면 몇 가지 특징이 있다. 첫째, 마음은 자주 변한다. 둘째, 마음은 알 수 없다. 셋째, 마음의 노예로 살면 후회하게 된다. 그렇지만 내가 마음의 주인이 되면 상황은 달라진다. 감사는 내가 내 마음의 주인이 되는 지름길이다.

고래 가족

고래 가족이 맛있는 음식을 먹으려고 모여 앉았습니다. 엄마 고래가 아기 고래에게 물었습니다. "오늘 어떤 감사한 일이 있었니?"

아기 고래가 골똘히 생각하며 대답하였습니다. "학교에서 친구가 연필을 빌려주어서 감사했어요. 또 모르는 것을 질문할 때 친절하게 다시 설명해주시는 선생님께 감사했어요.", "오늘도 감사한 일들이 많아 행복하겠구나!" 아기 고래는 엄마 고래에게 질문하였습니다. "엄마는 오늘 어떤 감사한 일이 있었나요?" 엄마 고래가 미소 지으며 대답하였습니다. "오늘도 우리 가족이 맛있는 음식을 함께 먹을 수 있어서 감사하단다. 사실은 아빠와 네가 나에게 기적이란다." 아기 고래는 아빠 고래에게도 질문하였습니다. "아빠는 어떤 감사한 일이 있었나요?" "오늘 상어 떼가 몰려와서 우리 집을 망가뜨렸지만, 우리 가족이 다치지 않아서 감사했단다. 또 집으로 돌아오는 길에 해파리와 부딪혀 상처가 조금 생겼지만 크게 다치지 않아서 감사했단다." 아기 고래는 두 눈을 깜박이며 아빠 고래에게 말하였습니다. "아빠! 상어와 해파리는 나쁜 짓을 했는데, 왜 감사해야 해요? 나는 상어와 해파리가 미워요!" 아빠 고래는 미소를 지으며 대답하였습니다. "아가야! 미움은 마음을 병들게 하지만, 감사는 온 세상과 우리 가족을 행복하게 한단다."

창작 동화 『고래 가족』은 감사 생활을 배우게 한다. 아기 고래 수준은 일상생활 가운데 다른 사람의 도움을 받았을 때의 감사다. 감사한 일과 사건 '때문에' 감사하는 단계다. 엄마 고래의 감사는 일상 가운데 당연하게 여기는 것들에 대한 감사다. 아기 고래처럼 어떤 특별한 사건과 이유로 감사하는 수준을 넘어 매사에 대한 감사다. 아빠 고래의 감사는 감사할 수 없는 불편한 사람과 일들에 감사하는 것으로 넬슨 만델라와 오프라 게일 윈프리 수준의 감사다. 당신의 감사 수준은 어디에 있는가?

하브루타로 배우는 배움

5천 년 유대인의 지혜와 처세가 기록된 『탈무드』의 뜻은 '연구' 또는 '배움'이다. 『탈무드』는 "만나는 모든 사람에게 무언가를 배울 수 있는 사람이라면 세상에서 가장 현명한 사람이다"라고 말한다. 유대인들은 배움 자체를 즐겁게 생각하고 거룩한 활동 중 하나로 여긴다.

헤츠키 아리엘리는 『유대인의 성공 코드』에서 유대인 사회에서 가장 존경받는 사람은 정치인이 아니라 많은 배움(지혜)을 가진 자라고 말했다. 배움은 간단한 것으로 여겨질 수 있지만, 유대인들에게는 국가와 민족을 만들어가는 원동력이다. 오랜 세월 동안 전 세계에서 흩어져 살아온 유대인들은 민족의 정통성(정신·문화·전통)을 이어가기 위해 배움을 통해 후대로 계승·유지·발전시켜 왔다. 유대인은 전 세계 인구의 0.25퍼센트인 1,500만 명 정도지만 100여 명의 노벨상 수상자를 배출했다. 집 안에서 하브루타 교육을 통해 유대인 부모들이 이루어낸 업적은 실로 놀랍다.

미국 국무장관이었던 유대인 헨리 키신저는 탁월한 외교 능력으로 유명하다. 그는 특히 19세기 유럽 외교사에 해박했다. 키신저는 어려서부터 아버지와 함께 공부하는 분위기에서 성장했다. 독일의 학교 교사였던 아버지는 독서광이었고, 그의 집은 책으로 가득 차 있었다. 어린 시절부터 아버지의 책 읽는 모습을 보고 자라면서 키신저는 평생 공부의 자세를 배웠다.

창작 동화 『문어와 오징어』는 배움과 배우려는 자의 태도가 어떠해야 하는가를 생각해보게 한다.

문어와 오징어

옛날, 오징어 한 마리가 바다 깊은 계곡을 지나가고 있었습니다. 오징어는 바다를 여행하며 훌륭한 스승을 찾고 있었습니다. 마침 그곳을 지나가던 문어를 만나게 되어 오징어가 물었습니다. "혹시 이 근처에 최고의 스승이 계실까요?" "젊은 선생님, 당신은 왜 스승을 찾아다니세요?" 오징어가 말하였습니다. "저는 우리 동네에서 먹물을 잘 쏘기로 유명합니다. 그러나 바다에서 가장 뛰어난 오징어가 되고 싶어서 스승을 찾아 여기까지 왔습니다." 그러자 문어는 오징어에게 먹물을 잘 쏘는 법을 가르쳐달라고 부탁하였습니다. 오징어는 자기 재주를 자랑스러워하며 열심히 가르쳐주었습니다. 날이 어두워질 무렵 갑자기 주위가 조용해지고 바다의 무법자 상어가 나타났습니다. 문어가 급하게 말하였습니다. "오징어 선생님! 위험한 상어가 나타났어요. 이제 집으로 돌아갈 시간입니다. 오늘 좋은 기술을 가르쳐주셔서 감사합니다. 조심해서 가세요!" 문어는 먹물을 쏘기도 하고, 주위의 물체에 따라 피부색을 바꾸면서 잽싸게 헤엄을 치며 가족에게 돌아갔습니다. 오징어도 먹물을 능숙하게 쏘며 상어의 눈을 피해 또다시 훌륭한 스승을 찾아 멀리 떠났습니다.

하브루타로 배우는 행복

하버드대학교 조지 베일런트 팀은 행복의 조건에 대한 종단 연구에서 따뜻한 인간관계·사랑·감사·자비·기쁨·경외감 등의 감정을 경험하는 것이 행복감과 깊은 연관이 있다는 것을 발견하였다. 행복은 일종의 안녕감이다. 행복은 도달하거나 이루어야 하는 목표나 성취물이 아니다. 인간은 슬프고, 화나고, 불안할 때 행복하지 않다고 느낀다. 반대로 생각하면 슬프지 않고, 화나지 않고, 불안하지 않으면 행복감이 든다. 그것은 곧 안녕감이다.

인간은 언제 슬픈가? 상실을 경험할 때이다. 인간은 가까운 존재를 상실할 때 슬프다. 나에게 꼭 필요한 관계 안에 있던 것을 상실할 때 슬프다고 느낀다. 인간은 언제 분노하는가? 자신의 안전이 확보되지 않을 때이다. 또한 자기 안녕이 침해당할 때이다. 자기 존재가 관계 안에서 무시당할 때이다. 인간은 자기 안녕의 범위 안에서 존중받아야 할 존재에게서 무시된다고 느낄 때 분노한다. 인간은 언제 두려운가? 곧 닥칠 미래에 어떤 존재나 상황에 의해 자기 존재의 안녕을 잃어버릴 것 같을 때이다. 불행은 우리 마음에서 비롯된다. 마찬가지로 행복도 우리 마음에서 비롯된다.

창작 동화 『거북이와 고래』는 행복에 관한 이야기다.

동쪽 푸른 바다에 고래 가족이 살았습니다. 노래 부르기를 좋아하는 고래 가족은 날마다 헤엄치고 재주도 넘으며 바다를 누볐습니다. 가끔은 멋진 분수를 하늘 높이 뿜어내기도 합니다. 어느 날 먼 바다에서 거북이가 찾아왔습니다. 거북이는 고래에게 다가와 이렇게 물었습니다. "너희 가족은 행복해 보여! 너희 가족의 행복 비결은 무엇이니?" "우리가 행복해 보인다고! 행복의 비결은 잘 몰라. 우리 가족은 함께 먹고 함께 배우고 함께 놀고 함께 잠을 잘 뿐이야!" 거북이는 한숨을 쉬며 "역시 고래도 특별한 행복의 비결은 없구나!" 혼잣말을 중얼거리며 멀리 있는 바다로 떠났습니다. 옆에서 듣고 있던 아기 고래는 갑자기 행복에 대해 궁금해져서 엄마 고래에게 물었습니다. "엄마, 행복은 맛있는 거야?"

하브루타로 배우는 메타인지

메타인지를 쉽게 설명하는 말은 '자신을 바라보는 또 다른 눈'이다. 또는 내가 무엇을 알고, 무엇을 모르는지 모니터링하는 인지다. 한 단계 높은 인지·인지에 대한 인지·사고에 대한 사고·자기성찰 등의 의미를 지니고 있다. 메타인지는 자기 거울로서 자신의 인지를 바라보는 능력이다.

컬럼비아대학교 버나드 대학 심리학과 리사 손 교수는 그녀의 저서 『메타인지 학습법』에서 메타인지의 목적을 언급했다.

메타인지의 목적은 다만 내 자녀를 1등으로 만들거나 명문대학에 입학시키는 것이 아니라 인간이 주체적으로 자신을 변화시키고 행복한 삶에 이르는 것이다. 그리고 메타인지를 높이는 방법은 '누군가를 가르쳐보는 것', 즉 자신이 교사가 되어 다른 사람에게 설명하는 활동으로 가능하다고 했다. 이것은 하브루타 수업 모형 가운데 친구 가르치기 하브루타와 비슷하다. 다른 사람에게 설명하는 학습법에 대한 효과성은 미국 행동과학 연구소 학습 효율성 피라미드(미국 행동과학 연구소, 1954)에서 한 학생이 공부한 다음 24시간 후에 기억에 남아 있는 비율을 실험한 결과 듣는 공부는 5퍼센트가 남았지만, 설명하는 공부는 90퍼센트가 남았다는 것을 통해서도 증명되었다.

리사 손 교수는 메타인지의 전략 두 가지를 제시했다. 첫 번째는 자신을 바라보고 평가하는 모니터링 전략이다. 모니터링은 스스로 자신의 정서·사고·행동·지식의 질과 양을 평가하는 과정이다. 두 번째 컨트롤 전략은 스스로에 대한 모니터링으로 평가된 것에 따라 적절한 판단과 선택을 통해 개선하는 과정이다. 모니터링에 의해 자신의 부족한 부분을 해결해가는 과정이 컨트롤 전략이다.

스마트폰을 통해 세상을 바꾼 애플의 스티브 잡스는 'Stay hungry, Stay foolish(배고픔을 유지하라. 만족하지 못함에 머물러라.)'라는 말을 남겼다. 이것은 항상 겸손하라. 항상 배워라. 항상 자신이 모른다고 생각하라. 완전히 알고 있다고 생각하지 마라. 항상 도달했다고 생각하지 말라는 뜻이다. 자신이 모른다는 것을 아는 상태에서 배움이 일어난다. 잘 알고 있다고 생각하는 사람은 배울 수 없다. 메타인지는 배움의 시작이다. 내가 아는 것과 모르는 것을 아는 것이 메타인지이다. 자신이 모른다는 것을 알아차리는 순간, 알아야겠다는 욕구가 자극된다. 혼자서 공부하면 내가 얼마나 어떻게 모르는가를 정확하게 알 수 없다. 그래서 유대인들은 짝을 지어 질문하며 대화하고 토론하면서 서로의 잘 모르는 지점을 모니터링하도록 도와준다.

자신의 얕은 지식은 하베르(짝)에 의해 드러난다. 공부하는 민족 유대인들은 자신을 객관적으로 모니터링해줄 훌륭한 하베르(공부하는 짝)가 필요하다는 것을 잘 알고 있다. 『탈무드』에서 "친구를 선택할 때는 한 계단 올라서라"라는 말이 있다. 유대인에게 친구는 날카로운 질문으로 나를 모니터링하여 평생 공부하도록 돕는 하브루타 파트너이기 때문이다.

창작 동화 『아기 고래의 질문』은 아기 고래가 "나는 누구인가?"라는 질문을 통해 메타인지, 즉 자기 내면에 자기를 바라보는 또 다른 의식을 발견하고 경험하는 이야기다.

옛날 동해에서 즐겁게 살아가던 아기 고래는 어느 날, 질문이 생겼습니다. "나는 누구일까?", "나는 무엇일까?", "나의 몸이 나일까?" "생각이 나일까?" 아기 고래는 엄마 고래에게 질문하였습니다. "엄마 나는 누구인가요?", "음~ 너는 귀여운 아기 고래란다."

"너는 네가 어떻게 보이니?" 아기 고래는 고개를 갸우뚱하며 아빠 고래에게 물었습니다. "아빠! 나는 누구인가요?" "그 훌륭한 질문을 하는 네가 '너'란다." 아기 고래는 곰곰이 생각하다가 또 다른 질문이 생겼습니다. "왜 내가 나에게 질문을 할까?"

듣고 있던 아빠 고래가 말하였습니다. "너는 '나는 누구인가'를 궁금해하는 '나'가 있다는 것을 깨달았구나!"

하브루타로 당신 안의 거인(메타인지)을 깨워라

배우는 학생에게 스승은 훌륭한 존재다. 훌륭한 스승을 만나야 잘 배울 수 있다. 그렇다면 훌륭한 스승은 어디에 있을까? 아무리 둘러봐도 훌륭한 스승은 찾기 어렵다. 그러나 생각을 바꾸면 훌륭한 스승은 주위에 가득하다. 모든 것이 스승이다. 모든 사람이 스승이다. 알고 보면 모든 것, 모든 사람을 스승으로 만드는 내 안에 참된 스승(거인)이 있다. 우리는 밖에서 스승을 찾지만, 영원히 찾지 못할지도 모른다. 스승(거인)은 자신 안에 있다는 것을 발견하기 전까지는 말이다.

내가 모든 것을 잘 알고, 잘할 수 있다고 생각하는 순간 누구에게도 배울 수 없다. 하지만 나의 메타인지 모니터링이 제대로 작동한다면 내가 아는 것과 모르는 것을 정확히 구분하게 된다. 그리고 잘 모르는 것과 궁금한 것을 메타인지 컨트롤을 통해 도서관·하베르·전문가를 찾아 배울 수 있다. 공자와 노자에게 모든 사물, 모든 사람이 스승이었다. 그래서 그들은 많은 이의 스승이 된 것이다.

남장현 Nam janghyun

사회복지상담학과 교수
경남정보대 평생교육원 겸임교수
한국 하브루타교육연구협회 부회장
메타인지 교육협회 부회장
메타인지 하브루타 연구소장

강의 및 사회활동
기업 의사소통 강사
하브루타 교육 전문가
하브루타 독서토론 전문가
교류분석 상담사
하브루타 부모교육 강사
하브루타 교사연수 강사
기업 의사소통 교육 강사
청소년 인성교육 강사

어휘 하브루타로
문해력 점핑

최정화

하브루타로 성장하는 아이, 그리고 나

책을 좋아하고 잘 읽지만, 독서량만큼 아웃풋이 탐탁지 않다고 상담하는 엄마들이 더러 있다. 독서가 만고의 진리처럼 여겨지는데 실상은 그렇지 못하다는 것이다. 사실 이런 상담은 아주 자신 있게 해줄 수 있다. 내가 느끼고 경험했기에 그렇다.

책을 좋아하는 아이를 보며 책 육아 하나만큼은 자신만만했던 적이 있었다. 하지만 책 독립 후 아이 스스로 책을 읽는 시간이 길어질수록 독서의 질이 떨어지고 있음을 느꼈다. 거실을 서재화하면서 시기별로 도서 구매를 망설이지 않았는데, 가끔은 책 내용도 파악하지 못하는 아이를 보며 화가 나기 시작했다. 책을 이렇게 많이 읽었는데도 문해력이 오르지 않으니 그냥 학습으로 채우는 것이 낫겠다며 독해 문제집을 단계별로 사서 공부시키기 시작했다. 더불어 유명한 독서 학원 상담도 부지런히 다녔다. 하지만 국어교육과를 전공하고 국어를 가르쳐왔던 입장에서 적어도 우리 아이에게 맞지 않는 교육이라는 것쯤은 쉽게 분별할 수 있었다.

어떤 텍스트를 읽고 다른 사람과 생각을 공유하며 확장해나가는 것. 내 경험으로는 유아기·초등 저학년 아이에게도 가능했지만, 학원 프로그램에서는 현실적으로 어렵다는 답변만 들었다.

아이에게 적합한 독서법을 찾아 전문적으로 공부하려고 알아보던 중 하브루타를 만났다. 아이와 어렸을 때 읽었던 '그림책'을 다시 꺼내 하브루타로 읽으며 독서의 질을 채워나갔다. 긴 글을 읽기 시작한 나이에 그림책으로 돌아가는 것이 맞을까 싶었지만 기우였다. 질문으로 시작하는 그림책 읽기는 아이의 사고를 무한대로 확장시켰다. 그림책에서 볼 수 있는 다양하고 적절한 어휘들은 굳이 어렵게 표현하지 않아도 아이의 생각을 정확하게 표현할 수 있도록 도와주었다. 어떤 프로그램에 기대지 않고 아이와 함께 하브루타를 하며 독서의 부족한 부분들을 하나씩 채워나갔다.

속담, 고사성어 하브루타

책을 읽을 때 내용 파악이 제대로 되지 않았던 것은 단어의 의미를 정확히 파악하지 않고 대충 넘어가는 습관 탓도 있었다. 그래서 한동안 '어휘 하브루타' 활동에 중점을 두었다. 책을 읽으면서 아이가 궁금해하는 단어 혹은 평소에 이야기 나누고 싶었던 단어를 함께 정하고 그 어휘로 질문을 만들며 문맥과 상황에 맞게 이야기를 나누었다.

'어휘 하브루타'는 당시 아이의 주 관심이었던 '속담, 고사성어 하브루타'로 자연스럽게 이어졌다. 고사성어로 하브루타를 하며 한자어로 확장되었고, 관용적 표현인 속담의 의미를 깊게 들여다보니 새로운 단어를 유추해 내는 힘이 생겼다. 고사성어와 속담으로 지혜를 배우고, 지금과 맞지 않는 고사성어와 속담은 비판적으로 생각해보는 과정에서 아이의 사고가 깊어지는 것을 느낄 수 있었다. 이런 아이의 성장은 자연스럽게 나를 '문해력 점핑 어휘 하브루타' 강사로 성장시켰다.

어휘력을 높이고 싶다면

» 한자 학습은 필수

우리말은 고유어, 한자어, 외래어로 나뉜다. 그중 우리말의 70퍼센트가 한자어다. 추상적이고 전문적인 용어들은 대부분 한자어로 이루어져 있어서 우리말을 깊이 있게 이해하려면 한자어 학습이 반드시 필요하다. 교과서의 '개념어'도 대부분 한자어로 이루어져 있기 때문에 학년이 올라갈수록 한자어 학습은 필수라고 할 수 있다. 한자 학습의 중요성을 많은 부모가 인지하기 때문에 한글을 떼자마자 '유아 한자' 학습지를 찾아보며 한자 학습을 준비한다. 나아가 한자 능력 검정 시험의 급수로 아이들의 능력을 확인하고 평가하려고 한다.

하지만 학습한 한자가 쉽게 어휘력으로 연결되지는 않는다. 단순히 암기했기 때문에 잊어버리기 십상이다. 한자를 공부하는 목적부터 확실히 짚고 넘어가야 한다. 한자 공부의 목적은 우리말을 깊이 있게 이해하는 것이다. 그리고 새로운 어휘를 접했을 때 의미를 쉽게 유추하고 다른 어휘로 확장해나가는 것이어야 한다. 따라서 한자는 단순 암기가 아니라 아는 한글과 계속 연결 지어가며 익히고 확장해야 한다.

일상에서 어휘력 높이는 TIP

» 부모와의 대화

"취학 전 아동이 가정에서 습득하는 기술 중 무엇이 언어 능력에 가장 큰 영향을 미치는가?" 이에 대한 하버드대학교 '홈스쿨 스터디'의 연구 결과는 놀랍다. 아이들의 언어 능력 차이는 가족 식사의 횟수와 식탁에서의 활발한 대화 정도에 따라 갈린다는 것이다. SBS 스페셜 제작팀이 만든 '밥상머리의 작은 기적'에 따르면 아이가 식탁에서 배우는 어휘량은 책을 읽을 때의 10배라고 한다. 즉 부모, 형제자매 등 다양한 연령대의 사람들이 모여 다양한 주제로 이야기 나누는 대화가 아이의 어휘량과 학습 능력에 큰 영향을 미친다는 것이다.

가족 간의 편안한 대화 속에서 자연스럽게 노출되는 부모의 언어는 아이들에게 언어적 자극을 준다. 그러니 아이들 언어로 순화해서 이야기할 필요가 없다. 부모의 일상을 함께 공유하다 보면 이야기 흐름에 따라 새로운 단어도 대화 속에서 뜻을 익히게 될 것이다. 아이의 어휘량을 늘리기 위해 당장 무엇인가 하고 싶다면 가장 중요한 것은 부모와의 '대화'라고 말하고 싶다.

» 끝말잇기, 스무고개, 수수께끼

말놀이는 시간과 장소에 구애받지 않고 가능하다. 무엇보다 아이들은 학습이라고 생각하지 않고 놀이로 여기기에 언제나 즐겁게 참여한다. 어디서 들어본 것 같은 단어, 알 것 같은 단어는 정확하게 아는 것이 아니다. 입에서 내뱉을 수 있는 단어, 그 단어를 활용하여 상황에 맞게 적절하게 잘 부려 쓸 수 있는 것. 그것이 바로 어휘력이다. 이 어휘력을 확인할 수 있는 가장 좋은 방법이 말놀이다. 따라서 나는 아이와의 말놀이를 통해 아이가 얼마만큼 새로운 단어를 내뱉는지 유의하며 듣는다. 단, 말놀이에서 평가는 금물이다. 평가가 들어가는 순간, 놀이는 놀이가 아니게 된다. 엄마 마음속으로만 아이의 성장 정도를 가늠하자.

» 국어사전 활용하기

초등학교 3학년에서 6학년까지 국어사전을 활용하는 수업이 국어과 교육과정에 명시되어 있다. 국어사전을 활용하여 어휘를 익히는 것에서 나아가 나만의 사전을 만드는 과정을 반복하면서 알고 있는 어휘를 잘 활용할 수 있도록 돕겠다는 것이다. 그만큼 어휘력을 다지는 데 국어사전 활용은 중요하다고 생각한다. 국어사전을 항상 책꽂이에 꽂아두고 친숙하게 만들자.

아직 국어사전 활용 방법을 배우기 전이라면 다양한 놀이법으로 접근하는 것을 추천한다. 사전에서 먼저 마음에 드는 단어를 골라 말하면, 상대가 그 단어를 활용해 이야기를 만들어 이어가는 게임이나 사전에서 본 마음에 드는 단어를 시작점으로 말놀이를 할 수도 있다. 국어사전 활용에 익숙한 아이라면 끝말잇기를 할 때 한 번 정도 사전 사용하기 찬스 등으로 놀이에서도 사전을 활용하며 익숙하게 만들어보자.

인터넷 사전과 사전 앱이 아무리 잘 나오더라도 종이 사전 한 권은 무조건 구비하라고 말하고 싶다. 인터넷 사전과 사전 앱으로 모르는 단어를 검색하다 다른 콘텐츠로 넘어가는 경험을 한 번쯤은 겪어보았을 것이다. 인터넷 사전과 사전 앱은 집중력을 떨어뜨리기 쉽다. 따라서 번거롭더라도 꼭 종이 사전을 활용하는 것을 추천한다. 종이 사전으로 모르는 단어를 찾아보면 같은 한자로 파생되는 새로운 어휘를 자연스럽게 학습할 수 있는 이점도 있다. 예를 들어 '독주獨奏'를 찾다가 '독재獨裁', '독주獨走', '독창獨唱' 등의 단어를 보며 '독獨(홀로 독)' 혼자라는 의미를 정리할 수 있다.

하브루타로 어휘력과 문해력을 동시에 잡는다

» 초3부터 함께하는 문해력 점핑 어휘 하브루타

초등학교 1~2학년 교과서는 국어, 수학, 통합 교과로 되어 있지만, 초3부터는 국어, 수학, 사회, 과학, 영어, 음악, 미술, 체육, 도덕으로 총 9과목으로 세분화된다. 이에 따라 어휘의 양과 종류가 빠르게 늘어나며 어휘의 격차가 시작된다. 따라서 초3부터는 어휘에 대한 학습이 좀 더 적극적으로 이루어져야 하는 시기라고 생각한다. 이에 문해력 점핑 어휘 하브루타 수업은 초3부터 시작하여 단계별로 새로운 어휘를 학습하고 확장할 수 있도록 돕고 있다.

문해력 점핑 어휘 하브루타 수업은 고사성어, 속담을 통해 어휘를 정확하게 유추하는 힘을 기르고 자신의 경험과 지식을 바탕으로 새로운 어휘를 잘 부려 쓸 수 있는 것을 목표로 한다. 고사성어, 속담의 유래담을 학년에 따라 영상 혹은 텍스트로 접하고 상황에 대해 다양한 질문과 답을 친구들과 찾아 나가면서 속뜻까지 유추해가는 과정을 거친다. 그리고 새롭게 배운 고사성어, 속담을 자신의 경험에 비추어 정리해보고 짧은 글짓기를 하면서 자신만의 어휘 노트에 차곡차곡 정리해나간다. 수업은 고사성어와 속담을 격주로 진행하여 어휘력을 향상시키는 연습을 한다.

» 고사성어와 속담으로 어휘력과 문해력을 잡다

고사성어는 옛이야기古事로 이루어진 한자어 관용어를 말한다. 따라서 옛이야기를 알아야 그 의미를 정확하게 파악할 수 있다. 그뿐만 아니라 고사성어는 한자어로 이루어져 있기에 한자의 의미를 유추하는 과정에서 한자어를 활용한 다른 어휘들로 확장할 수 있는 이점도 있다. 속담은 오랜 세월에 걸쳐서 정착된 관용적 표현이다. 의미가 비유와 상징으로 함축되어 있어 유래담이나 속담 사용에 관한 이야기를 접하면 속뜻까지 자연스레 유추할 수 있게 된다. 이처럼 문해력 점핑 어휘 하브루타에서 고사성어와 속담을 주로 사용하는 이유는 짧은 이야기로 어휘를 유추하는 연습을 하기에 적합하기 때문이다.

고사성어 '조삼모사朝三暮四'로 아이들과 하브루타를 하면서 나라면 '조삼모사朝三暮四'가 나을지 '조사모삼朝四暮三'이 나을지 논쟁이 이루어졌다. 보상으로 주어지는 간식에 대한 접근에서 '이자'의 개념까지 확장하여 '조사모삼朝四暮三'으로 저축의 중요성까지 생각해냈다. 또한 소탐대실小貪大失로 하브루타 하며, '욕심'이라는 것이 과연 나쁘기만 한 것일까에 대해 질문을 만들었다. '소탐小貪'이 결국 성장의 원동력이 되기도 함을 경험을 통해 이야기 나누면서 '소탐대실'의 의미를 좀 더 자신에게 맞게 바꿔보는 활동도 하게 되었다. 나아가 소탐대실하지 않기 위해 경계해야 할 점을 토의해보고, 소탐대실이 아닌 일거양득一擧兩得할 수 있는 현명한 선택의 중요성과 방법에 대해 생각을 나누었다. 속담 '개구리 올챙이 적 생각 못 한다'에서 왜 이런 말이

나오게 되었는지를 자유롭게 이야기하며 '겸손'에 대한 자기 생각을 경험에 비추어서 하브루타 했다. 그리고 자기 PR이 중요한 현대 사회에서 어디까지의 '겸손'이 미덕일지 서로의 생각을 모았다. 속담으로 하브루타를 할 때는 기존의 속담을 창의적으로 바꿔보는 활동을 해본다. '개구리 올챙이 적 생각 못 한다'라는 속담을 '사마귀 짝짓기 전 생각 못 한다'로 바꾸어보며 동물 생태에 대해 한 번 더 생각해보기도 하였고, '우리 엄마(아빠) 어릴 적 생각 못 한다.'로 바꾸면서 자신의 경험을 투영해보기도 했다. 이렇게 자신의 지식·경험이 새로운 어휘와 만나면 아이들에게 그 어휘는 살아 있는 어휘가 되는 것이다.

고사성어, 속담의 유래담 및 쓰임에 관한 짧은 글로 하브루타하며 의미를 찾아가는 활동은 새로운 어휘를 유추하는 힘(어휘력), 글에서 핵심을 파악하는 힘(문해력)을 동시에 키워준다.

» 학년별 어휘력 확장

우선 초등학교 3학년 아이들에게 고사성어와 속담은 매우 낯설다. 일부러 가정에서 고사성어와 속담을 노출하지 않는 이상 '다다익선', '일거양득', '가는 말이 고와야 오는 말이 곱다.' 등 일상에서 자주 사용하는 고사성어와 속담도 처음 접해보는 아이들이 많다. 따라서 카드를 활용하여 최대한 고사성어와 속담이 익숙해지도록 많이 들려주고 많이 말하도록 돕고 있다. 그리고 짧은 텍스트나 그림을 통해 상황이나 문맥에 맞는 고사성어와 속담을 앞에서 본 카드에서 연결해본 후, 상황에 맞는 이야기를 자유롭게 상상해 이야기를 나눈다.

자신들이 만든 이야기로 고사성어와 속담의 의미를 유추하려고 노력하기 때문에 이미 고사성어와 속담의 속뜻을 50퍼센트 이상 파악한다. 초등학교 3학년 아이들은 하브루타 전 사전 활동을 탄탄히 함으로써 고사성어와 속담의 의미를 정확히 유추하고 자신의 경험과 연결시켜 나만의 고사성어, 속담 사전을 만들어나가는 활동에 중점을 두고 있다.

초등학교 4~5학년 아이들은 일상생활에서 자주 사용하는 고사성어, 속담은 어느 정도 들어본 경우가 많다. 한자도 완전히 백지 상태는 아니어서 좀 더 적극적으로 어휘를 확장해나갈 수 있다. 따라서 초등학교 4~5학년 아이들은 고사성어, 속담을 정리하는 사후 활동으로 어휘를 확장해나가는 것에 중점을 둔다. 아이들이 알고 있는 한자를 적극적으로 활용해 단어를 만들어보거나 반대 의미인 한자를 던져서 추가적으로 단어를 만들어본다. '등잔 밑이 어둡다'라는 속담으로 하브루타를 한 후 사자성어로 '등하불명燈下不明'으로 표현한다고 말해주었더니 '행방불명行方不明'의 '불명'과 한자가 같냐고 묻는 아이들이었다. 그뿐만 아니라 '하下'에서 '하의下衣'를 예로 들었더니 자연스럽게 '상의上衣'에서 '상上'의 반대말로도 확장해나간다.

하지만 언제나 정답만을 유추해 내지는 않는다. '조삼모사朝三暮四'에서 '조식朝食'을 알려주었더니 '중식中食', '석식夕食', '모식暮食'으로 확장해나갔다. 정답으로 나가는 것이 중요한 것이 아니다. 생각의 과정을 거쳐 새로운 어휘로 확장해나가는 경험이 중요하다. 그 생각의 물꼬를 터주는 것, 그것이 바로 어휘력을 키우는 핵심이다.

» 아이들을 변화시키고 있는 '하브루타'

'어휘력 향상을 통한 문해력 키우기'를 목적으로 매주 아이들과 하브루타를 하지만, 하브루타를 하면 할수록 놀라운 것은 생각지도 못했던 효과가 선물처럼 찾아온다는 것이다. 어느 날 한 어머니께서 하브루타 수업 시 아이가 생각을 나누는 것에 부담을 느낀다며 수업하는 동안 자신이 이야기할 차례가 오면 긴장하는 모습이 역력하다고 했다. 평소 자기 생각을 논리정연하게 잘 표현하는 친구여서 의외라고 생각했다. 또 다른 한 친구는 생각이 많고 표현 욕구가 강한 아이였다. 자기 생각을 끝까지 들어주는 친구가 없었던 아이는 항상 표현 욕구에 갈증을 느끼고 있었다. 한 시간이 지났을 때 자기 생각을 마음껏 나눈 아이의 얼굴은 상기되어 있었다.

하브루타 할 때 아이의 생각은 존중받고 인정받는다. 이런 긍정적 경험은 발표력이 부족한 아이에게도 표현 욕구가 강한 아이에게도 변화를 가져온다. 한 분기 수업이 끝나고 소감을 발표하는 시간에 발표가 더는 두렵지 않다는 친구, 이렇게 즐겁게 자신의 이야기를 나누어본 적이 없어서 정말 행복한 경험이었다는 친구의 이야기를 들었다.

하브루타 수업에서는 텍스트 하나로 여러 질문을 만들고 그 질문에 대한 해답을 찾아가는 과정에서 친구들과 서로의 경험을 공유한다. 새로운 어휘, 나아가 텍스트를 이해하는 과정에서도 항상 경험 혹은 기존의 지식과 결합되는 과정을 거친다. 자신이 가진 것들을 나누어야지만 더 큰 지식이 내 삶에 새로운 의미로 만들어지는 것이다. 함께 나눈 친구(하베르)가 특별해질 수밖에 없다. 친구에게 상처받았던 마음도 하베르와 함께 치유된다. 이쯤 되면 어휘력과 문해력은 하브루타를 통해 부수적으로 생기는 것이 아닐까 생각해본다.

최정화 Choi junghwa

한국하브루타교육연구협회 선임연구원

강의 및 사회활동
하브루타 클래스 '문해력 점핑 어휘 하브루타' 강사
초등 독서 하브루타 강사
하브루터 부모 교육 강사
유초등 신문 활용 하브루타 강사

하브루타 문화예술교육으로
미래인재를 키워라

박희영

하브루타가 문화예술을 만나면

대학에서 서양화를 전공하고 졸업 후 아이들을 가르치는 일을 시작했다. 어떻게 아이들을 가르쳐야 할까를 고민하며 하루하루를 보내다가 다시 공부를 좀 해야겠다고 느끼던 차에 우연한 계기로 하브루타를 강의하는 김금선 회장님을 만났다.

미술을 정말 좋아하는 회장님의 권유로 하브루타를 접목한 미술 하브루타를 강의하게 되었다. 그렇게 다양한 방식의 강의를 시도하며 미술 하브루타를 한 지 벌써 10년이라는 세월이 흘렀다. 얼마 전 우연히 해커톤 대회를 진행하며 문화예술을 접목한 하브루타를 정리해보았다.

문화예술은 끊임없는 자기성찰과 변화에 대한 깨달음, 표현력을 키우는 데 하브루타를 접목하기 매우 좋은 분야다. 우리 삶과 아주 밀접하게 연결된 문화예술 영역에 어떻게 하브루타를 접목해 재미있게 풀어나갈 것인지 생각하는 일은 굉장히 흥미로운 일이다. 윤택한 삶을 위해 우리는 문화예술이라는 영역의 변화를 끊임없이 생각해야 한다.

여러 영역 중 특히 문화예술이 변화하는 속도는 굉장히 빠르다. 이 시대에 그 변화를 따라가고 그 변화에 앞장서 새로운 문화를 만들어간다는 것은 정말이지 가슴 뛰는 일이다. 그러기 위해선 내가 끊임없이 질문하고 돌아보고 느끼고 표현해보아야 한다.

하브루타는 그런 의미에서 최적화된 교육 방법이다. 예술 작품과 문화 콘텐츠를 나만의 것으로 만들어내는 것이 얼마나 즐거운 일인지 하브루타를 만난 것이 얼마나 감사한 일인지 모른다. 나아가 문화예술을 넘어 삶의 영역으로 변화가 확대되는 놀라운 경험을 함께 해보면 좋을 것 같다.

하브루타 단계별 접목하기

우리는 무엇이든 그것을 바라볼 때 그냥 보기만 해선 안 된다. 뇌가 활발히 움직이도록 끊임없이 질문하고 답하고 토론하는 노력을 기울여야 한다.

첫 번째로, 그림을 보거나 음악을 듣거나 책을 읽을 때도 이들이 나에게 어떤 영향을 미치는지 계속 질문을 던져야 한다.

다른 사람의 생각에 끌려가지 않으려면 자기만의 질문이 있어야 하고 그 질문에 해답도 직접 낼 수 있어야 한다. 훈련을 반복할수록 질 좋은 질문이 만들어지고 그렇게 나온 좋은 질문은 내 삶뿐 아니라 사회를 변화시키고 시대를 변화시키기에 충분하다.

어떤 질문이든 상관없다. 그림을 보면서 색감, 느낌, 감정, 분위기, 그림의 재료, 작가의 의도 등 어떠한 주제든 상관없이 파헤쳐 보는 거다. 그런 활동은 그림에 대한 관심을 높이고 더 깊게 몰입하게 만든다. 다양한 질문을 던져놓고 하나하나 떠오르는 생각을 적어본다. 예를 들면 "작품에서 풍기는 분위기는 어떤가?", "어떤 감정이 나에게 전달되는가?", "색감이 주는 의도는 무엇인가?" 등 다각도로 사물을 보는 시각을 나열하는 방식이다.

두 번째로는 만들어진 질문에 자신이 깨달은 내용을 정리하며 다시 그림을 깊이 바라본다. 말 그대로 순수한 감상이다. 문화예술에는 정답이 없다. 자신의 느낌이나 감정과 생각이 가장 중요하다. 떠올리는 모든 것을 마음껏 표현할 수 있어야 다른 사람의 생각도 궁금해진다. 현시대를 살아가는 요즘 젊은이들이 남을 배척하는 모습을 보이는 것 또한 자신의 이야기를 들어주는 사람들이 없기 때문일 것이다.

우선 혼자 마음껏 느껴라. 그리고 표현하라. 눈치 보지 말고 마음껏 즐겨라. 그러다 보면 정말 다른 사람의 생각이 궁금해진다. 그렇게 자기 생각을 정리하고 나서 다른 사람의 생각을 들어보자. 그리고 상황이 된다면 다른 평론가들은 어떻게 생각하는지 함께 찾아보는 것도 좋다.

사람들의 다양한 이야기를 들어보면 세상에 이렇게 생각이 다른 사람들이 있었는지, 혹은 생각이 나와 같은 사람들이 있었는지를 또 한 번 느끼게 될 것이다.

세 번째로, 마음껏 생각한 것과 사람들과 나눈 이야기들을 내 삶에 적용해본다. "나라면 어땠을까?" 직접 경험하지 않아도 다양한 문화로 여행을 떠날 수 있다. 다른 사람이 표현하고자 한 그의 삶의 흔적을 작품이라는 매체를 통해 간접적으로 경험할 수 있는 시간이다. 얼마나 황홀한 순간인가. 그렇게 한 시대를 살아간 작가들의 발자취를 보며 우리는 그 시대를 느낀다. 시대를 살아가는 우리들의 흔적 또한 다음 시대를 살아갈 누군가에게 큰 영향력을 미칠 것이다.

꼬리에 꼬리를 무는 질문법, 아이디어 메이커

이제 작품 감상에서 그치는 것이 아니라 내 삶의 영역까지 그 성과를 가져올 시간이다. 영향력 있는 사람이 되려면 행동으로 옮겨 토론을 시작해야 한다.

더 나은 삶을 위해 우리는 문화예술 영역을 어디까지 확장할 것인가? 문화예술을 삶의 영역까지 확대하려면 좀 더 확장된 사고를 해야 한다. 실제로 진행해본 문화예술 하브루타를 통해 만들어낸 아이디어와 결과물을 같이 보면서 여러 방향으로 연구해보자.

아래 그림은 고흐의 유명한 작품 <별이 빛나는 밤에>다. 이 그림을 감상하면서 하브루타를 해보자.

반 고흐, <별이 빛나는 밤에>

"이 그림을 본 느낌이 어때?"

"빛을 소용돌이치며 퍼지게 그린 이유는 무엇일까?"

"왜 제목이 '별이 빛나는 밤'인 걸까?"

"밤하늘인데 왜 파란색으로 칠했을까?"

몇 가지 질문만으로도 고흐의 <별이 빛나는 밤에>가 색다르게 보일 것이다.

이제 충분히 그림을 감상했다면 핵심 키워드를 잡아보자. 그림 감상에서 그치는 것이 아닌 삶의 영역까지의 확장이다. 예를 들면 빛이라는 키워드를 잡고 빛으로 세상을 아름답게 만들 수 있는 여러 프로젝트를 진행해볼 수 있다.

첫 번째, 키워드 잡기 빛 도시 밤. 두 번째는 첫 번째 잡은 키워드로 아이디어를 발휘해 빛나는 도시를 만들어보면 좋다. 뭔가 의미 있는 작품 내용이 들어가면 더 좋겠다. 작품을 만들게 된 배경을 생각해 적어보고 작품의 주요 내용을 적는다. 작품을 스케치하고 나만의 멋진 작품을 만들어본다. 예를 들면 밤을 아름답게 밝히는 도시의 조형 디자인을 해보면 어떨까? 범죄가 없는 빛나는 도시를 만들어보면 어떨까? 관광객 유치를 위한 도시계획. 등 생각해볼 수 있는 것은 아주 많다.

다른 작가들의 작품을 더 감상하고 좀 더 어울리는 디자인을 응용해보는 것도 좋은 방법이다.

몬드리안 작품을 응용한 빛의 분수대   고흐의 해바라기를 응용한 빛의 분수대

응용하고 확장하면 또 다른 작품도 표현할 수 있다. 예를 들면 환경을 위한 친환경 도시나 빛을 이용한 스마트 시티. 다양한 생각으로 실현 가능한 계획이나 프로젝트를 직접 해볼 수 있다. 여러 환경을 다양하게 제시하고 그 환경에 맞게 디자인

하고 만들어내면 우리 아이들이 세상에서 어떤 역할을 해야 할
지 도움이 많이 되지 않을까? 혹은 독거노인을 생각하며 디자
인해보면 어떨까? 환경을 생각하며 도시계획을 하면 어떤 건
물들이 디자인될까?

독거노인들을 위한 에너지 절약집　　　**빗물을 이용해 별이 빛나는 집**

　문화 예술적 소재를 미래의 스마트 시대에 접목시켜 어떻게
준비해나갈 것인가를 끊임없이 생각하고 토론하다 보면 아이
들은 문화예술 영역이 우리 삶과 아주 밀접하다는 사실을 분명
느낄 것이다.

　문화를 익히고 예술을 감상하며 새로운 세상을 만드는 것은
좀 더 아름다운 세상을 바라보는 관점의 변화를 일으킨다.

문화예술 하브루타로 미래 인재 역량 기르기

문화예술 하브루타로 우리는 분명 새로운 세상을 보게 될 것이다. 물건을 하나 사더라도 예전엔 기술력이 좋아야 사람들이 선택했다. 하지만 세계적으로 평균화된 기술력으로 인해 지금은 소비문화도 많이 바뀌었다. 현시대를 살아가는 대중들은 더욱 예쁘고 색다르고 감각 있는 디자인을 선택하거나 조화로운 색감에 이끌리며 독특한 모양에 현혹되어 소비한다. 아름다움을 만들어내는 것은 인간의 기본욕구이며 좋은 도시나 환경에서 살아가고 싶은 것 또한 인간으로서 당연히 누리고 싶어 하는 삶이다.

다시 말해 이제는 인간의 삶에 문화예술을 빼고는 아무런 설명이 안 된다는 것이다. 이런 사회에서 육성해야 할 미래형 인재는 문화예술을 알아야 하는 사람이지 않을까 한다.

문화예술에 관해 이야기하고 문화예술을 즐기면서 자신의 삶을 돌아보고 설계하고 깨닫고 성찰하는 사람만이 세상을 내다볼 수 있다. 결국 인간은 문화예술로 표현하고자 하는 욕구가 누구에게나 있으며 나를 표현하고 싶어 하는 기본적인 열망이 있다. 그렇기에 문화예술 분야에 관심을 보이는 아이가 있다면 분명 남다를 것이다. 적어도 내가 가르쳐본 아이들은 달랐다.

4, 5세 아이들을 보라. 세상에 호기심이 생길 나이 얼마나 많은 질문은 하는가? 그런 아이들이 크면서 말이 없어진다. 왜 그럴까? 세상에 관심이 없어진 것일까? 질문을 잃어버린 아이들

에게 다시 질문을 던져보자.

그 환경을 만들어준 아이들은 생각하려 했고 끊임없는 질문을 자기 자신에게 던졌으며 매우 흥미로워했다. 문제해결을 위해 노력했고 깊이 생각하며 자기 자신이 만족할 만한 아이디어가 나올 때까지 고민했다. 그 아이들은 세상 밖으로 다시 눈을 돌렸으며 자신의 아이디어가 필요한 곳에서 실현 가능성 있는 정보들을 더 찾아보기도 했다. 아름다움을 아는 아이들, 그 아이들이 세상의 빛이 되었으면 하는 바람이다.

누군가는 해야 할 일이고 누군가는 앞장서야 한다. 교육의 변화를 이끌어 낸다는 것은 매우 어려운 일이라는 것을 잘 안다. 하지만 이미 시작되었고 진행되고 있으며 변화하고 있다. 미래형 인재 기르기는 결국 미래를 생각하는 어른들이 먼저 나서야 한다. 그러려면 많이 보고 많이 느끼는 것이 중요하다. 그 일에 함께 동역하는 어른들이 많아지면 좋겠다.

박희영 Park huiyeong

한국하브루타교육연구협회 선임연구원
메타인지교육협회 선임연구원
하브루타부모교육연구소 포항 지부장
그리다아트컴퍼니 대표

강의 및 사회활동
하브루타 독서토론 강사
하브루타 기질코칭 및 부모교육 강사
미술하브루타 예술 강사

영상으로 만난
자기 탐색 하브루타

이덕선

영상 하브루타 만남

영상 하브루타는 함께 영상을 시청하고 자기 탐색을 위해 서로 대화하는 교육이다. 교육 초반에는 방관적 분위기에서 어색한 상대와 어떻게 대화를 나눠야 할지 막막했다. 점차 하브루타로 자연스럽게 자신의 마음을 이야기하면서 중반에서 후반으로 갈수록 긍정적 피드백이 오가며 친밀감과 공감도가 확장됨을 느꼈다.

영상 콘텐츠를 함께 감상하고 같은 주제로 깊은 대화를 나누다 보면 일종의 동질감과 유대감, 소속감이 형성된다. 영상 속 주인공 또는 주변 인물에 대한 동일시를 경험해보고 자신의 느낌과 생각을 잘 표현하는 부분에서 영상 하브루타는 효과적인 의사소통 훈련이라 생각된다.

영상 하브루타의 장점은 익숙한 영상을 보면서도 평소와 다르게 색다른 시각으로 집중하다 보니 요점을 잘 찾을 수 있다는 점이다. 영상 속 주인공의 말과 행동을 곱씹으면서 실생활에서도 내가 실천할 점을 배우기도 한다. 특히 영상 하브루타는 집중력을 높이는 데 큰 도움이 된다.

하브루타는 보통 두 명이 짝을 지어 프렌드십friendship, 파트너십으로 공부study partnership 또는 토론하는데, 상황에 따라 여러 명이 할 때도 있으나 네 명을 넘지 않는다. 아버지와 자녀가 이야기를 나누고, 친구끼리 이야기를 나누고, 동료와 이야기를 나누는 것이다. 그 이야기가 조금 전문화되면 질문과 대답이 되고 대화가 된다. 거기서 더 깊어지면 토론이 되고, 더욱 깊어지고 전문화되면 논쟁이 된다. 이 하브루타 방법으로 영상 하브루타를 진행하면 자기 탐색을 하는 데 매우 효과가 커진다.

영상은 현대 사회에서 가장 영향력 있는 콘텐츠이고 인간에게 '희노애락喜怒哀樂'을 선물한다. 영상 속 주인공이 문제를 해결하는 과정을 간접적으로 경험하는 것은 꿈과 희망, 기쁨과 슬픔, 낭만과 사랑, 그리움과 기다림, 시련과 아픔 혹은 악몽과 불안감 등을 일깨운다. 이는 다양한 형태로 세상 밖에 나타나 인간의 삶에서 해결되지 않는 경험에 대해 재해석할 수 있도록 돕는다. 여러 가지 상황 설정이 된 영상을 이해하고 즐기면서 감상한다면 자신이 가진 적절하지 못한 생활 태도와 미처 인식하지 못한 의미 있는 것들을 깨달을 기회가 생길 것이다.

지적인 측면보다 정서적 측면에 더 큰 영향을 미치는 것이 영상 하브루타다. 자유로운 행동을 억압하거나 방어적인 상황들을 완화하는 데 도움이 될 뿐만 아니라, 상징과 은유로 가득한 인생을 선사한다. 영상 속 인물과 자기 자신을 동일시하므로 주인공들의 행동과 동기를 객관적으로 바라보고 의미를 명료하게 분석할 수 있어 자기 탐색을 하는 데 충분한 가치와 의미가 있다고 판단한다.

영상 하브루타 진행

영상 하브루타는 다양한 요소를 고려하여 영화를 더 깊게 이해하고 해석하기 위하여 체계적으로 분석하고 이해하는 방법인 구조화된 접근방식을 통해 상호작용적 영상 하브루타로 진행한다. 구체적인 목적 없이 영상 하브루타를 시행하면 그저 평범한 수다로 대화가 끝나버린다. 생각의 확장과 자기 탐색을 위한 목적에 도달할 수 없다. 그러므로 대상과 목표에 알맞은 영상을 선정하여 사람들의 공감을 일으키는 소재를 찾아서 자신과 동일화하는 것이 무엇보다 중요하다. 영상 하브루타는 다음과 같은 차례로 진행한다.

첫째, 내용 하브루타로 영상 감상이다. 적합한 영상을 선택하여 전체를 보여주거나 필요한 부분만 편집하여 보여준다. 장르는 유형별 그리고 주제별로 일상에서 더 좋은 방향으로 바꾸고 싶은 부분에 맞는 것을 선정하는 것을 원칙으로 한다. 그런 다음 영상을 보면서 질문을 만든다.

둘째, 심화 하브루타로 영상 텍스트에 초점 맞추기focus on the film-text다. 이 단계에서는 핵심적인 부분을 자기 생각을 덧붙이지 말고 있는 사실만 말해본다. 영상 내용을 요약한 것으로 영상 전체를 다시 한번 머릿속에서 그려보고 정리한다. 그런 다음 감상 소감을 주제로 토론하고 마음속에 강하게 남은 장면이나 대사에 관해 이야기하면서 결론에 이른 까닭을 찾아본다. 짝과 함께 "주인공은 어떤 사람인가?", "핵심 내용은 무엇인가?", "영상 속에서 일어나는 사건들 그리고 사람들과의 관계는 어떠한가?" 등을 이야기하며 자기 관점에서 주된 사건을 강조하고 이야기한다. 등장인물의 특성과 행동과 직업에 관해 이야기하면 자기 탐색을 하는 데 도움이 된다.

셋째, 적용 하브루타로 자신의 문제에 초점 맞추기focus on the child's reality다. 이 단계에서는 영상 안에서 벌어지는 문제와 자신의 문제를 비교하고 상황의 특성이나 성질을 찾아보며 강한 인상을 주는 대사와 장면을 말한다. '내가 만약 주인공이라면'을 마음속으로 그려봄으로써 자신의 능력과 감정을 대입해 영상에서 사용된 비유적 표현과 은유에 관해 이야기하면서 자신에 대한 이해를 돕는다. "나의 상황이 영상 속에 나타나는 상황과 일치하는가?", "영상 속의 인물이 자신과 비슷한가?", "내가 경험한 것의 유사점과 차이점은?", "영상 속 이야기가 지금의 내 상황에 일어난다면?" 이런 방법으로 다양한 상황의 문제점을 함께 토론하며 해결법을 찾아본다.

넷째, 종합 하브루타로 현실과 관련성 찾기다. 먼저 자기 인식과 자기 수용을 하는 과정으로 현재 내 상황과 같은 점이 있는지 살펴보면서 스스로를 탐색하고 이해한다. 두 번째로, 자신의 이해를 넓히면서 영상이 자기 생각과 행동에 어떠한 영향을 미치는지 찾아본다. 세 번째로, 자신에 대한 문제와 연관 지어 현재 스스로가 할 수 있는 가장 좋고 훌륭한 선택을 한다. 마지막으로, 영상 하브루타를 통해 인상 깊었던 점과 느낌, 의견을 이야기하며 새로운 방안을 생각해내 실천한다.

요약하면, 영상 하브루타 방법은 내용 하브루타(영상 감상하기) ➡ 심화 하브루타(영상 텍스트에 초점 맞추기) ➡ 적용 하브루타(자기 문제에 초점 맞추기) ➡ 종합 하브루타(현실과 연관성 찾기) 순서로 진행한다.

아래는 영상 시청 후 자기 탐색을 위한 하브루타 질문이다.

영상의 은유를 이용할 수 있는 탐색적 질문

1. 자신의 문제와 연관된 부분과 연관되어 있지 않은 부분은 무엇이었는가?

2. 당신은 누구를 가장 좋아했는가? 혹은 싫어했는가?

3. 자신과 가장 닮은 캐릭터를 고른다면?

4. 그 캐릭터에 대한 간단한 소개

5. 캐릭터에 대한 당신의 평가는?

6. 캐릭터는 자신의 문제를 무엇으로 보고 있는가?

7. 캐릭터는 자신의 문제를 어떻게 해결하는가?

8. 다른 인물과의 관계는?(오픈형 질문에서 폐쇄형 질문으로)

9. 내가 만약 주인공이었다면?

10. 이 영상을 보고 느낀 점과 자신의 삶에 적용할 점이 있다면?

자기 탐색 하브루타

"이 세상에서 가장 귀중하고 고유한 특별한 존재는 누구일까?"

자기 자신을 수용하고 그대로 인정하면 타인과 세상을 인정하게 되고 나 역시 편안해진다. 자신이 어떤 감정을 가졌고, 왜 이렇게 행동하는지 자기 탐색을 통한 자기 이해가 이루어지면 자존감이 상승하고 자신이 처한 문제를 잘 해결할 수 있다. 대인관계에서도 마음의 문이 열리고 흔들림 없이 관계가 성장한다.

자기 탐색 도구로 자기 탐색 하브루타를 추천한다. 많은 사람이 개인의 삶과 사회적 삶을 살아가면서 계속되는 변화를 맞는다. 편안한 삶과 개인의 발전을 찾는 길 위에서, 모든 것을 다시 한번 생각하고 개념화할 필요가 있다. 특히 대화, 토론, 논쟁을 통해 자기 생각을 이야기하면서 목표를 돌아보고 기록해야 한다. 하브루타는 자기 마음속에 무엇을 품고 있는지 깊게 파고들며 생각을 발전시키는 데 가장 좋은 방법이다.

자기 탐색을 위한 하브루타 질문

자기탐색 하브루타는 과거와 현재의 자신에 대한 정보를 탐색하고, 이를 통합하여 미래의 자신에 대해 생각해보는 과정이다. 자신이 누구인가에 대해 탐색하면서 겉으로 보이는 '형식적인 나'가 아니라 '진짜 내면의 나'를 짝과 함께 대화, 토론, 논쟁해보는 것이다.

최근 가장 큰 어려움을 겪었던 경험에 대한 하브루타

1. 어떤 경험이 가장 힘들었나요?

2. 얼마나 힘들었고 어떻게 극복했는가?

3. 힘들었던 경험 가운데 있는 자신은 마음에 드는가? 마음에 들지 않는다면 그 이유는?

4. 비슷한 어려움이 또 닥친다면 어떻게 할 것인가?

5. 어려움이 닥쳤을 때 자신을 이해하고 공감하면서 가장 용기를 줄 수 있는 말은 무엇인가?

6. 어려움을 당당하게 이겨낸 자신의 모습을 상상하며 느껴본다면?

7. 자신이 절대로 포기할 수 없는 것은 무엇인가?

8. 앞으로 자신이 바라는 소망은 무엇인가?

9. 왜 내 감정이 이렇게 치솟을까?

10. 자신이 잘 견뎌내는 감정과 못 견뎌내는 감정은 무엇인가?

11. 왜 이렇게 열심히 하고 싶을까? 왜 이렇게 하기 싫은 것일까?

자기 성장 하브루타를 위한 질문

1. 자신은 어떤 문제에 가장 관심이 많은가?

2. 자신은 어떤 특별한 능력(재능)을 가지고 있는가?

3. 삶의 변화에 대한 가장 큰 동기는 무엇인가?

4. 무엇을 했을 때 가장 큰 행복을 느끼는가?

5. 자신은 어떤 일에 가장 열정을 느끼는가?

6. 자기 성장을 위해 현재 삶의 어떤 부분을 다르게 하겠는가?

7. 장애 요소가 있다면 무엇이고 어떻게 극복하겠는가?

8. 오늘 당장 바꾸고 싶은 것은 어떤 것인가?

자기 성장 목표 달성을 위한 하브루타 질문

- 목표 달성을 위해 원하는 이미지는 무엇인가?

- 그 이미지를 넘어서 이루고 싶은 궁극적인 삶의 목적은 무엇인가?

- 그렇게 되면 자신의 삶은 어떻게 달라질 수 있는가?

- 그것을 위한 자신의 강점은 무엇인가?

자기 성장 목표 달성을 위한 하브루타 5단계

1단계 세부 목표 설정하기

2단계 마이너스 요인과 플러스 요인 분석하기

3단계 계획 수립하기

4단계 평가 및 수정하기

5단계 목표 시각화하기

자기 성장 목표 달성을 위한 다짐 5단계

1단계 목표를 간절히 원하자.

2단계 주위에 도움을 요청하자.

3단계 포기하지 말자.

4단계 과정 자체를 즐기자.

5단계 오늘, 지금 당장 행동하자.

이덕선 Lee deogseon

한국하브루타교육연구협회 선임연구원
메타인지교육협회 선임연구원
한국상담전공대학원협의회 자격관리위원장
풍암우리교회 담임 목사

강의 및 사회활동
광신대학교 상담심리 초빙교수
한국교육상담협회 협회장
마음힐링심리상담센터 센터장
전남지역(담양, 구례, 장흥) 가족센터 객원 상담사
순천준법기관 아동학대, 스토킹, 중독분야 지도교수
시도 교육지원청 학교폭력예방 하브루타 강사
시도 교육지원청 비경쟁식토론 하브루타 강사
자기이해 하브루타 자기탐색 대화법 강사
하브루타 부모교육 강사, 평생교육원 강사
하브루타 독서토론 1, 2급 자격과정 강사
메타인지 하브루타 2급 자격과정 강사
심리상담사 1, 2급 자격과정 지도교수
가족센터 부모교육 다문화교육 하브루타 강사

그림책으로 웃고 웃는
행복한 사람들

전미령

    늦은 나이에 결혼해서 신이 주신 기적 같은 큰아이를 낳았다. 아이를 뱃속에 품는 순간부터 피라미드 가장 높은 곳에 내 아이를 올려놓고 싶었다. 내가 못 이룬 것들을 아이도 하지 못하면 어쩌나 하는 두려움과 함께 다른 사람에게 뒤처지지 않기를 바라는 마음이 앞섰다. 그래서 그 누구보다도 빠르게, 높게 올려놓고 싶었다. 태어나지도 않은 아이 능력의 한계치는 생각하지도 않은 채 성공하기만을 바라면서 욕심을 부렸다. 공부도, 인성도, 미술도, 음악도, 심지어 놀이까지도 모든 면에서 최고가 되기를 바라면서.

    그렇게 아이의 조기교육이 시작되었다. 그로 인해 점점 더 괴물로 변해가고 있는 나의 모습을 직면하게 되었다. 정신을 차리고 좋은 엄마가 되기 위해 도서관으로 달려갔다. 여러 책을 읽으며 아이가 지금은 열심히 놀아야 하는 시기라는 것을 알게 되었다. 그렇게 몇 년은 잘 버티나 싶었는데 큰아이가 초등학교 입학할 즈음이 되자 놀이터에서 그렇게 조심해야 한다는 옆집 엄마들을 만나게 되면서 저 깊은 곳에 감춰두었던 불안감이 올라왔다. 그 불안감을 잠재울 무언가가 필요했다. 그래서 또 도서관으로 달려갔다.

엄마와 함께 공부하는 방법을 찾던 중 하브루타를 만났다. 이후 내 삶은 이전과는 완전히 달라졌다. 아이를 잘 키우고 싶어서 시작한 하브루타였다. 처음에는 배워온 하브루타를 그대로 아이들에게 적용했고, 그 밑천들이 떨어질 때쯤 한국하브루타교육연구협회 김금선 협회장님 추천으로 일주일에 한 번 처음 하베르와 만나 하브루타를 할 수 있었다. 생각을 나누고 새롭게 깨달음을 얻은 후 집에 돌아갈 때는 더 큰 사고를 하길 반복하면서 하브루타를 계속했다.

이렇게 시작한 하브루타의 끈을 놓고 싶지 않아 지속했던 그림책 하브루타는 내 감정을 알게 해주고 지친 나에게 위로와 힘을 주었다. 때로는 괴롭고 힘들었던 시간을 보상해주었고 사랑하는 가족을 더욱 사랑하는 힘을 주었으며, 내 주변을 살피면서 꿈도 꾸고, 그 꿈을 하나씩 이뤄가면서 잘 살아왔다는 것을 알려준 마음 돋보기가 되었다.

내 삶에 들어온 그림책 하브루타

누구나 쉽게 접근 가능한 그림책은 단순하면서도 마음을 들여다볼 수 있는 강력한 도구다. 0세부터 100세까지, 남녀노소 모두의 마음을 열어주고, 대화의 장을 열어준다. 그 대화 속에서 자신의 상태를 바라볼 수 있다. 그림책과 자신을 대면하는 것으로 자신을 객관적으로 인식하고 인정하게 된다.

그림책은 글과 그림의 상호작용을 통해 이야기를 전달하는 구조다. 더 넓은 의미로 보면 글 텍스트, 그림 텍스트, 파라 텍스트(표지, 면지, 판형 등)까지 포함한 삼중 상호작용이 제대로 될 때 의미 있는 그림책 읽기가 가능해진다.

여기에서 빠져선 안 되는 가장 중요한 것은 독자가 채우는 텍스트 사이의 틈이다. 텍스트 사이의 틈을 채우는 데 필요한 것이 바로 하브루타다. 사이사이의 틈을 채우는 활동인 그림책 하브루타를 통해 나를 인식하고 통찰할 수 있으며 삶의 주인공으로 주체적인 삶을 살아갈 수 있게 도와준다. 주변(가족, 지인)과의 관계 속에서도 현명하게 자신의 중심을 잘 잡아갈 수 있는 지혜를 찾을 수 있다. 그림책 속에서 나, 너, 우리를 알아가는 중이다. 하베르와 함께 그림책 사이의 틈을 메우는 여행을 떠나보자. 그림책이 속삭이는 말을 들을 준비가 되었는가?

내 삶의 일부가 된 그림책 힐링 수다

그림책과 함께하는 하브루타 시간은 아주 즐겁다. 2019년 1

월 하브루타 부모교육연구소에서 그림책 하브루타 힐링 수다 프로그램을 시작했다. 2024년 현재까지 매주 금요일 오전 10시에 우리의 문이 열린다. 그림책으로 인생을 이야기하는 수다의 문. 힐링 수다의 첫 번째 그림책으로 『나는 나의 주인』을 선택했다. "나는 나의 주인으로 살고 있는가?"라는 질문으로 자신을 먼저 사랑해야 진정한 주인으로 삶을 살아갈 수 있다는 것을 알게 되었다. 자존감이 낮았던 나에게 셀카를 찍어 사랑한다고 말해주는 기회가 되었다.

　그림책 『빨강 크레용 이야기』 이야기는 "나는 누구인가?"라는 질문을 던진다. 르네 마그리트의 작품 <순례자>를 통해 그 안에 나는 어떤 모습일지 생각해보며 자신을 규정지어 본다. 책을 펼치면 연필이 이 책을 소개하고 있다. 연필이 선생님인 이유는 아마 다른 생각을 하는 사람을 뜻하는 듯하다. 수많은 이름표가 나인 줄 알고 착각하며 살아가는 우리에게 빨강 크레용은 진짜 행복은 나답게 사는 것이라 말한다.

> · 주변 사람들이 원하는 대로 살아가야 한다는 것은?
> · 나 스스로 나는 어떤 사람이라고 평가하는가?
> · 내면의 나와 겉모습의 나는 동일한가?
> · 파랑이가 스스로 자신의 색을 찾으려면 어떻게 해야 할까?

　자신을 명확하게 규정짓는 것은 쉽지 않다. 자신을 규정짓는 것이 바로 정체성이다. 자기 정체성은 첫 번째로 자기 인식이 되어야 한다. 나를 그 자체 그대로 인정하고 그러기 위해서는 나와의 대화를 끊임없이 해야 한다. 자신의 정체성을 찾는 일, 진짜 나의 모습을 찾는 일은 내가 죽는 날까지 평생 고민하며 살게 되는 주제인 것 같다.

『노를 든 신부』는 내 안의 가능성을 찾을 수 있도록 도와준 그림책이다. 여성이라는 성별을 신부로 표현하고 삶을 살아가는 방향성을 결정하는, 그리고 비어 있음과 또 다른 가능성이 되어준 한 개의 노를 가지고 주인공은 신랑을 찾아 나선다. 결국 신랑을 맞이하지는 못했지만, 신부는 배가 아닌 비행기를 타고 더 넓은 세상으로 나간다. 신부는 자신이 무엇을 가졌는지 어떻게 사용해야 하는지 모르고 정처 없이 헤매는 시간도 필요했고, 내가 가지고 있는 것들을 다용도로 사용하려는 융통성도 필요했다.

> · 내가 가진 노 하나는 무엇인가?
> · 아이가 부모 품을 떠날 때 부모로서 해줄 수 있는 것은 무엇일까?
> · 홈런을 쳤을 때 신부는 어떤 마음이었을까?
> · 나만의 노로 처음 홈런을 날렸던 경험은?

소녀에서 신부가 되는 아이에게 나는 무엇을 주어야 할까? 이미 자녀를 모두 독립시킨 선생님이 아이들이 결혼할 때 엄마의 입장에서 딸에게, 아빠의 입장에서 아들에게 줄 수 있는 일기장을 써서 줄 수 있도록 해보라는 좋은 팁을 알려주었다. 머리로는 주체적이고 독립적인 아이로 키우고 싶지만 가끔은 모터 달린 배를 주고 싶고, 아주 멋진 노를 쥐여주고 싶을 때가 있다. 하지만 내가 어디까지 해줄 수 있는지 알아야 하고 더 중요한 것은 아이가 원하는지 물어야 한다. "당신에게는 기다란 노가 있잖소!"라는 말이 나에게 메아리치고 있다.

그림책 『토라지는 가족』 이야기에서 "토라질 수 있다는 것은 어떤 관계일까?"라는 질문을 던진다. 답은 아마도 나의 감정이 수용될 수 있는 관계일 것이다. 그것은 가족 안에서 나의 감정들이 수용된다는 의미로 가장 안전한 곳이라 생각된다. 가끔 나의 모든 감정이 수용될 거라는 착각 속에서 예의와 존중을 서로에게 생략하기도 한다. 가장 익숙하지만 가끔은 낯선 가족들에게. 토라져서 혼자 시간을 갖고 또 안전한 가족에게로 돌아간다. 돌아갈 곳이 있는 가족은 토라지는 가족인 것이다.

> · 온 가족이 함께 밥을 먹는다는 의미는?
> · 나만의 힐링 장소가 있는가?
> · 가족끼리 다툼이 생겼을 때 어떻게 화해하는가?
> · 토라진 시간을 어떻게 보내고 있는가?

가족이란? 비빔밥처럼 어울림 같다. 하나하나의 재료도 각자의 맛을 내지만 함께 어우러져 더 맛있는 비빔밥이 된다. 그리고 가족은 화음이다. 화음은 높낮이가 다른 음들이 함께 울릴 때 아름다운 소리를 낸다. 가끔 가족들의 불협화음으로 이상한 음을 내지만 점점 맞춰 살아가면서 멋진 화음을 낸다.

『다섯 손가락』이라는 책 제목만 봤을 때는 '다섯 손가락의 풍선'이라는 노래가 떠올랐다. 노란 풍선이 하늘을 날면 내 마음에도 아름다운 기억들이 생각나~ 노래를 흥얼거리면서 그림책을 펼쳐본다.

이 그림책은 각자의 역할에 관한 이야기다. 하나하나 역할이 있는 손가락들이 모여 더 큰 일을 할 수 있음을 보여주고 서로 화합하고 함께 더불어 사는 일의 가치에 대해 생각해보았던 그림책이다. 내 손가락 다음 한 손으로, 양손으로, 마지막은 다른 사람의 손을 잡는 이야기로 확장되면서 마지막 문장에 "내 손을 잡아봐"로 마무리 지어가면서 더 멋진 세상을 위해 우리 모두 함께하자는 이야기를 내포하고 있다. 하나하나가 가진 힘과 개성을 존중하면서도 함께라는 가치를 전달하고 있다.

· 자신의 역할에 최선을 다하고 있는가?

· 내 손이 나를 위해서 무슨 일을 할까?

· 함께 해서 성과를 이룬 일은 무엇이 있는가?

· 멋진 세상을 위해 내가 할 수 있는 것 다섯 가지는 무엇인가?

더 멋진 세상을 보고 싶다면 우리 스스로 변화를 만들어가야 한다. 이 말은 결국 나를 있는 그대로 사랑하는 것이 너, 우리를 사랑하는 것이고 너, 우리를 있는 그대로 사랑하는 것이 나를 사랑한다는 뜻이다.

『곰씨의 의자』 속 곰씨는 마치 내 모습 같다. 건강하고 성숙한 관계를 맺는 데 필요한 것이 무엇인지 고민해보았다. 토끼 입장도 들어보고, 착한 곰씨의 절규를 보면서 착함의 기준이 무엇인지 다양한 관점으로 바라보게 된 『곰씨의 의자』였다. 완전히 다른 남을 만나 서로 좋은 관계를 유지하려면 적당한 관심과 적당한 거리를 유지하면서 서로 다름을 인정하고 존중해야 한다.

> · 불편함을 느꼈을 때 상대에게 어떻게 표현하는가?
> · 토끼와 곰 중 누구와 더 가까운가?
> · 선을 만드는 연습을 어떻게 해야 하나?
> · 침범받고 싶지 않은 장소는 어디이며, 시간은 언제인가?

『심리학자의 마음을 빌려드립니다』의 저자 한성열 교수는 잘 소통하기 위해서는 상대의 이야기를 요약하는 것이 20퍼센트, 상대의 마음을 공감해주는 것이 60퍼센트, 나의 마음을 잘 표현하는 것이 20퍼센트라고 했다. 남들에게 자신의 불편한 마음을 잘 이야기하는 편인가라는 질문으로 시작하는 힐링 수다는 결국 의자를 지키기 위한 나만의 신호를 만들자는 것으로 이야기를 마무리지었다.

『찬란한 여행』은 제목과 완전히 다른 반전의 그림책이었다. 일반적으로 여행 하면 행복함, 힐링이라 생각한다. '찬란한 여행'이라는 제목에서부터 궁금증을 자아냈다. 필요에 따라 편리하게 만들어진 뒤 쓰임이 다한 순간 처치 곤란의 천덕꾸러기가 되어 버린 존재의 긴 여정은 찬란했다. 귀엽고 반짝이게 태어났지만, 이내 버려져 태평양으로 뜻하지 않은 여행을 떠나는 곰돌이 페트병의 찬란한 여행을 담은 이야기는 긴 여행의 끝, 미세플라스틱으로 분산되는 찬란한 장면에서는 섬뜩하고 무서웠다.

미세플라스틱은 일주일에 신용카드 한 장, 한 달에 옷걸이 하나 정도로 섭취되고 있다고 한다. 가능한 한 먹지 않기 위해 생활방식을 바꾸고 플라스틱 사용을 줄이려고 노력 중이지만 아직도 내 옆에 많은 자리를 차지하고 있다. 아름다운 이야기인 줄 알았지만, 우리 눈앞에 직면한 문제를 해결해야 할 이야기였다.

> · 미세플라스틱은 어디에서 발생할까?
>
> · 분리 배출된 플라스틱은 어디로 갈까?
>
> · 미세플라스틱의 위험성에 대해 알고 있는가?
>
> · 이런 여정을 어떻게 이겨낼 수 있을까?

플라스틱을 줄이기 위한 개인적인 노력뿐만 아니라 우리만의 챌린지를 만들어 힐링 수다 선생님들과 함께 한 가지씩 실천하고 인증하기로 했다. 우리의 작은 움직임이 선한 영향력이 되어 건강한 지구를 아이들에게 물려줄 한걸음이 되길 바란다.

그림책으로 나누며 사는 행복한 사람

아이를 낳기 전에는 세상에 이렇게 많은 그림책이 있는 줄 몰랐다. 그리고 하브루타를 하기 전에는 어른이 아이에게 읽어주는 책인 줄로만 알았다. 그런데 이제 그림책은 내게 힘이 되어주고, 삶의 방향을 알려주고, 구체적인 실천 방법까지 알려주며, 이렇게 글을 쓰게 해주었다. 어린아이의 나, 부모로서의 나, 위로받고 싶은 나, 위로해주는 나, 꿈을 꾸며 꿈을 이루기 위해 나아가는 나, 도전하는 나, 세상을 바라보는 나, 그런 내가 그림책 안에 있다. 그림책 속 수많은 내가 나를 발견하고 내면을 가득 채운다. 자신을 탐색하고 나 스스로 말을 걸어보는 시간을 통해 지금의 나에게 집중해본다.

어느 날 한 선생님이 내게 "선생님은 윤슬(햇빛이나 달빛에 비치어 반짝이는 잔물결) 같아요"라고 말해주었다. 강렬함도, 큰 파도도 아닌 잔물결로 하루하루를 살지만, 내가 살아가는 지금 순간이 이렇게 빛난다면 다른 이에게도 그 아름다움을 전해줄 수 있는 사람이 되리라 믿고 힘을 낸다.

그림책으로 나의 무의식을 깨우고, 치유와 성장을 도모하며, 우리가 모두 연결되어 함께 건강한 마음과 사회를 일구어 선한 영향력을 펼치는 사람이 되었으면 한다.

전미령 Jeon miryeong

한국하브루타교육연구협회 선임연구원
메타인지 교육협회 선임연구원
하브루타 부모교육연구소 국장

강의 및 사회활동
한양대학교 미래인재교육원 겸임교수
하브루타 부모교육연구소 고양파주 지부장
하브루타 부모교육 전문 강사
그림책 하브루타 코칭지도사 1, 2급 자격과정 강사
하브루타 독서토론 2급 과정 강사
메타인지 하브루타 2급 자격과정 강사

챗 GPT 시대에 수학, 과학의
원리를 하브루타 하면서 배워요

서봉금

하브루타는 질문하는 힘이다. 2023년은 챗 GPT의 등장으로 AI 시대의 서막을 알린 해다. 챗 GPT는 우리가 어떤 질문을 하느냐에 따라 제시되는 대답의 깊이가 다르다. 그만큼 질문의 중요성이 커지고 있다. 심지어 생성형 AI가 정확한 답을 낼 수 있도록 질문을 입력하는 사람을 지칭하는 '프롬프트 엔지니어prompt engineer'라는 직업이 생기기도 했다.

특히 우리 아이들이 자라서 맞이할 앞으로의 세상은 융복합적 사고를 지니고 자기가 정말로 하고 싶은 일을 깊숙이 파고들 수 있어야 한다. 그러기 위해서는 자연과학의 기초인 수학을 기본으로 과학과 인문과학의 영역을 융복합하는 과정이 필요하다. 질문하며 대화하고 토론하는 하브루타를 통해 자연과학과 인문과학의 융복합 과정을 배워보자.

생활 속에 수학이?

[질문1] 기타 피크 속에 수학이 들어 있대요?

| 수학 원리 | 정폭 도형인 뢸로 삼각형

가. 정폭도형이란

도형과 접하는 두 평행선 사이의 거리, 즉 폭이 항상 일정한 도형이
다. 굴러갈 수 있으며, 홀수각형만 가능하다(뢸로 삼각형, 뢸로 오각형, 뢸
로 칠각형 등).

나. 실생활에 활용

기타 피크, 필라델피아 소방국의 뢸로 삼각형 소화전 마개, 정칠각
형 영국 동전, 뢸로 삼각형 바퀴 자전거, 정사각형 모양 구멍을 만드
는 뢸로 삼각형 드릴기

| 준비물 | 두꺼운 종이, 가위, 색깔이 다른 세 종류의 실, 직각 삼
각형 자

[그림 44] 직각삼각자 60도
활용한다.

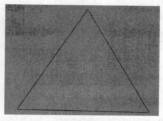

[그림 44] 한 변이 20㎝인 정삼각형을
그린다.

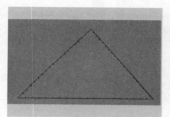

[그림 44] 직각삼각자 60도
활용한다.

[그림 47] 꼭지점을 번호1로 시작해서
각 점마다 번호로 20까지 표시한 뒤 가
위 밥을 넣는다. 삼각형 한 변의 1번 점
을 통과한 실을 다른 변의 1번 점을 통
과한 후 2번 점으로 나온다. 다시 처음
통과한 변의 2번으로 들어가서 다른 변
의 3번을 통과한 후 4번으로 나온다.

[그림 48]
계속해서 연결한다.

[그림 49] [그림 48]의 뒷모습

[그림 50] [그림 48]를
완성한 모습

[그림 51] 다른 색 실로
다른 변을 연결

[그림 52] 모두 완성한 모양이다.

[그림 53] [그림 52]의
뒷모습

| 하브루타 질문 만들기 |

가. 기타 피크를 뢸로 삼각형으로 만들면 어떤 이로운 점이 있을까?

나. 뢸로 삼각형 모양으로 어떤 물건을 디자인한다면 어떻게 하고 싶은가?

다. 다른 사람들을 똑같이 대해야 한다고 생각하나? 그 이유는 무엇인가?

라. 모든 사람이 공통으로 가진 특징은 무엇일까?

자연 속에 수학이?!

[질문 2] 피보나치 정사각형이 피보나치 직사각형으로
변한대요?

| 수학 원리 | 피보나치 수열

가. 첫째 둘째 항이 1이며, 그 뒤의 모든 항은 바로 앞 두 개 항의 합인 수열이다.

1, 1, 2, 3, 5, 8, 13, 21, 34, 55……

나. 토끼 가계도, 식물 가지가 자라는 방법, 솔방울 무늬와 해바라기 씨, 파인애플 무늬 등

다. 1/2, 2/3, 3/5, 5/8, 8/13, 13/21…… 비율이 커질수록 약 1.618의 황금비에 수렴한다.

| 준비물 | 가위, 자, 두꺼운 종이

| 피보나치 정사각형과 피보나치 직사각형 만들기 |

가. 각 변이 1㎝인 정사각형 2개, 2㎝, 3㎝, 5㎝, 8㎝인 정사각형을 만든다.

나. 다음 그림과 같이 배열한다.

다. 단계마다 피보나치 직사각형의 한 변의 길이를 계산해보자.

[그림 54] 피보나치 정사각형

[그림 55] 피보나치 직사각형

| 하브루타 질문 만들기 |

가. 정사각형의 각 변의 길이 배열에서 발견할 수 있는 규칙은 무엇일까?

나. 정사각형을 [그림 12]와 같은 방법으로 2개, 3개, 4개, 5개, 6개…… 붙여가면서 가로세로 비의 값을 계산해보자. 어떤 특징을 찾을 수 있나?

다. 나는 시간을 나눠 쓸 때 무엇을 기준으로 하나?

라. 하루의 시간을 어떤 비율로 나눠 쓰나?

놀이 속에 과학이?!

[질문 3] 손으로 얼음낚시를 해요?

| 과학적 원리 | 용해와 녹는점

가. 물질의 상태가 고체에서 액체로 변하는 것을 용해라고 하고, 이때 온도를 녹는점이라고 한다. 얼음의 녹는점은 0℃이다.

나. 얼음은 물 분자의 결합으로 이뤄진 물질이고, 소금은 나트륨이온 (Na+)과 염소이온(Cl-)으로 이뤄진 물질이다. 얼음에 소금을 뿌리면 얼음을 구성하는 물 분자와 소금을 구성하는 이온 분자의 결합력이 더 강하게 작용하여 얼음이 녹는다.

다. 고체인 얼음이 액체인 물로 바뀔 때는 에너지가 필요하고, 이때 얼음을 구성하는 물 분자 에너지를 빼앗아 가게 되므로 덜 움직이게 된다. 얼음은 온도가 낮아지는 상태를 유지하여 녹는점이 낮아지게 된다.

라. 소금을 뿌린 얼음이 그냥 둔 얼음보다 비교적 더 빨리 녹는다.

마. 얼음이 조금 녹았을 때 실을 얼음 위에 두고 소금을 뿌리면 실험이 잘 진행된다.

| 준비물 | 여러 가닥의 실, 얼음, 소금, 접시

[그림 56] 실은 여러 가닥이 되도록 한다.

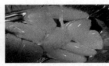
[그림 57] 실과 얼음 위에 소금을 뿌린다.

[그림 58] 조심해서 끌어 올리도록 한다.

| 하브루타 질문 만들기 |

가. 왜 여러 가닥의 실을 사용할까?

나. 소금을 뿌리면 실이 얼음에 달라붙는 것은 어떤 과학적 원리가 작용한 것일까?

다. 소금을 뿌리지 않은 얼음과 소금을 뿌린 얼음은 어느 것이 빨리 녹을까?

라. 사람들 사이의 거리는 고슴도치 가시처럼 일정하게 유지해야 한다고 한다. 어떻게 해야 하는 것일까?

마. 사람들을 처음 만났을 때 나는 어떤 부분에 기준을 두고 그 사람에 대해 생각할까?

[질문 4] 양초 시소를 만들어봐요!

| 과학 원리 | 무게중심 찾기

가. 촛농이 떨어지는 곳에 받침 종이를 둔다. 촛불에 손이 데지 않도록
   주의한다.

| 준비물 | 양초, 컵, 휴지, 이쑤시개, 빨대, 성냥, 받침 종이

| 실험 과정 |

[그림 59] 생일 양초를
수평이 되게 맞춘다.

[그림 60] 양쪽의 양초에
불을 켠다

[그림 61] 양초가 수평
시소를 탄다.

| 하브루타 질문 만들기 |

가. 불붙은 두 개의 양초가 시소를 타는 이유는 무엇일까?

나. 주변에 있는 물체 중 하나를 골라 무게중심을 찾아본다.

다. 어떤 일을 선택할 때 기준을 두는 것은 무엇인가?

라. 친구를 사귈 때 가장 중심을 두는 것은 무엇인가?

생활 속에 과학이?!

[질문 5] 핫팩 속에 숨은 과학을 찾아볼까요?

| 과학 원리 | 자기장과 자력선

가. 핫팩을 흔들면 들어 있는 철이 공기 중 산소와 산화되어 산화철이
되면서 열이 발생한다.

나. 자기력선은 눈에 보이지 않는 자기장의 모습을 선으로 나타낸 것이다.

다. 자력선이 잘 펴지지 않을 경우 종이를 손으로 톡톡 건드려 준다.

| 준비물 | 핫팩, 막대자석, 종이, 가위
| 실험 과정 |

[그림 62] 핫팩을 준비한다.

[그림 63] 핫팩 내용물 중 자석에
달라붙는 물질을 고른다.

[그림 64] 자석의 다른 극을 가까이
했을 경우 자력선 모양

[그림 65] 자석의 같은 극을
가까이했을 경우 자력선 모양

가. 핫팩 속에 있는 물질 중 자석에 달라붙는 물질은 무엇일까?

나. 자력선에 대해 우리가 알 수 있는 사실을 이야기해보자.

다. 나는 어떤 사람은 멀리하고 어떤 사람은 가까이할까?

라. 나도 모르게 나를 도와주는 일들은 무엇이 있을까?

마. 나는 사람들에게 무엇을 어떻게 영향을 미치고 싶을까?

[질문 6] 달걀을 물에 띄워볼까요?

| 과학원리 | 밀도 차이

가. 1번 컵의 달걀은 물 위로 올라오지만 2번 컵의 달걀은 물 중간에 떠 있다.

나. 밀도와 부력: 액체의 밀도가 높을수록 부력이 커진다. 소금물> 달걀> 물 순서라는 것을 알 수 있다.

다. 1번 컵의 소금물은 전체적으로 잘 저어주어야 한다.

라. 2번 컵의 경우 소금물과 물이 섞이지 않고 컵 속의 아래쪽에는 소금 물이 위쪽에는 물 층이 생기도록 물을 조심스럽게 부어주어야 한 다. 달걀의 밀도는 소금물보다는 가볍고 물보다는 무거워 2번 컵의 중간에 있게 된다

마. 장 담글 때 달걀을 넣어서 500원짜리 동전 정도의 크기만큼 뜨는 정도를 보고 장의 맛을 결정했다고 한다.

| 준비물 | 달걀, 물, 소금, 유리컵 두 개, 막대기

| 실험 과정 |

가. 컵에 물을 넣은 뒤 달걀을 넣고 관찰한다.

나. 1번 컵에 소금 7 큰 술을 넣고 잘 저어준 뒤 달걀을 넣고 관찰한다.

다. 2번 컵에 물 절반쯤 채우고 소금 7 큰 술 넣어 잘 저어준 다음, 그 위
   에 조심스럽게 물을 더 넣어 가득 채운 뒤 젖지 말고 달걀을 조심스
   럽게 넣고 관찰한다.

[그림 66] 컵 번호 1   [그림 67] 컵 번호 2

| 하브루타 질문 만들기 |

가. 처음에 달걀을 물속에 넣었을 때 어떤 결과가 나타났을까? 어떤 원
   리일까?

나. 컵 번호 1과 컵 번호 2의 두 컵의 차이점은 무엇일까?

다. 우리 생활에서 밀도를 활용하는 방법으로 무엇이 있을까?

라. 일상에서 내가 붕 떠 있는 기분을 느낄 정도의 일은 어떤 일일까?

서봉금 Seo bongguem

한국 하브루타교육연구협회 선임연구원
메타인지 교육협회 선임연구원
하브루타 부모교육 연구소 교재팀장

강의 및 사회활동
학장중학교 교장 역임
하브루타 교재개발 활동
김해시 행복마을학교 강의

5장

달라진 부모,
아이들의
변화

365일 독서 미션으로
성장하기

유대인들은 평생 『탈무드』를 공부하며 자신만의 방식으로 탐구한다. 어릴 때뿐만 아니라 성인이 되어서도 어제보다 나은 내일의 삶을 살기 위해 세상을 통찰하고 꾸준히 공부하는 것이다. 평생 공부하는 부모의 모습을 보고 자란 아이들은 어떨까? 엄마의 공부는 자녀에게 최고의 교육이 된다.

아직 무엇을 공부해야 할지, 왜 공부해야 하는지 막막하게 느껴진다면 평소 쉽게 접하고 관심 있게 생각하던 분야의 책을 찾아서 하브루타를 하길 권한다. 아이의 학습과 관계를 위해서만 하브루타를 접했다면 이번엔 적극적으로 부모 자신을 위한 질문을 만드는 것이 좋다. 책은 되도록 깨끗하게 읽기보다 지저분하게 읽어야 오래 기억에 남는다. 한 페이지라도 좋으니 인상 깊은 구절에 밑줄을 치고 질문을 곁에 적고 간단한 생각을 적는 습관을 가져보자. 처음엔 뭘 적어야 할지 막막하다가도 점점 질문과 의견으로 여백이 빼곡히 채워지는 것을 느낄 수 있을 것이다. 평소 아이와 하브루타를 할 때 질문이 끊기고 대화가 짧게 끝나 어려움을 느끼는 경우에도 이러한 훈련은 큰 도움이 된다.

책 읽는 것이 익숙해졌다면 T자형 독서로 이어가는 것이 좋다. 여러 가지 주제를 탐독하다가도 흥미로운 주제를 발견하면 해당 주제로 10권 이상을 찾아 읽어보는 것이다. 이러한 독서법은 한 분야에 대한 전문성을 높일 수 있게 하고, 사고를 점차 확장시켜 다른 지식을 더해 자신만의 재해석을 만들어낼 수 있게 만든다.

평생 공부는 꾸준함이 생명이다. 바쁜 엄마의 공부를 꾸준하게 이어가기 위해서는 '시간 관리'가 꼭 필요하다. 효율적인 시간 관리를 위해 아침 루틴으로 가장 먼저 해야 할 일을 적어보자. 우선 떠오르는 순서대로 적어보고 4가지 영역으로 나눈다. 우리가 해야 할 일은 보통 4가지 상황에 해당한다. 1. 급하고 중요한 일 2. 급하지 않지만 중요한 일, 3. 급하지만 중요하지 않은 일 4. 급하지 않고 중요하지 않은 일이다. 우리는 생각보다 급하지도 중요하지도 않은 일을 처리하느라 일과 중 많은 시간을 할애할 때가 있고, 급한 일만 처리하다 급하지 않은 중요한 일들을 놓칠 때가 많다.

꼭 기억해야 할 것은 인생에서 가장 중요한 것은 보통 '급하지 않지만 중요한 일'인 경우가 많다는 것이다. 운동, 식단관리, 독서 등이 이에 속한다. 엄마가 해야 하는 공부도 그렇다. 급하지 않지만 중요한 일을 짧게라도 하려고 노력하는 것만으로도 오랜 시간이 지나고 보면 많은 것을 달성할 수 있다. 하루 10분이라도 시간 투자를 게을리하지 말자.

자존감 향상
자기 이해 하브루타

자존감이 떨어지는 순간을 스스로 알아차리는 것이 중요하다. 그래서 평소 나의 표현과 감정을 면면히 살펴야 한다. 예를 들면, 마음과 다른 표현으로 자신에게 상처줄 때, 기대와 다른 불안으로 양면적 감정이 마음을 괴롭힐 때, 몸이 아프다는 신호를 보낼 때, 생각이 꼬리를 물다가 동굴로 향할 때 등등이다.

다음 단계로 욕구(감정) 알아차리기와 책임지기를 한다. 첫째, '지금 내가 원하는 것은 무엇인가?' 욕구를 알아차린다. 둘째, '지금 나는 어떤 느낌, 어떤 감정이 드는가' 감정을 알아차린다. 마지막으로 '지금 나는 OOO을 하고 싶다/해야 한다' 나 자신의 감정과 행동에 책임지기를 실시한다. 어려움에 봉착해 생각이 많아질 때, 생각을 멈추고 위 세 가지 질문에 구체적으로 답해본다. 답은 내 안에 있다.

욕구(감정)을 알아차리고 책임지기가 끝나면, 확언 쓰기와 확언 선포를 한다. 나의 기대와 소망을 담은 문장을 확언형으로 작성하고 말한다. 무의식중에 부정적으로 향하던 생각과 감정을 의식적으로 긍정형으로 바꾸는 작업이다. 다시 무의식중에 바뀌지 않도록 여러 차례 계속해서 쓰고, 선포해본다. 확언 쓰기와 확언 선포는 의식적인 작업으로 다시 부정적으로 돌아가지 않겠노라 다짐하면서 말이다.

마지막 단계로, 자기 자신과의 직면이 필요하다. 자존감의 흔들림이나 불안을 감싸주고 다독여주면서 자신을 있는 그대로 받아들일 때 자존감이 향상한다. 지금 여기에서 느끼는 자신의 욕구와 감정을 자각하고 직면함으로써, 자기 자신 및 타인과 잘 교류할 수 있게 성장하고 변화하는 경험을 하게 된다. 그러고 나면, 정신이 바짝 들 것이다.

그럼에도 자존감이 떨어지는 순간은 또 온다. 자신에 대한 평가절하, 부정적인 미래상, 어두운 감정으로 얼룩짐을 느꼈을 때, 나의 자존감을 끌어 올릴 수 있는 질문을 해보면 좋다. 첫째, '지금 나에게 좋은 것(생각)은?', 둘째, '지금 내일(미래)에 대한 걱정은 나에게 좋은 것인가?'이다. 항상 걱정은 어제와 내일에 영역에 있다. 지금에 초점을 맞춘다면, 걱정의 영역이 흐려지게 되기 때문이다.

자존감 높이는 질문 한눈에 보기

첫째, 자존감이 떨어지는 순간을 스스로 알아차리기!

둘째, 자신의 욕구(감정) 알아차리기와 책임지기

셋째, 자존감을 향상시키기 위한 확언 쓰기와 확언 선포하기

넷째, 자신의 자존감을 자각하고 직면하기

욕구(감정) 알아차리기, 책임지기 질문

'지금 내가 원하는 것은 무엇인가?'

'지금 나는 어떤 느낌, 어떤 감정이 드는가'

'지금 나는 OOO을 하고 싶다/해야 한다'

부모가 자녀를 위해
적극적으로 해야 할 것

자녀와 하브루타를 실천하는 과정에서 부모가 자녀에게 적극적으로 해야 할 것은 다음과 같다.

첫째, 적극적인 경청으로 참여 유도로 자녀가 스스로 생각하고 질문할 수 있도록 유도한다. "이 문제에 대해 너는 어떻게 생각하니?" 같은 질문을 통해 자녀의 사고를 자극한다. 아울러 "너는 어떻게 했으면 좋겠어?"라고 물으면 원인과 해결책을 함께 찾으려고 한다. 자녀가 말할 때 끝까지 경청하고, 그들의 생각과 의견을 존중한다.

둘째, 긍정적이고 개방적인 태도 유지다. 자녀가 의견을 내면 긍정적인 피드백을 주며, 칭찬과 격려를 아끼지 않는다. 이는 자녀의 자존감을 높이고, 더 적극적으로 참여하게 만든다. 아이의 새로운 아이디어에 대해 "그것도 흥미로운 생각이야. 한 번 더 이야기해볼까?"라는 식으로 대화를 이끌어가면 좋다.

셋째. 문제해결을 위한 협력이다. 자녀와 함께 문제를 해결해나가며 협력의 중요성을 가르친다. 함께 프로젝트를 계획하고 실행해보는 경험을 통해 협업의 가치를 배우게 된다. 자녀와 다양한 주제로 토론하는 시간을 정기적으로 갖는 것도 중요하다. 자녀는 자기 생각을 논리적으로 표현하는 능력을 키우게 된다.

넷째, 비판적 사고와 창의성 장려로 하나의 주제에 대해 다양한 관점을 제시하고, 자녀가 여러 가지 시각에서 생각해볼 수 있도록 한다. 예를 들어, "이 문제를 해결할 다른 방법이 있을까?"라는 질문을 통해 창의성을 자극할 수 있다. 실패를 두려워하지 않도록 격려하고, 실패를 통해 배우는 경험의 중요성을 강조한다. '실패는 성공으로 가는 길'이라는 점을 강조해서 전달한다.

부모가 자녀에게
절대 해서는 안 되는 것

첫째, 주입식 교육으로 자녀에게 정답을 강요하거나 일방적으로 지시하지 않는다. 이는 자녀의 자율성과 창의성을 저해한다. 대신 자녀가 스스로 답을 찾도록 도와주는 것이 중요하다. 자녀의 의견이나 생각을 비판하거나 무시하지 말아야 한다. 이는 자녀의 자신감을 떨어뜨리고, 대화에 대한 흥미를 잃게 한다.

둘째, 소극적인 대화에서 무관심한 태도를 보이는 것은 금물이다. 자녀가 하는 말에 관심을 기울이고, 그들의 생각에 진지하게 반응해줘야 한다. 또한 대화할 때 부모가 일방적으로 말하는 것을 피하고, 자녀가 충분히 자신의 의견을 표현할 수 있도록 분위기를 조성해준다.

셋째, 비현실적인 기대로 자녀에게 과도한 압박감을 주지 않는 것이 좋다. 이는 자녀에게 스트레스를 주고, 학습에 대한 흥미를 잃게 할 수 있다. 자녀의 성장을 기다려주지 않고 성급한 결론을 내리거나 판단하지 않는다. 자녀가 스스로 성장할 수 있도록 인내심을 가지고 기다려줘야 한다.

넷째, 부정적인 감정 표현을 하지 말아야 한다. 토론 중 화를 내거나 감정을 조절하지 못하는 행동 역시 피해야 한다. 부정적인 감정 표현은 자녀에게 두려움과 불안감을 줄 수 있기 때문이다. 자녀의 실수나 잘못을 비난해서는 절대 안 된다. 개선할 수 있는 방향을 제시하고 함께 해결책을 찾는 것이 좋다.

자녀와 하브루타를 실천하는 과정은 부모와 자녀가 함께 성장하는 소중한 시간이다. 자녀의 의견을 존중하고, 비판적 사고와 창의성을 길러주며, 협력과 대화를 통해 더 나은 미래를 준비할 수 있도록 지원하는 것이 중요하다. 이를 통해 자녀는 자율적이고 독립적인 사고를 가진 미래 인재로 성장할 수 있다.

좋은 질문을 위한
독서 질문 카드

책을 읽고 하브루타를 할 때 적절한 질문이 생각나지 않을 때가 있다. 그럴 때 '독서 질문 카드'를 사용하면 많이 도움된다.

독서 질문 카드에는 경험 관련 질문, 재미에 관련된 질문, 궁금한 것 질문, 중요한 내용에 관한 질문, '~라면' 질문, '왜' 질문 등으로 나누어 놓는다. 이 카드를 사용하면 질문 거리가 다양하고 풍부해서 하브루타하기가 쉽고 아이들은 질문 만드는 부담감이 없어서 좋아한다.

질문 내용

- 제목이 왜 이걸까요?
- 겉표지의 그림을 보고 책의 내용을 상상해볼까요?
- 그림책을 쓴 작가에게 무엇을 질문하고 싶은가요?
- 주인공이 겪은 일과 비슷한 경험이 있나요?
- 등장인물과 비슷한 행동을 하는 사람을 본 적이 있나요?
- 내용 중에서 가장 재미있었던 부분은 어디인가요?
- 내가 감동받은 부분은 어디인가요?
- 작가는 우리에게 어떤 교훈을 주고 싶었을까요?
- 이 책의 핵심 주제는 무엇일까요?
- 가장 기억하고 싶은 보석 문장은 무엇인가요?

- 이 책의 주인공이 한 일은 무엇인가요?
- 내가 주인공이라면 어떻게 했을까요?
- 내가 작가라면 뒷이야기를 어떻게 마무리했을까요?
- 왜 주인공은 그렇게 했을까요?

이 질문카드를 사용하면 다양한 질문을 주고받을 수 있어서 좋다.

실제로 해보니 질문 만드는 시간을 줄일 수 있었고 매우 활발하게 소통하는 것을 볼 수 있었다.

다양한 하브루타 실천 꿀팁

1. 질문왕 스티커 판

질문을 만들 때마다 스티커를 배부한다. 어떤 질문도 상관없이 마음껏 질문하고 개수만큼 스티커를 준다. 질문을 두려워하는 아이들도 매일 채워지는 스티커를 확인할 때마다 질문에 대한 자신감을 키울 수 있다. 형제가 있거나 여러 아이와 함께한다면 약간의 경쟁심리도 이용할 수 있다. 자신이 만들어낸 질문에 적극적으로 대답하고 참여하면 보너스 스티커도 후하게 배부한다. "질문을 이렇게 많이 했구나~", "이 질문은 생각지도 못했는데 기발한 질문이었어!"라고 칭찬해준다면 아이는 좀 더 자신감을 얻을 수 있다. 또한 스마트폰 앱을 이용하여 스티커 판을 직접 만들게 한다면 아이들이 더욱 즐겁게 참여할 수 있다.

2. 개념 빙고 게임

아이들은 재미와 즐거움이 있는 수업을 가장 선호하고 참여도 잘한다. 그중 가장 많이 활용하는 방법은 '개념 빙고 게임'이다. 빙고 게임을 통해 아이들은 주요 개념을 반복적으로 접하고 이해할 수 있다.

빙고 판에 적힌 개념을 찾으며 아이들은 해당 개념에 대한 이해를 강화한다. 빙고 게임은 아이들을 적극적으로 참여하도록 유도한다. 게임의 경쟁적인 요소와 상호작용은 아이들에게 하브루타 수업의 참여도를 높인다. 게임의 승리를 위한 동기부여는 아이들의 책 내용에 대한 이해를 높이며 하브루타 수업에 대한 열정을 자극할 수 있다. 빙고를 완성하고 이기는 것에 대한 성취감은 하브루타 수업의 동기를 높여준다.

3. 일상 하브루타

아이가 유치원에 다닐 때는 사계절 자연의 변화 속에서 하브루타를 했다. 예를 들면 하원길에 해를 보며 아이가 "할머니! 해님이 우리를 따라와요."라고 하면 "정말 그러네. 주호랑 놀고 싶어서 따라오는가 보다." "우리 집에 데려가요." "그럴까?" 도착해서는 "어떻게 데리고 가지?" 질문을 한다.

그러면 아이는 "해님은 우리 집에는 못 가요. 자기 집에 가야 하니까" "그러면 우리 조금 더 해님하고 놀다가 안녕할까?"

봄에 피는 벚꽃과 개나리를 보며 "하얗게 핀 꽃은 벚꽃이고 노란 꽃은 개나리야. 어때 예쁘지?"라고 질문을 하면 아이는 이렇게 대답을 했다. "할머니! 하얀 벚꽃은 오리지널 팝콘 같고 노란 개나리는 치즈맛 팝콘 같아요." 그 순간을 놓치지 않고 격하게 공감하고 칭찬해주는 것이 좋다. "와! 어떻게 그런 생각을 했지? 우리 주호는 시인이네. 정말 멋진 생각이다." 그러면 아이의 표정에서 자신감이 보인다.

또 한 가지는 음악 하브루타다. "이 악기 소리는 무슨 악기일까?" 맞추면 "어떻게 알았어? 대단한데"라고 칭찬해주며 느낌도 묻고 곡이나 작곡가 이야기도 해준다. 무슨 악기 소리인지 모를 때는 힌트랑 초성을 알려주기도 하고 연주하는 방법을 말해주기도 한다. 생활 속 하브루타가 꿀팁이다.

4. 가랑비 전략

어린 두 아이와 그림책 읽기, 일상 하브루타, 집안일과 용돈 교육까지 하는 비법은 '가랑비 전략'이다.

그림책은 잠자리를 준비하며 하루에 한 명당 1~2권만 읽는다. 아이들은 아쉬워서 내일을 기대하고, 부모는 부담 없이 몰입한다. 일상에서 질문 던지기도 등·하원 길에 한 번, 오후 일과 중에 한 번만 한다. 집안일도 용돈 교육도 마찬가지다.

육아의 본질은 '건강한 성인으로 독립시키는 일'임을 기억하자. 꾸준하게 매일 할 수 있는 양을 정하고 일상 속에서 실천하면 그 잠깐의 습관이 아이의 삶을 만들 것이다.

5. 하브루타로 문제해결

먼저 해결해야 할 문제나 의논할 사항과 관련된 내용이 들어간 문장을 만든다. 만든 문장을 읽고 각자 질문을 세 개 이상 만들어서 하브루타 활동을 한다.

하브루타 활동을 하기 전에 지켜야 할 것을 정하고 시작한다. 우리 집의 경우 "무엇을 지켜야 할까?"라고 물으니 '경청'이라고 했다. '경청'은 어떻게 하는 건지 서로가 서로에게 질문을 통하여 나온 답을 정리했다. "말하는 사람을 바라보며 듣는다. 어떤 말을 해도 끝까지 듣는다. 들은 내용을 요약해서 들려주며 바르게 들었는지 확인한다. 지적하는 말이나 비난하는 말은 하지 않는다." 가정 문제해결 하브루타 활동은 속마음까지 말하는 기회가 되고, 서로 이해를 더 잘할 수 있게 되며, 마음이 열리게 하는 효과적인 대화 방법이다.

6. 가족 워크숍

1년에 정기적으로 2번 가족 워크숍을 가진다. 하브루타를 하면서 가족들과 함께 우리의 1년을 함께 공유하고 나누고 싶었다. 처음 시작할 때는 아이들이 초등학생, 중학생이어서 PPT 자료를 만드는 것이 쉽지 않을 거라는 생각에 스케치북에 만들라고 했더니 아빠 엄마처럼 PPT 프로그램으로 만들고 싶다고 했다. 텍스트 넣는 법, 사진 넣는 법, 동영상 넣는 법 등 이것저것 물어보고 혼자서 일주일 만에 만들어서 발표했다.

부모는 아이들의 1년을 함께 추억하고, 나와 아이들은 아빠의 회사생활에 대해 자세히 알게 된 계기였다. 그때부터 시작해서 지금까지 7년째 지속해오고 있는 가족 워크숍은 우리 집 문화가 되어 가고 있다. 가족 구성원들과 1년을 반성하고, 앞으로의 1년을 계획나가면서 함께 성장하는 것을 지켜보고 있다.

하브루타 단톡방
명화 하브루타 [1]

하브루타를 위해 모인 단톡방에서 매주 목요일에 명화감상 하브루타를 진행한다.

"안녕하세요. 매주 목요일 미술작품 감상을 진행하는 임성실입니다. 작품을 보고 1. 제목, 2. 느낌, 3. 질문을 적어주세요. 아는 작품도 다른 관점으로 봐주세요. AI 인공지능 시대에 좋은 질문을 하는 능력이 더욱 중요해졌습니다. 작품을 보고 내 생각을 글로 쓰고 공유하는 순간 나의 사고력은 확장되고, 메타인지 능력이 높아집니다. 또한 다른 사람의 느낌과 질문에 답글을 쓰면 잠자는 나의 뇌를 깨우게 됩니다. 다른 사람의 생각은 틀린 것이 아니고 다른 것입니다. 남과 다르게 보고 다르게 생각하는 것이 명화감상의 핵심입니다."

2023년 7월 6일, 클로드 모네의 <파라솔을 든 여인>

1. 제목, 2. 느낌, 3. 질문

김** 1. 각인, 2. 너와 함께 한 모든 날이 눈부셨다. (드라마 명대사) 3. 그림이 입체일까?

엄** 1. 그리움, 2. 여인이 높은 곳에 올라 아래를 내려다보며 누군가를 그리워하고 있다. 조금 떨어져 아이가 지켜보고 있네요. 하늘의 구름과 여인의 옷자락이 부드럽게 바람 부는 대로 흘러가는 듯 조화를 이루는 느낌이에요. 보고만 있어도 편안해 는 그림입니다. 3. 이곳은 어디일까? 여인은 어디를 바라보고 있을까? 아마도 아래쪽으로 바다가 펼쳐져 있을 듯하네요. 여인은 누군가를 기다리는 것일까? 여인은 무슨 상념에 잠겨 있는 것일까? 아이는 무슨 생각을 할까? 부드러운 바람을 맞으며 자연 속에서 생각에 잠겨 보신 적이 있나요?

은** 1. 친정 가는 길 2. 오랜만에 친정 나들이. 아이가 어느덧 자라 아이를 데리고 친정에 가는 길 높은 하늘가 푸르른 언덕. 저기 보이는 그리운 엄마 집. 아련히 밀려오는 소녀 시절 추억들이 잠시 발길을 멈춘다. 평소에 보지 못했던 엄마의 모습에 의아한 듯 쳐다보는 아이, 낯설어 보이지만 엄마가 더 예뻐 보인다. 3. 몇 년 만의 친정 나들이일까?, 엄마의 모습을 보고 아이는 무슨 생각을 할까?. 어디를 쳐다보고 있는 것일까?, 엄마의 어린 시절 이야기를 들어본 적이 있나? 5. 엄마의 학창시절은 어땠을 것 같아? 생각에 잠긴 엄마를 본 적 있는가? 날씨가 맑은 날 공원에 가면 뭘 하고 싶니? 잔디밭에 누워서 파란 하늘을 바라보며 생각한 적 있니? 무슨 생각을 해보았니? 엄마랑 둘이서만 나들이 간 기억 중에 좋았던 것은? 이 그림을 보며 생각나는 노래가 있니?

김** 1. 회상, 2. 하녀와 외출을 나온 귀족 여인이 언덕 아래에 놀고 있는 천진난만한 아이들의 모습에 자신의 어릴 적 회상에 잠긴 듯하다. 3. 아이들은 무슨 놀이를 하고 있을까? 난 어릴 적 무슨 놀이를 하며 행복하게 놀았던 적이 있나?

하브루타 단톡방
명화 하브루타 [2]

2024년 2월 15일, 구스타브 카유보트의 <창가의 남자>

1. 제목, 2. 느낌, 3. 질문

전**1. 4세, 6세 아이가 저 아저씨는 도둑 같다네요. 검은 옷을 입고 있어서 그렇다고. 나쁜 사람들은 다 검은 옷을 입는대요. 그럼 저 아저씨는 무얼 보는 걸까? 했더니 어느 집을 밤에 들어갈까 고민 중이래요.

권**1. 금지된 사랑 2. 파리 어느 한 골목에 사는 이 남자는 의자에 앉아 창밖을 바라보며 골똘히 생각하다 좋아하는 여인이 골목에 나타난 것을 보고 벌떡 일어나 그 여인을 지켜보고 있다. 그의 마음이 얼마나 애절한지 깨달은 그는 그 여인에게 다가가고 싶지만, 그 여인은 유부녀라는 사실을 알게 된다. 3. 이 남자는 어떤 계층의 사람일까? 화가는 이 남자를 대각선에서 관찰한 걸까? 이 남자는 어디를 바라보고 있는 걸까? 사랑하는 여인일까? 왜 적극적으로 부르지 못하고 바라만 볼까? 손을 주머니에 넣은 뒷모습이 뭔가 애절한 느낌일까? 그림자가 있는 걸 보니 정오가 지난 오후일까? 파리의 한 골목일까? 골목에 있는 사람은 여인일까? 남자의 집일까?

의** 1. 결심 2. 인적이 드문 새벽 아침 옷을 차려입고 창밖을 바라보며 큰 결심을 앞두고 마음을 다지는 느낌 3. 저 거리의 여인은 행인일까? 저 남자는 무슨 생각을 할까? 저 남자는 어떤 결심을 앞두고 있을까? 저 남자는 지금 어떤 마음일까? 내가 앞둔 큰 결심은 무엇일까? 내 미래를 위해 난 어떤 결심을 해야 할까? 옳은 선택, 더 나은 선택을 하기 위해 어떤 노력을 해야 할까?

의** 1. 출장 2. 낯선 곳에서의 긴장을 잠시 내려두려는 모습 3. 삶에서 긴장은 필요하지만 긴장을 적당하게 내려둘 수 있는 여유를 갖는것이 지혜롭게 살아가는 것 3. 남자는 풍경을 보고 어떤 생각을 하고 있을까? 남자에게는 지금 어떤 기분일까? 남자는 왜 의자에 앉아 쉬지 않았을까?

6장

궁금해요,
하브루타

성공적인
하브루타를 위한
Q&A

Q. 하브루타는 언제부터 시작하나요?

Now, 지금부터 시작하라. 지금이 바로 시작할 때다. 현재 어떤 상황, 어떤 위치에 있든 시작해야 할 때는 바로 지금이다. 바빠서 지금은 할 수가 없더라도 시작하라. 그러면 시간이 확보될 것이다.

아이가 어리다면 지금이 바로 적기다. 만약 사춘기를 겪고 있는 자녀가 있다면 더욱 필요한 것이 하브루타 대화법이다. 또 자녀가 다 성장했다면 성인이 된 자녀와 어떻게 소통하고 있는가? 휴대전화로 필요한 이야기만 주고받고 있는 관계라면 서로 바라보며 대화를 시작해야 할 때다. 내 자녀가 무슨 생각을 하고 있는지, 어떤 고민이 있는지, 요즘 관심 있는 것은 무엇인지 알고 있는가?

결혼과 출산을 준비 중이라면 하브루타는 필수 과목이 되어야 한다. 자녀들이 결혼하여 손주들이 있는 할머니, 할아버지라면 반드시 하브루타를 시작하길 바란다. 손주를 사랑하는 만큼 배우는 조부모가 되자. 그래서 그저 손주를 이뻐하기만 하는 조부모가 아니라 아이의 눈높이에서 대화하고 공감하며 선한 영향력을 끼치는 멋진 조부모가 되어보자.

미리 결론을 말하자면 하브루타는 남녀노소를 불문하고 모두에게 지금 시작해야 하는 소통 방법이며, 생각 근육이 확장되어 함께 성장할 수 있는 삶의 도구다.

이 책을 읽는 여러분은 하루에 몇 시간 정도 핸드폰과 함께하고 있는지 묻고 싶다. 잠자리 들어서도 핸드폰을 만지작거리는 우리의 모습은 마치 술이나 담배를 끊지 못하는 알코올 중독자나 흡연가와 다를 바가 없을 것이다. 휴대전화가 먹통이되니 금단현상처럼 안절부절 불안한 마음도 생겼다. 생각의 전환이 필요하다. 하루에 10분이라도 질문하고 대화하는 가정을 만들어보자.

"오늘 하루는 어땠어?(질문하기)" "그래서 기분이 좋았구나!(나빴구나!-공감하기)" "너는 어떻게 하고 싶어?(생각하기)

Q. 하브루타 교재가 따로 있나요?

하브루타 교재가 따로 있냐는 질문에는 '있다'라고 답한다. 시중에는 많은 교재와 활용 도서가 나와 있다. 그러나 즐겁고 효과적인 하브루타를 위해 교재를 참고할 수는 있으나 반드시 사용할 필요는 없다는 말을 꼭 더 해주고 싶다. 원을 운영하면서 많은 시행착오를 해본 유경험자로서 교재는 잠시 도움을 받을 수는 있으나 진짜 하브루타를 체화시키는 데에는 오히려 창의성을 방해하고 정말 중요한 자발성과 흥미 유발을 저해할 수 있다는 개인적인 견해를 말해주고 싶다. 그렇다면 하브루타 교재 대신 무엇을 어떻게 하는 것이 좋을까?

하브루타는 반드시 텍스트가 필요하다. 이때 일반적으로 생각하는 텍스트가 『탈무드』다. 유대인들은 임신하는 순간부터 하브루타를 시작한다. 엄마 태아에게 책을 읽어주고 말을 건네는 것부터 시작되는 하브루타는 이후 아이의 일상 속에서 계속된다. 『탈무드』가 하브루타 하기 좋은 이유는 다양한 질문과 토론이 가능한 내용으로 구성되어 있기 때문이다. 그렇다면 "하브루타는 꼭 탈무드만을 사용해야 하는가?"라는 질문을 할 수 있는데, 그 대답은 '아니다'다.

현재 우리나라에서는 하브루타 텍스트로 다양한 소재를 사용하고 있다. 예를 들면 우리나라의 전래동화나 그림책, 외국의 우화, 인문고전을 비롯하여 사회, 경제, 문화 등에 관한 다양한 신문 기사, 더 나아가 명화나 음악, 영화 등의 다양한 예술 작품에 이르기까지 하브루타에 활용하고 있다. 즉, 우리들의 가까이에서 언제든지 일어날 수 있고 일어나고 있는 사람 사는 모든 이야기가 하브루타의 좋은 소재가 되는 것이다.

Q. 어떤 책부터 공부하면 되나요?

하브루타는 따로 교재가 있어 공부하는 책은 없다. 하지만 기본적인 하브루타가 무엇인지 이해할 수 있는 두 권의 책과 하브루타와 처음 마주하는 실천 팁을 소개하고자 한다.

하브루타의 본질을 좀 더 쉽게 이해하고 싶다면 하브루타의 바이블 같은 책 전성수 교수의 『부모라면 유대인처럼 하브루타로 교육하라』를 먼저 읽어보라고 추천한다. 유대인의 역사와 함께해온 하브루타가 어떤 위력이 있는지, 왜 우리가 하브루타를 실천해야 하는지 상세히 풀어놓았다.

또 한 권의 책은 하브루타식 교육 방식에서 경제독립 교육을 빼놓을 수 없다. 경제독립 교육에 관한 책으론 김금선 소장의 『내 아이의 부자 수업』을 추천한다. 유대인의 기부에 관한 교육부터 올바른 소비 습관과 경제독립의 능력을 생활 속에서 어떻게 기르고 잘 적용할 수 있는지 자세히 안내해주고 있는 책이다.

하브루타가 무엇인지 알았다면 하브루타를 실천할 수 있는 첫걸음은 질문에 익숙해지는 것이다. 익숙함은 연습이고 훈련이다. 연습의 첫발은 '자신'에게 질문하는 것이다. 그 질문 속에 나를 아는 중요함을 깨달을 수 있기에 자신에게 끊임없이 질문을 던져라. 그다음 훈련은 그림책으로 하라. 표지부터 면지, 스토리, 내용까지 질문과 함께 보다 보면 꽉 찬 한 편의 인생 여행을 경험하게 될 것이다.

Q. 하브루타 부모교육연구소 오픈 채팅방에서는 무슨 일이 일어날까?

카카오톡 오픈 채팅방을 떠올리면 어떤 생각이 드는가? '종일 시끄러운 공지만 계속 올라오는 거 아니야?', '친한 사람들끼리만 이야기하며 친분을 과시하겠지?'라는 생각에 선뜻 입장하기 꺼려질지도 모른다. 그러나 하브루타 부모교육연구소의 오픈 채팅방은 안 들어오면 손해. 매일 일상 속에서 하브루타에 물들 기회를 떠먹여 주는 곳이기 때문이다.

평일 오전, 아침 미션을 진행한다. 월요일에는 책 구절을 함께 읽고 질문에 답하기, 화요일에는 그림책 표지를 보고 질문 만들기, 수요일에는 따뜻한 세상을 담은 기사 읽고 질문에 답하기, 목요일에는 제시된 명화를 보고 제목과 질문 만들기, 금요일에는 그림책 두 컷으로 이야기 만들기를 한다. 진행은 하브루타 부모교육연구소에서 자격 과정을 이수한 전문 강사들이 맡는다.

Q. 아이가 잘 따라오지 못하면 어떡하죠?

하브루타가 아이들 성장에 가장 좋은 방법이라는 걸 알고 내 아이에게 적용해본다. 그런데 막상 아이 반응이 생각했던 것과 너무나 달라서 실망스럽기도 하고, 금방 포기하기도 한다. 그럴 때 몇 가지 도움되는 방법을 소개한다.

첫째, 아무리 질문해도 반응이 없다면 오늘은 그만. 다음날 다시 질문해보자. 다음날에도 무반응이나 귀찮다고 하더라도 그다음 날 다시 질문하기다. 중국의 거대한 만리장성은 하루아 침에 쌓은 것이 아니다. 만리장성을 쌓는 법은 먼저 돌을 하나 올려놓는 것이다. 질문하고 대화하는 것이 익숙지 않은 아이들 에게 거창한 답이 돌아올 것이라는 생각부터 버리자.

둘째, 정답을 바라는 질문만 받아온 아이들은 당연히 자유로 운 생각을 묻는 질문에 익숙하지 않아 쉽게 답하지 못한다. 그럴 때는 부모가 먼저 "엄마 생각에는……인 것 같아. 왜냐하면……."이라고 답해준다. 그러면 아이는 부모의 말을 듣고 자기 생각을 말하기 시작한다.

셋째, 질문을 받을 아이의 입장에서 생각해보자. 부모들은 아이들에게 많은 것들 알려주고 싶은 마음에 부모가 원하는 분야의 질문을 한다. 아이가 가장 관심 있어 하는 분야부터 질문해야 한다. 아이가 게임에 관심이 있다면 게임 관련된 이야기를 시작한다. 예를 들면 "야, 요즘에 하는 게임 이름이 뭐야? 브롤? 아 거기에는 어떤 캐릭터가 있어? 아이템은 어떤 것들이 있는데?" 이 몇 개 안 되는 질문으로 아이는 몇 시간이고 이야기할 것이다.

넷째, 질문을 써서 잘 보이는 곳 현관문이나 냉장고에 붙여 놓는다. 아이가 답하지 않아도 괜찮다. 부모가 강요하지 않아도 괜찮다. 그저 그 질문을 읽고 나가는 순간 그것에 대해 생각하는 것만으로도 아이는 생각의 확장이 일어난다.

마지막으로 아이가 잘 따라오지 않는다면 부모부터 시작해라. 자신에게 매일 질문 하나를 던져 그것을 정리한다. 혼잣말로 질문하고 대답해보라. 처음에는 우리 엄마가 조금 이상하다고 생각할 수도 있다, 가끔 툭 던지듯 "엄마는 이 질문에 이렇게 생각했는데 넌 어때?"라고 가볍게 물어보아라. 부모가 먼저 자신의 질문에 답해본다면 아이는 자연스럽게 부모의 모습을 보며 따라온다.

Q. 언제부터 아이가 달라지나요?

1) 아이가 달라지기를 원하고 하브루타를 시작했는가? 제대로 하브루타를 실천하고 있다면 아이가 아니라 내가 먼저 달라져야 한다는 것을 깨달았을 것이다. 나 역시도 처음엔 아이의 변화 또는 성장을 바라고 하브루타를 시작했다. 하지만 하브루타 강의를 듣고 적용해보면서 나의 변화와 성장이 먼저고 아이의 변화나 성장은 자연히 따라오는 것을 알았다. 건성으로 아이 이야기를 듣던 내가 아이와 제대로 눈을 맞추고 진심 어린 반응으로 아이와 대화하다 보면 내 변화에 따라 아이도 변화를

보인다. 하지만 아이에게 질문만 던지고 제대로 된 반응을 해 주지 않고 그저 질문을 만드는 학습이 된다면? 10년을 넘게 하브루타를 하더라도 아이는 변화하지 않을 것이다.

하브루타를 하면서 중요한 것은 '언제' 달라지는 것이 아니라 달라질 수 있도록 '꾸준히', '제대로' 하는 것이다. 아이마다 성장 속도는 다르다. 아이의 속도에 어른들이 발맞출 수 있어야 한다. 아이들은 일직선으로 성장하지 않는다. 계단식으로 성장한다. 때론 그 계단이 내리막 계단일 수도 있다. 하지만 조바심내지 않아도 된다. 꾸준히 하다 보면 어느 사이 아이는 내가 생각하던 것보다 더 크게 성장하고 변해있을 것이다.

2) 일반적으로 변화는 수업을 시작한 후 비교적 짧은 기간 내에 나타날 수 있지만, 근본적인 변화를 위해서는 더 오랜 시간이 필요할 수 있다. 몇 가지 요인에 따라 변화의 시기가 달라질 수 있다.

첫 번째, 개인의 차이다. 아이는 고유한 성격과 배경을 가지고 있으며, 변화의 속도와 방식은 개인의 특성에 따라 다를 수 있다. 어떤 아이는 빠르게 적응하고 변화를 경험하지만, 다른 아이는 시간이 더 오래 걸릴 수 있기 때문이다.

두 번째, 환경이다. 수업을 진행하는 환경이나 수업 참여자들의 관계는 변화에 영향을 줄 수 있다. 안전하고 지원받는 환경에서 수업을 진행할 경우 아이들은 더 적극적으로 참여하고 변화를 경험할 수 있다.

세 번째, 일관성과 연습이다. 변화를 유지하고 향상하기 위해서는 일관된 연습과 지속적인 지도가 필요하다. 수업이 진행될 수록 아이들이 주기적으로 협력하고 의사소통하는 기회를 가지고 꾸준히 변화가 일어난다.

우리 아이 미래 교육

K-하브루타가
답이다

초판 1쇄 발행   2024년 9월 23일

지은이 | 김금선 외 22인
펴낸이 | 이세연
편집 | 최은정
디자인 | 서승연
제작 | npaper
펴낸곳 | 도서출판 혜윰터
주소 | (04091) 서울특별시 마포구 토정로 222 한국출판콘텐츠센터 301-1호

ISBN 979-11-980161-9-5(03370)